日本文明論と地域主義の実践

半世紀の回顧と展望　―序に代えて―

比企総合研究センター代表　髙島敏明

巻末の初出一覧表をご覧頂ければおわかり頂けるように本書は私の半世紀近い歳月の間に記したものである。

最初の論稿「新日本外史緒論―日本史の形態学試論―」はほぼ半世紀前の二十代後半に執筆したものであった。又、「文明論の観点から眺めた日中の関係―疑似文明、仮晶、日本文明―」、「日本文明論　トインビー批判」は『西洋の没落』の著者オスヴァルト・シュペングラーの史観「世界史の形態学」を基底に『歴史の研究』の著書アーノルド・トインビーの史観を批判して一個の独立文明としての日本文明の存在を立証したものである。

私はこうした文明論を基礎、土台にして自分の生まれ育った土地、埼玉県の中央に位置する比企エリア（一市七町一村）の文明論的可能性を模索した。それは近代日本の「脱亜入欧米」からポスト近代としての「脱亜超欧米」への道であり、具体的には持続可能な地域社会、共同体の構築である。「私の文明論―その理論と実践―」、「比企広域社会の実現に向けて」、「比企桃源境構想試論」はこうした問題に論及したものである。以上の論稿は全て拙著『日本文明論と地域主義』（平成二十四年七月二十八日比企総合研究センター発行）所収。

比企総合研究センターとは私が職場（東松山松葉町郵便局）を退いてから現役時代の地域活動を続行する為に局の隣に立ち上げたものである。同センターから折々に発行したのが「比企学事始」であって目下五号を数えている。私が地元で取り組んだ主なものは北条氏の謀略によって滅ぼされ、歴史の中に埋もれた郷土の名族比企氏の発掘、顕彰であった。比企学事始№４「比企一族の発掘と顕彰―ＮＨＫ大河ドラマへの挑戦―」は私が微力ながら比企氏に取り組んだ三十年間の足跡を綴ったものである。今年のＮＨＫ大河ドラマ「鎌倉殿の13人」に比企氏は登場したが、小栗旬の扮する北条義時が主役のようでその敵役として比企氏は悪者扱いされているが、これは史実に反する。たかがテレビドラマではないかといわれるかもしれないが、同ドラマは年輩の人にとっては国民的ドラマであり、大河を通じて日本の歴史を知ったという方もいる筈だ。史実を無視し、おもしろおかしく視聴率を上げることを優先するとすれば受信料をとる公共放送として堕落であろう。

私は旧知の作家、春日部市出身の篠綾子先生に『比企・畠山・河越氏の興亡　武蔵野燃ゆ』（平成二十六年十一月十一日比企総合研究センター発行）を書き下ろして頂いた。そして、この作品を大河ドラマにすべくＮＨＫの担当理事お二方にお会いした。それはさて置き、昨年半年間かけて紙芝居「比企氏物語」を制作した。これは史実に則って比企氏を描いたものである。文・比企総合研究センター、絵・藤本四郎、発行・埼玉県比企郡滑川町である。この紙芝居は県下の図書館は勿論、国立国会図書館をはじめ日本全国の県立図書館等に寄贈されたが好評のようである。ユーチューブ「滑川町紙芝居」でご覧になることができる。これを機に「比企の乱」などという汚名を挽回し、源頼朝の乳母の家系である比企氏が鎌倉武家政権樹立に果たした偉大な役割について認識を新たにして頂ければと願っている。

ところで、比企氏は郷土史のルーツであるが前橋藩の松山陣屋の存在は近世比企地方の礎となった。同陣屋は幕末の風雲急を告げる慶応三年に創設された。徳川御一門親藩大名である松平大和守家、結城松平家は七代百年川越を居城にしたが横浜開港によりシルクで財をなした上州人の手によって城が再建され、前橋に還ることになった。その時、比企を中心とする武蔵国の飛び地、分領を管理、運営する為に陣屋が置かれたわけである。私事になるが私の曽祖父は川越から陣屋付藩士として当地に赴任したのであった。松山陣屋、松平大和守家の発掘、顕彰はいわば親子二代にわたる。父の代になしたのは松山陣屋の解明である。比企学事始№２「前橋藩松山陣屋の概要」がそれである。そして、私の代になしたのは松平大和守家の全容であり、遺品の整理である。比企学事始№５「トポフィリア陣屋亭―松山陣屋・松平大和守家遺品の展示―」にある通りである。

ここで私が郷土の師父と敬慕する関根茂章先生（五期嵐山町町長、県教育委員長、初代名誉町民、故人）の御高著『師父列傳』（邑心文庫）の跋文の一節を紹介したい

曰く、「真の郷土の振興は、先人の遺風、業績を新たに掘り起こすことから始まる。過去を継承せずして健全な未来の創造はあり得ない。」

私はこの半世紀の間に私なりに考え、そして実行したことをある種の感慨を込めて回想している。有難いことに大きな誤ちはなかったように思う。さる機会に職場の大先輩である江原輝二元東松山箭弓郵便局長（故人）が私に一首詠んで下さった。もとより過大な評価であるが最後にそれをご披露したい。

高島の易より敏し日本の　明日を予見す哲人の君

令和四年十二月二十四日

喜寿を迎えて　トポフィリア陣屋亭記

日本文明論と地域主義の実践

目次

新日本外史　―日本史の形態学試論―

序

明治開国以来、否、幕末以来、最良の識者の間で尋ねあぐられ、その予感はうず高く積まれていたにも拘らず、今なお見出し得なかったものを、私は遂に発見したという自覚に支えられて本書を執筆するに至った。自己完結的な高度文化たる日本文明の発見、これである。そして、これは、民族が存続する為には、どうしても見つけ出されねばならなかったものである。

我々は、如何にあるべきか、何処へ行くのか、あるいは行くべきなのか、この発見なくしては決定的な解答は望むべくもなく、いたずらに情勢に流され、やがては奈落の底に沈むしかないからである。現に我々の社会は、みかけの繁栄とは裏腹に破局への道を辿っているのではないだろうか。これひとえに自己の喪失、すなわち、文明開化以来西洋文明の後塵を拝することを以って事足れりとした似非進歩主義の報いではないだろうか。

かかる今こそ問題とすべき問題に私自身真向から取組んでみた。ここ数年間にわたる格闘の血と汗の結晶が僭越ながら本書なのである。

昭和五十一年十一月十七日

東松山市　著者

緒論

一

本書の目的は、我々にとって可能な行為の模索である。それには、我々が、単なる自己満足の徒や時代錯誤のドン・キホーテに甘んじない限り、我々の生まれ落ちた時代を理解せねばならない。そして、分かったことは、我々の時代、例えば経済成長至上主義のごときも本当に理解するには、十数年ではなく数世紀にもわたる歴史的回顧を必要とすること、つまりあたりまえのことではあるが、我々の時代も大きな歴史の流れの中の一断面にすぎず、それを解するには歴史の全体像からとらえられねばならない、ということであった。そして、この全体像こそ私が文明と呼ぶものであって、私はこの文明という数世紀をひとまとめにした比類なく広大な視点に立った時、日本史は一望のもとに見わたされ、各時代の意味することがあたかも霧が晴れていくように明らかになってきたのである。

それに反して、昨近の専門細分化された歴史学は、逆に歴史の一時期を全体から切り離し、しかもそれをさらに分割して微小の世界の探究を以って満足しているのである。これは、歴史という天体にも比すべき世界を観察するのに顕微鏡を以ってするものではないだろうか。こうした方法が、いかにその時代の相貌から遠ざかるものか一つ具体例を挙げて考えてみることにしたい。時は十七世紀、江戸時代の初期である。今、既成史学の流儀に従って、この時代を政治や経済、あるいは社会構造や文化といった諸分野に別け、中でも経済分析を以ってこの時代を眺めてみよう。周知のように、この時代の経済的基礎は農業であり、自給自足を建前とする農民は領主に年貢を納めている。商品経済から遮断された農村、剰余労働の大半を収奪される農民、そこでこの時代は封建制社会と規定される。この種の推論は、仮定を勝手に決めてもいいなら──農村経済の分析こそ歴史理解の全てである──恐らく正しいだろう。事実、我国の歴史学の動向は、かかる経済分析を以って至上と考えるが故に、江戸時代の初期のみならず二世紀半余りも続いたその全期を、それを「純粋封建制」とか、あるいは「封建制の再編成」とか呼ぼうと、さらには「近世封建制」などと称してお茶を濁そうと、いずれも封建制社会とされるのである。

しかし、我々が江戸時代初期を想起する時ただちに目に浮ぶのは、草深い農村ではなく、白亜の天守閣の聳える城下町ではないだろうか。そして、この城下町こそ一世紀余りにも及ぶ戦乱の時代を経て到来した太平の世を象徴するものではなかったろうか。都市の持つ解放感は人々を躍動させ、又威儀を正した大名の行列は街中をねり歩いて行く。物資の驚くべき集積であり、巨大都市の出現である。海に面した武蔵野の原野に忽然と生まれた江戸を人は今や弥勒の世であり、「仏の世界にあらずんば、などか我も人もかくありがたき楽しみにあふべきぞや」と讃えたのであった。我々は、歴史理解にあってもこうしたイメージ、あるいは良識から出発すべきである。江戸時代の開幕とともに歴史の重心は農村から都市へと移行した。農村はこの都市を支える、正しくは、都市に居住する武士層を養う物的基礎に堕した。これ以後、意味ある歴史事象は全て都市を中心に展開する。それ故、我々は農村ではなく、都市の方にこの時代を理解する鍵があると確信するのである。

江戸時代は、恐らく世界でも珍らしいほど都市の栄えた一時期であった。その起源は、支配層である武士が農村を離れて一カ所に居住するようになったことにある。こうして生まれた都市は、一定の領域を管理、運営する為の中心地であり、従って大多数は政治都市であった。しかし、ここに生活する将軍や藩主とその家臣団とは土地を媒介として結びついていたのではない。大半の家臣は知行地を有せず、蔵米取りという俸給生活者に変じている。そこで、こうした歴史事実は、この時代を封建制社会と考える経済分析の成果と明らかに矛盾する。封建制社会の構造は、主君と臣下とが土地＝恩貸地を通じて結びつくことにある。かかる土地を媒介としての封主と封臣との結合が封建制社会の存立基盤であった。

封建制社会の主たる産業は農業であり、そして土地は社会的紐帯の基礎であった。このように、土地は生産や社会を律する主要因だったのである。それ故に又、この時代の重心は都市ではなく農村にあり、その中心は行政府としての政庁ではなく、軍事的な館なのであった。あるいは、封建制社会とは宗教の支配する時代である。文化の基調はこの宗教にあった。ところで、封建制社会といった場合、我々は十二、三世紀の西洋社会をモデルとし、それを規準にして判断しているわけである。当時の西洋社会は、確かに都市ではなく農村の時代であり、館に居住する騎士の活躍する時代であり、宗教の世であった。（十字軍の時代を想起されたい）しかるに、江戸時代の初期は、全体の流れからみると、歴史の重心が農村から都市に移った時であり、土地を離れた武士の世の中であり、非宗教的な世界の幕開けであった。宗教は戦国時代を通じて無力化され、寺院は世俗の支配機構の一翼を担うものに過ぎなくなったわけである。以上のように、様々な角度から検討してみると、江戸時代初期、あるいはその全期までも封建制社会と考えることは―二世紀半余りも続いたこの時代をあたかも静止したものの如くとらえている者が少なくないが、それは蝶の蛹が外見からは少しも変化していないのに内部では大変革が起っているのを知らない者である―多分に無理がある。否、明白なる誤謬であると結論せざるを得ない。事実、経済分析の依拠する農民にしても西洋の封建制社会に固有な農奴ではなかった。年貢の負担者である本百姓は単婚家族の自作農であった。

我々は、全体から部分を把握すべきであって、その逆であってはならない。重要なのは歴史の流れであり、一つの時代を象徴し、その時代の相貌を決するものは何であるかを見定めることである。すなわち、歴史の重心は農村にあるのか、それとも都市にあるのか、あるいはその時代を左右するのは土地であるか、それとも貨幣であるか、さらに文化の基調は宗教であるか否か、歴史理解にあっては先ずこうした点を問題とすべきなのである。そして、日本史を通読したことのある者なら誰でも江戸時代の開幕は日本史の中にあっても時代を画する新紀元であったということ、例えば、都市の興隆、非宗教的な儒教が仏教にとって代ったこと、貨幣の強大化等々、それ故この時代を専門史家の如く十二、三世紀の西洋社会と同一視するなどということは全く論外であることが容易に推測される筈である。

我々は、物事をマクロ的に眺める必要がある。ミクロ的分析が価値を有するのは、かかる態度を前提とした限りである。偏狭な見方は打破られねばならない。そこで、我々は、今度は江戸時代初期と類似の社会を西洋の歴史の中に探してみることにしよう。すると、十七世紀後半から十八世紀にかけての時期に多くの共通点が見出される。ここでも農村に対して政治都市が興り、歴史の主導権を握っている。又、三十年戦争を経て宗教は形骸化し、かっては強大であった教会も今や国家の下僕になっている。そして、貨幣は次第にその力を発揮しつつある。ところで、西洋におけるこの時期は、通常絶対王政と呼ばれる時代の極盛期であった。(「朕は国家なり」といったルイ十四世の時代を想起されたい)絶対王政とは、封建制社会が解体して強大な君主の権力の下に国家が形成されることであり、そしてこれらの諸国家は互いにしのぎを削って自己の勢力の拡張をはかるのである。しかし、それには常備軍が必要とされ、又国家を運営する官僚の存在が不可欠であり、そしてこの常備軍や官僚を養う財貨を取得する為に重商主義の政策がとられたのであった。我々は、江戸時代の初期にも類似の社会現象を見出すことが出来る。城下町に集められた武士団は、常備軍であると同時に役人であったし—太平の世の進展とともにますます後者の性格を強めた、又幕府や諸藩は海外貿易や大規模な新田開発、あるいは金銀の採掘などによって盛んに蓄財した。しかし、日本における富国強兵策は、周知のように、夙に戦国時代とともに開始されていた。それ故、戦国時代とは、戦国大名という強大な君主の下に国家が形成された時期、つまり絶対王政期の開幕であり、そして江戸時代の初期はその極盛期であったということが理解されてくるのである。「天下は一人の天下にあらず、天下は天下の天下なり」という家康の言葉は、「君主は国家第一の下僕である」というフリードリヒ大王の精神と同じものであった。

江戸時代の初期と西洋の絶対王政の盛期とを同一視する我々の見方は、あるいは次のように反駁されるかもしれない。もしそうであれば、江戸時代の初期にも西洋流の合理的思惟の台頭がなければならず、又マニュファクチャーのような資本主義的生産様式の萌芽が見出されねばならないのではないか?それに対して、我々は次のように反論する。そうしたものは、歴史理解において副次的であるばかりか、発想—西洋と日本とは本来同質の社会である—それ自体に誤りが潜んでいると。一体、地球の極西と極東という遠く隔った没交渉の地に、しかも文化や伝統、あるいは風土や人種を異にする二つの社会が全く同一の社会を展開することがあるだろうか。我々の良識は否と答える。それ故、科学精神や資本主義が起こるのは、二つの社会の発展段階の差違ではなく、二つの社会の個性の差違に起因するのだということ、従って二つの社会を比較する軸は、科学精神の有無というより宗教が後退し、代って合理主義の時代が到来してるか否か、あるいは資本主義の発展如何ではなく、土地の時代の後に貨幣の支配する世の中が出現したか否かにあるのである。

西洋中世のキリスト教的世界像は、コペルニクスやガリレオによって致命的な打撃を与えられた。そして、人間の思惟を至上のものに据えたデカルトは（「我思う、故に我あり」）、近代哲学の祖となった。宗教が後退して世俗化した西洋社会は、彼らの手によって物理・数学的理性の支配する合理主義の時代が招来されたのである。ところで、日本にも類似の現象を見出すことが出来よう。世俗化した日本社会は、還俗した藤原惺窩やその弟子であり、官学の祖となった林羅山等によって理論づけられた。朱子学の世界がそれである。朱子学は人性、社会秩序、それに自然界を包含する一大体系であり、しかもそれを理と気によって説明しようとするすこぶる合理的な内容のものであった。我々の社会は、物理・数学的理性ではなく、「修身、斉家、治国、平天下」的な理性が支配したのである。しかし、近代の到来を告げる「宗教に対する理性の勝利」という点では全く同じものだったのである。惺窩や羅山とガリレオやデカルトとは二つの社会の類似の意識段階を表明し、同一の価値を体現していたといえよう。それは、西洋のキリスト教と日本の仏教とが内容的には異なりながらも—日本の仏教が進歩して西洋のキリスト教になるのでも、又その逆でもない—それぞれの社会にあって類似の機能をはたしたが故に等しい価値を有していたのと同じである。あるいは、西洋の王朝的国家と日本の大名領国制とは異質のものでありながら、いずれも国家が形成されたという点では同一の紀元を表わしていたのと同じである。そして、西洋の科学的理性とキリスト教、それに王朝的国家と日本の政治的理性と仏教、それに大名領国制とは、それぞれ同一社会内の出来事であるから相互に近親関係が存するだろう。いずれにしても、西洋と日本とは本来異質の社会であること、しかし人間の営みとして、歴史社会の形成として、類似の発展段階を経過するということ、そこから正しい、かつ新らしい比較が可能となるわけである。

しかるに、今までの歴史学は人類の一元的発展を信じ、西洋の近代社会を以ってその頂上と考えてきた。言い換えると、西洋と非西洋の社会との違いは専ら発展段階の差違に基づくのであり、非西洋の社会もやがては進歩の階梯を辿って西洋の近代社会に到達するものとされたのである。そして、この前提は、あたかも数学の公理の如く疑うべからざるものと思われたから、一つの歴史社会は西洋の歴史のいかなる段階に相当するかを明らかにすることが歴史学上の重要な課題とさえなったのである。こうしたわけで、江戸時代を西洋流の科学精神や資本主義的生産の有無という観点から眺めた者には、この時代を前近代的な封建制社会と考えるのが自明の如く思われたのであった。しかし、この時代を子細に検討したことのある者には、必ずしもそのようには考えられなかったのである。学的良心の持ち主は、このことを痛感していた筈である。それ故、江戸時代を封建制社会と規定した場合、それはしばしば史実に反して、時には史実を全く無視して強引に主張されたのであった。日本史の理解においてかかる矛盾、錯綜をきたしたのは、結局人類の一元的発展という西洋中心の見方をそのまま受け入れてきたからに他ならない。そこで、この見方、つまり近代史学の前提を一度根底から覆してみるがいいのである。そうすれば、我々は日本史に対して全く新らしい視野を得ることが出来、我々の社会を正しく位置づけることが可能となるだろう。今までの日本史は、西洋史の牢獄に閉込められていた。しかし、その鉄鎖はここに打砕かれる。その時、日本の社会は、西洋の社会と歴史的に対等な存在として我々の眼前に立ち現われ、その全体像を露にするのである。そして、この全体像を我々は既に文明と呼んだのであった。

二

文明という言葉は、世界史の教科書の最初の数頁に、そして恐らく最初の数頁にだけ現われる。例の大河の流域を中心に発展した、未開社会とは比較を絶する規模の高度な文化世界の誕生であり、メソポタミア文明、エジプト文明、インダス文明、黄河文明などが数えられる。これらの地では、他に先じて灌概農耕が行なわれ、専制的な大国家や都市が出現し、文字の使用や法律、天文、土木などに優れた業績を残した。それ故、これらの先進地帯に文明という称号を与えて歴史を画したのはもっともなことである。しかし、これ以後文明という言葉は余り使用されない。恐らく人類が文明段階に突入したということが理解されればいいのだろう。歴史の舞台は、その後エーゲ海に移り、次いで古典古代としてギリシャ・ローマの世界が記述されるのである。

ギリシャでは、オリエントの中央集権的な専制国家に対して、地主であり、同時に戦士でもあった自由な市民によって都市国家＝ポリスが形成された。このポリスこそギリシャ人の社会生活の基盤であって、この市民共同体を中心にギリシャの文化は花開くのである。アテネの民主政治、ソクラテスやプラトンといった哲学者、ギリシャ悲劇、裸体の彫像やスポーツ競技、万物の根源を追求した自然哲学者、それにピュタゴラスやペリクレスの名は誰でも知っていよう。このギリシャの文化は、それ以前のものとは全く異なっており、世俗的、理知的で自然や人間を自ら観察、研究し、又美に憧れて人間の肉体を理想化し、個性豊かな人間味溢れる文化が築かれたとされている。この文化的なギリシャに対して政治的、軍事的なローマがイタリア半島に台頭し、やがて地中海の沿岸地帯一円を征服、支配してここにローマ帝国が樹立された。（紀元前二七年）そして、ほぼ同時期にシリア起源のキリスト教が帝国の首都ローマに伝道、布教されてその後の隆盛の端緒を開く。しかし、地中海世界を統一したローマ帝国も三世紀以後は振わず、四世紀末には東西に分裂し、やがてゲルマン民族の移動の衝撃を受けて西ローマ帝国は滅びてしまった。(四七六年)通常、この西ローマ帝国の滅亡を以って古代は終り、中世と呼ばれる時代が始まるわけである。中世は、一般的にいって封建制社会であり、キリスト教の支配する世である。そこにはもはや理性の光はない。「哲学は神学の婢」とされる。そこで、中世はしばしば暗黒時代などと称される。しかし、この長い闇夜に突然南国の強烈な光がさしこむ。ルネサンスである。人間性を謳歌し、大胆に振舞う種族が現われてくる。ここには、宗教に反発する新らしい魂が躍動しているのである。彼らは、自分達をそれまでの人間とは異なったものであると感じている。そして、長い時間を隔てた古代の社会がかえって身近かな、しかも驚くべき存在に映るのであった。彼らにとって現実的で自然な古代社会は模範とすべき手本なのである。ルネサンスの原義は、古代文化の復活であり、再生を意味した。ルネサンスは、このように宗教に対して人間性の解放を主張したが、教会の腐敗、堕落を非難して「聖書に帰れ」と呼びかけた宗教改革は、教会の存在そのものを否認するに至った。又、地理上の発見はヨーロッパ人の視圏を拡大し、中世の迷信を打破った。十五、六世紀のルネサンス、宗教改革、そして地理上の発見、こうしたものが因となり、果となって中世の価値観や権威は著しく動揺し、いわゆる近世の幕が開けるのである。近世は再び自然と人間の発見であり、人々は神の代りに人間の理性を信ずるようになったのであった。そして、この近世以降の歴史が世界史の教科書のほとんど半分以上を占めているのであり、殊に市民革命以降に膨大なスペースが割れているのである。その間、中国やインド、イスラムの歴史は、近代社会以前のものとして挿話的に触れられるに過ぎない。あるいは、最古の文明も古代の名のもとに一括される。すなわち、オリエントの文明を古代=ギリシャ・ローマの前史とし、中世をその間にはさんで西洋の近代社会が詳しく論ぜられるのである。これが、西洋中心の見方であり―たかだか四、五世紀に過ぎない西洋の近代社会がそれ以前の四、五千年の歴史とほとんど同じ比重で取扱われている―、「古代―中世―近代」という一元的な発展史観であって、世界史の教科書の大略の構成となっているのである。ここでは、マヤ、アズテク、あるいはインカといった新大陸の文化や歴史については何も述べられていない。否、言及する余地がない。しかも、それを世界史だというのである。これは正しいことだろうか。

天体に関しては、我々は久しい以前から正しい理解に到達している。地球は宇宙の中心ではなく、太陽を取巻く星の一つに過ぎないこと、そしてこの太陽系も銀河系と呼ばれる星雲の一部でしかないこと、この広大無辺な宇宙にはさらに多くの星雲が存在していること等々、又夜空に点滅するけし粒ほどの星々も実は我々の住む地球よりも何層倍も大きいのだということ、そして何光年、あるいは何万光年というほとんど無限に遠ざかった星の中には、光のみが我々の眼に到達していて実体は既に消滅してしまったものが有りうるということ、それ故天上の星々も不断に生滅しており、この地球も、太陽系もやがては消え行く運命を免ぬかれえないのだということ、我々はこうした事柄を実感としては余り感じないが、少なくとも理解はしているのである。しかるに、この地上で展開するドラマ、すなわち世界史については、天上で繰広げられるドラマほどには正しく理解されていないのではあるまいか。我々には、身近かな歴史現象が巨大なものに見え、遠く隔ったものは影のうすい、とるに足りないことのように思われる。我々にとって先の大戦は大きな意味を持っているが、それさえも忘れ去られようとしている。明治維新になると歴史を意識的に勉強しない限り、過去の出来事である。明治維新よりも世界大戦の方が、世界大戦よりも先の総選挙の方が、そして先の総選挙よりも今日の物価問題の方が大きく、より重大なものにみえる。未来を考えない大多数の者にとって、あるいは日常の生活に追われてる者にとって、それはある程度仕方ないことであろう。我々は、過去のことを知らなくとも、日々の生活に格別不自由しない。そして、たまたま古寺を訪ねたり、又壮大な遺蹟などに接すると、我々は当時の人々の生活を偲んでしばしたたずみ、昔の人間も偉かったものだと好奇心まじりに感嘆する。一般の人間ならそれでも許されよう。しかし、いやしくも歴史を口にする者がこうした態度でいいものだろうか。天文学者は、かなり前から天体に関して十分なパースペクティヴを持っている。彼らにとっては地球も太陽系を構成する惑星という点では木星や土星と基本的に少しも変りないし、又太陽系も宇宙の中の小さな家族集団に過ぎないし、彼らの立脚する地球などはほんの点としか感じられない。勿論、彼らにとってもこの地球は生死を託すかけがえのない存在であるのは事実である。しかし、それとは全く違った意味、次元での考察であり、これが天文学者のパースペクティヴというものである。そして、それは疑いもなく彼らを正しい理解に導く。こうしたパースペクティヴを歴史家は持っているだろうか。言い換えれば、彼らは世界の諸事象を十分な距離を置いて眺めているであろうか。自分の属する歴史社会を、あるいは自分達の現に生存している社会を他の歴史社会やそれ以前の社会と比較して実際以上に評価したとしたら、それは謬見であり、非難に価することではあるまいか。一つの社会の数十年の歴史がそれ以前の数世紀の歴史と、あるいは一つの歴史社会の数世紀の歴史が他の歴史社会の数十世紀の歴史と同等に扱われたとしたら、それは蟻塚を巨大な山と錯覚してるからではないだろうか。

さらに、人類は無限に進歩、発展すると考えられているが、はたしてそうであろうか。高度人類の歴史は人類史の一部に過ぎず、又人類の歴史は他の生物界の歴史の一部に過ぎないのに、こうしたことを主張するのは、ゾウの鼻やキリンの首が無限に伸びると主張するくらい馬鹿げたことではないだろうか。そして、西洋の近代社会を進歩の指標とし、他の社会を段階的に位置づけようとする。一体、いかなる根拠があってだろうか。既成史学は、西洋の近代社会を中心にして他の社会をその回りに配置し、遠く隔った歴史社会をあたかもちっぽけな星の如く扱う。これは、歴史観に現われた天動説ではないだろうか。そして、天動説が誤っていたように、この見方も根本的に間違っているのではないだろうか。

ここで、我々は、世界の諸事象を公平に扱う為に革命的な視野の転換を主唱した人物の名を挙げる。ドイツ人のオスヴァルト・シュペングラーである。彼は、主著の『西洋の没落』で、西洋と非西洋の歴史社会とは、それぞれ対等な存在であること、又、「古代―中世―近代」と連続的に考えるのは誤りであって、古代＝ギリシャ・ローマと近代＝西洋とは別個の歴史社会であること、それ故、古代社会が生成、発展、消滅していったように西洋社会も類似の経過を辿るのだということ、つまり、世界史はあたかもいくつかの惑星が一体となって太陽系を構成してるように、これらの歴史社会が核となって形成されているのだという実に画期的な歴史観を発表したのであった。我々が本書で検討しようとするのは、こうした新しい世界史の見方についてである。そこでシュペングラーの主張、立論に少しく耳を傾けてみることにしよう。

三

「古代―中世―近代」という一元的発展史観が成立する為には、古代＝ギリシャ・ローマと西洋とが本来同質の社会であり、そこに連続性がなければならない。しかるに、シュペングラーは、古代と西洋とはそれぞれ独立した自己完結的な世界であると主張した。つまり、この二つの社会は全く別個な存在であり、そこには何の共通性も連続性もないというのである。例えば、我々は古代の平面幾何学と西洋の解析幾何学とを比較して、後者は前者がより精緻に高度化されたものと考える。つまり、そこには連続性があり、時代を下った解析幾何学は平面幾何学が進歩、発展したものと考えるのである。しかし、シュペングラーに言わせると、それは全く間違いであるという。平面幾何学は古代人の数観念や感情が生み出したものであり、解析幾何学は西洋人のものである。平面幾何学は、それを生み出した古代人が存続する限り理解され、納得されるが、古代人が消滅するや否やそれは生命のない単なる遺物と化してしまう。解析幾何学も又同じである。そして、西洋人が古代の数学を再び取上げたとしてもそれを古代人とは異なった自分の魂で別様に感じ、解釈してるに過ぎない。このように、シュペングラーは普遍的数学の存在を否定して、それぞれの文化には独自の数観念があり、古代の数学はそれ自体で生まれ、完成し、そして消滅していったように、西洋の数学も又そうしたものだと力説するのである。あるいは、一般的に真理の探究とされている自然認識にしても同じである。古代人と西洋人とでは自然を別様に眺める。それは、互いに異なった魂を所有してるからである。自然とは魂の反映に他ならない。古代人は節制や心の平静を生活理想としたが、こうした生き方が物体の運動に投影されると動きそのものは否定されて、それは位置の変化と考えられるようになる。しかるに、西洋人の原感情は行為や力、あるいは意志である。そこで、物体の運動はダイナミックな過程として把えられる。こうして、古代の静力学と西洋の動力学とが生まれた。しかし、静力学が動力学と比べて単純であり、程度の低いものと考えてはならない。静力学は古代の、動力学は西洋の物理学である。ここでも普遍的な物理学の存在は否定される。動力学は西洋人にとって、そして唯西洋人にとってのみ真理であるように、静力学は古代人にとってそうであったのだとシュペングラーは大胆にも主張するのである。通常、物理学や数学は厳密な知的形成物として普遍妥当的なものと考えられているが、彼の言に従えば、文化の数だけの数学があり、物理学が存するのである。つまり、平面幾何学は古代文化の数学であり、解析幾何学は西洋文化のそれである。又、静力学は古代文化の物理学であり、動力学は西洋文化のそれなのである。何故なら、こうしたものも他の文化現象と同じくその文化に固有な魂の表現であり、感情の発露だからである。

シュペングラーは、このように考える。そこで、次に平面幾何学や静力学を生み出す母体となる古代文化の魂や感情はいかなるものであるか、又解析幾何学や動力学を生み出す西洋文化のそれは何であるかをシュペングラーに問い正すことにしよう。

シュペングラーによれば、「物質的な個体」が古代文化の、そして「無限の空間」が西洋文化の「根源象徴」であるという。根源象徴とは、一つの文化の魂が深さの体験を通じて自己に目覚めた時見出す空間表象のことであり、その文化に一定の様式や形態、あるいは理念を付与するのである。つまり、一つの文化の展開は、この始原的な象徴がますます力強く様々な分野に浸透し、具体化されて行く過程である。そして、目にみえる、身近かな「物質的な個体」を根源象徴とした古代文化は、それ故に遠さや未来を否定して今とここに生きる文化を作り出した。古代人が永続や無限の観念を嫌悪し、これを否定したのは夙に知られている事実である。例えば、ミュケネ時代には存在しなかった火葬という葬儀の形式が古代文化の目覚めであるホメロス時代とともに始まった。あるいは、彼らは良質の石材が得られるにも拘らず、それまでの石造建築を改めて木造にしてしまった。さらに、ペリクレスのアテネでは、天文に関する知識を流布することは法令によって禁止された。又、同時代のエジプト人やフェニキア人とは異なって、彼らはヘラクレスの柱（ジブラルタル海峡）の外には一歩も出ようとしなかった。古代人にとってそこはもう地の涯なのである。そしてさらに、彼らの宇宙＝コスモスとは自己完結的なものであった。天体も星を散りばめた球体であり、涯しなき宇宙空間という考えは退けられた。このように、古代人は彼らの意識内から永続や無限の観念を放逐したが、一方現存している具体的なもの、殊に経験上目にすることのできる人間の身体に異常なまでの関心と熱情を注いだ。彼らは人間の身体を神格化したのである。それ故、古代文化は人間の身体と切り離して考えることは出来ない。例えば、神々でさえも人間の形をとって表現された。彼らにすれば、神々も実際目にみえる体躯でなければならなかったのである。ギリシャの悲劇についても同じことがいえる。悲劇は人間の内面からではなく、突然外部から人間の身体に襲いかかるのである。ドラマの主人公は苦悩に肉体的に耐える。古代人は、忍従するその崇高な態度に打たれ、感動を覚えたのであった。そして、苦悩から解放され、再び心の平静と身体の平衡を回復することが例のカタルシス（浄化）であって、観客はほっと安堵の胸をなでおろしたのである。ギリシャ悲劇とは、要するに身振りや態度の劇であり、登場人物は全てマスクをつけた非個性的な存在であった。これは、体躯の劇といっていいだろう。そこで、この文化の態様を最も良く表現し、象徴しているのがかの裸体の彫像なのである。これは精神なき体躯であり、純粋現在としてそこにある。重要なのは、均整や調和といった構造であり、目にみえ、手に触れることのできるその表面である。そして、古代文化の代表的建築であるドリス式神殿は、建築となって現われた彫像であった。それは秩序と調和とを強調し、壮大な静けさの中にうずくまっている。ここでも内部の空間は柱列によって入念に隠されている。あるいは、古代の国家形態であるポリスも又、体躯としての国家であった。ポリスは自給自足を理想とし、地理的拡大を許さない。こうした古代文化の持つ点的存在が生活に反映すると、「今日の日を楽しめ」ということになる。そこには、未来を形成しようとする大胆な意欲や子孫の為に配慮しようとする高邁な意思が欠けているのである。それ故、古代人にとって歴史とはそれ自体矛盾した概念であった。彼らは、過ぎ去った時代を回顧したり、あるいは物事が不断に生成して行くという観念とも全く無縁であったのである。歴史的事件もたちまち神話と化してしまう。古代の優れた史家ツキディデスは自著の開巻第一頁で、「自分の時代より前には世界に大きな出来事は起らなかった」という驚くべき発言をしたのであった。

限定されたもの、可視的なもの、今とここに執着する古代文化に対して、「無限の空間」を根源象徴とする西洋文化は、それとは全く異なる対照的な文化を生み出した。例えば、火葬と霊魂の不滅という観念、フェニキア人やカルタゴ人の跡を辿って点状に植民する古代人とスペインのコンキスタドールや北米大陸への移住、それにプトレマイオスの体系とコペルニクスの視野、あるいは降りそそぐ光の中にあるオリュンポスの館と目にみえないワルハラの殿堂、比例と作図の幾何学と無限を追求する解析学、位置の変化を問題とする静力学と運動を可能とさせるエネルギーや力を問題とする動力学、共和制のポリスと血の永続の表明である王朝国家、そして万物の根源を観照的に探究する古代の自然学者と作業仮説によって自然のヴェールをはぎとり、自らの意志によって自然そのものを改変しようとする西洋の科学者、こうしたほんのいくつかの事例を挙げただけでも二つの文化の異質性が感得されるだろう。あらゆる限界を突破して無限の世界に挑むこと、あるいは現象の背後に潜むものを看取すること、瞬間を克服して未来永却に生きること、自然さえも意のままにすること、要するに征服と支配への意志こそ西洋人の原感情なのである。さらに、二、三の具体例を示すと、古代の神殿が水平的であり、大地の上に安んじているのに対して、ゴシック寺院は垂直的であり、その尖塔は天に向って高く聳えている。「上へ！」これが彼らの感情であり、生き方であって、ニーチエのいう「権力への意志」とは彼らの世界の倫理そのものであった。西洋にあっては、神とは即意志のことである。西洋、それは意志の文化なのであった。あるいは、西洋の悲劇を考えてみよう。西洋の悲劇は全て個人の内面から発するのであって、外部の状況に左右されない。主人公の性格が全てを決するのであって、ドラマは一歩一歩と破局に向って進行するのである。オイディプスとリア王やマクベスの悲劇との間には何の関係もない。前者の悲劇はエウクレイデス的であり、後者のそれは解析的である。西洋の悲劇とは、要するに性格、個性の劇である。そこで、西洋文化は又、行為や自己主張の文化といえるのである。さらに、芸術の分野に目を転ずると、西洋の諸芸術は身近なもの、目にみえるものを否定して非体躯的な無限空間を満たす芸術になろうとしている。それ故、西洋芸術の最高度の完成は器楽にある。この器楽によって非肉体的な無限の音響空間が可能となったのである。これは裸体の彫像の正反対である。しかし、いずれも両文化の芸術的完成の瞬間を表わしているのである。西洋の絵画についても雲や背景、あるいは地平線といったものが強調され、ここにも遠さに向うパトスが感じられる。それは、前景のみを扱った古代のフレスコ画とは対照的である。しかし、西洋の絵画で特に注目すべき現象は、数多くの肖像画が描かれたことである。肖像画とは個人の伝記であり、内面の歴史を物語っている。これは、瞬間に生きる古代人には全く考えられないものであった。西洋人は、あらゆる成ることという歴史に対する天性の感覚を備えているのである。世界史という考え自体夙に西洋文化の産物なのであった。

以上の説明により、両文化のおおよその輪郭、及び性格の違いが理解されたことと思う。古代文化は体躯的であり、純粋現在であり、静的である。それに対して、西洋文化は非体躯的であり、遠さや未来への志向であり、動的である。一方は、「物質的な個体」を、他方は、「無限の空間」をそれぞれ根源象徴とする。ところで、シュペングラーは、かかる古代文化を生み出す根源的なものをアポロ的魂と呼び、又西洋文化のそれをファウスト的魂と呼んでいる。アポロ的とはニーチェの『悲劇の誕生』以来誰でも知っていよう。それは、未分化なディオニュソス的なものに対立する明澄なものである。ファウスト的とは、ゲーテの創作したファウストという人物の中に西洋人の典型を見出すからである。孤独な魂の漂泊であり、無限の世界に対する神秘的な憧憬である。そこで、シュペングラーは古代文化をアポロ的文化、そして西洋文化をファウスト的文化と象徴的に呼んでいる。つまり、シュペングラーによれば、古代文化＝アポロ的文化とはアポロ的魂の自己表現であり、西洋文化＝ファウスト的文化とはファウスト的魂の自己表現なのである。古代文化の様々な現象には、例えば、造形美術や数学、物理学、悲劇、運命、国家の形態から文化の性向や風俗、習慣に至るまでアポロ的魂が躍動し、貫徹しているのである。西洋文化の場合も又同じである。シュペングラーは、このように二つの文化の違いを専ら魂の異質性という観点から把え、その立証に務めたのであった。古代文化や西洋文化には、それぞれ固有な魂があり、この魂によっていずれの文化も有機的に統一乃至は統合されているのである。シュペングラーの『西洋の没落』には、この二つの文化の異質性を明らかにすべくふんだんの例証が彼一流の直観と独断で述べられている。（本書を理解する為にも是非一読されたい。村松正俊訳、林書店がある。私も専らこの訳本に依拠していることを併せて付記しておく。）いずれにしてもシュペングラーは、古代と西洋とが本来同質の社会であり、その違いは発展段階の差違に起因するという既成の見方を根底から否定して、二つの社会は全然別個な存在であると強力に主張したのであった。

このように、シュペングラーの立論に従えば、古代文化、及び西洋文化は、それぞれ固有な魂の表現として唯一無二の個性的存在であるが、一つの世界の形成へと向う内的衝動という点ではいずれも同じであり、従ってそこには類似の構造や同一の発展過程が見出されるという。ここで、彼は生物学でいう相同と相似の概念を持ち出して来る。相同とは形態学的に同価な器官を指し、相似とは機能上等しいものをいうのは周知であろう。例えば、陸棲動物の肺と魚の浮き袋とは相同であり、肺と鰓とは相似である。そして、彼はこの相同、相似という概念を歴史にも適用しようとするのである。古代文化と西洋文化とに限って二、三の例を示すと、芸術表現の手段という点で古代の彫像と西洋の器楽とは相同である。あるいは、古代のディオニュソス運動と西洋のルネサンスとは相同であるが、ディオニュソス運動と宗教改革とは相似である。又、古代のペルガモン芸術とワーグナーのバイロイトとは相同である。そして、この歴史現象の相同性ということからシュペングラーは、あらゆる文化の形態学的「同時代性」というきわめてユニークな観念を発想したのであった。つまり、「同時代性」とは、それぞれの文化において正確に同じ位置を占め、等しい重要さ、価値を有しているもののことである。そこで、古代文化と西洋文化との間に存する「同時代性」の例をいくつか挙げてみると、その文化に固有な数観念の確立者という点でピュタゴラスとデカルト、又一つの文化の芸術的完成者という点でポリュクレイトスとバッハやヘンデル、最後の体系哲学者としてアリストテレスとカントやヘーゲル、又都市的倫理の創始者としてソクラテスとルソーとは、それぞれ同時代的な存在なのである。あるいは、政治の世界では、ポリスの成立と王朝国家の生誕、第一次僭主制とフロンドの乱、ピュタゴラス教団と清教主義、第二次僭主制とナポレオン主義とは、それぞれ同時代的な紀元を表わしているのである。それから、大衆相手のプロパガンダである古代の修辞学は、西洋ではジャーナリズムとなり、又「パンとサーカス」は、現代では「賃上げ闘争とスポーツ競技」となって現われている。いずれも類似の社会現象であり、従って同時代的なのである。シュペングラーに言わせると、宗教であれ、芸術であれ、政治であれ、何であれ、一つの文化において意義あるものはただの一つでもほかの文化のうちにその対像を持たないものはないという。要するに、シュペングラーは文化を厳密に確定された構造を有する有機的な存在として把えたのであった。そしてさらに、文化は生物体であるといい、生物体が生まれ、成長し、死んでいくように、文化も又類似の経過を辿るのだと主張したのである。あらゆる文化は母なる大地から生まれ、発展し、成熟し、そして内的可能性を使い果たして再び大地に帰るのである。あるいは、文化には、おずおずとした不安と予感に満ちた幼年期があり、自己が確立される青年期があり、内的に充実した壮年期があり、そして生命枯渇した老年期があるのである。さらに巧みに表現すれば、どの文化にも春があり、夏があり、秋があり、冬があるのである。そして、第一次世界大戦に象徴される彼の時代は、古代ではポエニ戦争の頃と同時代的なのであった。ポエニ戦争の頃の古代文化は既に内的可能性を喪失し、ただ外的拡大化のみが可能な凋落期だったのである。そして、古代文化がポエニ戦争以後辿ったのと類似の行程を西洋も又今後踏み行くであろうと彼はその独特な史観を基にして述べたのであった。つまり、シュペングラーは西洋の没落を予言し、十八、九世紀以来の人類の無限の進歩という観念に冷水をかけたのである。かって古代文化が栄え、そして亡んだように西洋も同一の運命を免ぬかれ得ないのだということ、つまり、「歴史は繰返す」という考えを単なる機知や警句としてではなく、新しい歴史観として提出したのであった。かくして、古代社会と西洋社会との同質性、連続性に基礎を置く「古代―中世―近代」という一元的な発展史観は、シュペングラーの出現によって根本的に批判、検討され、そして真向から否定し去られたのである。

古代文化は、目にみえるもの、誰にでもわかるもの、感覚的に触れることの出来るもの、要するに通俗的であるということを主たる内容とする。それに対して西洋文化は、万人の為のものではなく深奥であるということ、非通俗的であるということがその本質となっている。又、技術であれ、建築であれ、芸術様式であれ、古代文化は困難な仕事を避け、創意に乏しいが、西洋文化は困難な仕事を我が身にひきうける男性的な活力や大胆な形成意欲に満ちている。古代を小人の文化とすれば、西洋は巨人の文化であるといえよう。しかし、こうした違いがあるにせよ、一つの歴史社会を形成したという点で両者は歴史的に等価なのである。つまり、それは性格の差違に過ぎない。そして、かかる歴史社会は古代と西洋だけではなく、古代文化の前史ぐらいにしか扱われていないエジプトやバビロニア（メソポタミア）の文化もそうであり、さらにアラビア、中国、インド、それにメキシコの文化も又そうしたものなのである。シュペングラーはこうした八つの文化を高度文化と呼んでいるが、世界史はこれらの高度文化によって形成されているのであった。つまり、西洋もこれらの高度文化の一つに過ぎないわけである。今まで世界の諸事象は、「古代―中世―近代」という図式の中に押込められて身動きが出来なくなっていた。この図式は、西洋人の地方人根性の現われであり、正しくは自惚れの産物であって、ここ二、三世紀来の西洋世界の優越から生じた偏見に他ならないのである。世界史は、かかる線状の退屈な像ではなく、「多くの巨大な諸文化の劇」である。こうしてシュペングラーは、西洋の近代社会を中心にして世界の諸事象を眺めようとする既成の見方を打破ったのであった。このことは、地球中心説に代えうるに太陽中心説を以ってするが如き視野の転換を意味する。彼が自分の見方を「歴史の領域におけるコペルニクス的発見」と言った時、それは決して誇張ではなかったわけである。我々は、天体に関しては既に十分なパースペクティヴを持っていた。しかるに今、シュペングラーの出現によって世界史に関しても同様な視野を得ることが可能となったわけである。我々は、既に死滅した文化の中にも我々と同じような生活があり、苦悩があり、そして喜びがあったのだということを追体験すべきことを学んだのである。

ところでシュペングラーは、自分の見出した歴史観を「世界史の形態学」と称している。彼にとって歴史とは、個々のばらばらな存在でも、又因果律によって組立てられるものでもなく、一定の形や纏まりを有する形態存在であり、運命として何ものかが実現されて行くことであった。歴史とは、成ったものではなく、成るものであり、時間や方向と同義であって、それは拡げられたもの、無時間的なものに対立するとシュペングラーは再三にわたって述べている。つまり、歴史とは、高度文化の魂が一定の様式や形態をとって具現化されて行くことであった。そこで、歴史現象は全て一定の魂の開示であり、象徴として解されてくる。シュペングラーに言わしめれば、「世界史の形態学は、必然的に普遍的な象徴主義となる」のである。そして、文化の様々な形態を生み出す母体である魂そのものを把握する方法が彼のいう観相学であった。観相学とは、生成してゆくもの、有機的なものの本質を直観的に把握する方法であって、固定したもの、死んだものを知的に把握し、そこに法則や因果関係を見出す体系学とは対立する。つまり、観相学とは、方向や運命を担った生ける自然を、体系学とは無時間的な死せる自然を把握する方法であるといえよう。それは、ゲーテの自然観察とニュートンのそれとの差違である。シュペングラー自身その方法をゲーテから得たと告白している。ゲーテの自然観察の方法を高度文化の歴史に適用したのが「世界史の形態学」であったわけである。歴史把握とは、事物を因果法則によって説明し、秩序だてることではなく、そこに生々躍動している魂そのものを感得することでなければならない。古代文化を例にとれば、古代の国家形態や芸術の様式、数学や物理学、あるいは人々の性向を通じてアポロ的魂というものを感得せねばならないのである。高度文化は、形態存在として現われ、その文化に固有な魂を人々に語りかけている。歴史家はそれを聴きとらねばならない。これが、観相学という歴史把握の方法なのであった。それは、語った内容ではなく口調によって、あるいは何が書かれているかではなく筆蹟によって、その人物を鑑定しうるような世情に通じた人間の眼識と同じものである。いずれにしても、この観相学によって高度文化の魂、言い換えると、その文化の性格というものが把えられるのであるが、高度文化は又同一の構造を有するものとして形態学的に「同時代性」が見出される。あるいは、文化に一定の形式や個性があり、形態学的に同時代的なものを見出すことができれば、そこに高度文化が存在していたといえよう。「世界史の形態学」とは、このように高度文化の性格と同時代性を明らかにすることによって、その文化の全体像を彷彿として浮かび上がらせることであった。

シュペングラーは、八つの高度文化を挙げているが、実際に彼が手がけたのは古代＝ギリシャ・ローマと西洋、それにマギ的文化（アラビア文化）ぐらいのもので、他の諸文化については余り論及していない。恐らく手がまわらなかったのだろう。彼の企図したことは実に膨大なものであって、一個人の力には余る。むしろ、彼の存在意義は、歴史の分野に新しい世界を開拓したパイオニアであったという点にあるかもしれない。そして、この「世界史の形態学」は、シュペングラーに言わせると、形而上学的に枯渇した西洋の土壌に可能な最後の哲学であって、古代文化の懐疑主義に相当するものであるという。古代の同時代の産物である懐疑主義は哲学の否定となって現われたが、ここでも歴史的天性を有する西洋は全てを歴史現象として、去りゆくものとして絶対的な立場を放棄することを以って終るのだというのである。いずれにしても、彼は人類の無限の進歩、発展という十八、九世紀来のオプティミスティックな考えに一撃を加え、西洋中心の見方を排して世界史はいくつかの高度文化によって形成されているのだという新しい歴史観を提示したのであった。つまり、「古代―中世―近代」という図式を否定して、歴史を高度文化のドラマとして把えたのである。ところで、シュペングラーのいう高度文化には、バビロニア（メソポタミア）やエジプトといった世界史の教科書の初めに出てくる文明も加えられている。これらの文明も高度文化であって、古代文化の前史ではなく、それ自身一つの世界として古代文化や西洋文化と等価な歴史社会なのであった。そこで、私はシュペングラーの高度文化という表現を改めて文明と呼ぶことにしたい。この方が一般の通りがいいだろう。ギリシャ・ローマも西洋もメソポタミアやエジプトと同じく一つの文明なのである。そしてさらに、シュペングラーが「世界史の形態学」と称したものを改めて私は「文明史観」と呼ぶことにしたい。文明史観は、個々の文明が世界史を構成する究極的な単位であるということ、従ってそれぞれの文明は、歴史的に等価であるということを基本原理とする。そしてその課題は、個々の文明の性格、及び文明相互間の同時代性を明らかにすることであった。

四

文明史観という方法を用いて日本史の全体像を明らかにすることは出来ないものであろうか。言い換えれば、日本は一つの文明を形成してきたのであろうか。日本は中国やインド、あるいは西洋のように一つの世界を形成してきたとは一般的に考えられていない。

シュペングラーも日本を高度文化の中に入れていない。日本文化は中国の亜流であり、近代日本は西洋の亜流であって―これは真実に近い、独自性や創造性に乏しいといわれてきた。はたしてそうであろうか。ここには、西洋人が自らの世界をギリシャ・ローマの後継文化だと思い込んできたような錯覚がありはしなかっただろうか。しかし、より正しく言えば、何を以って一つの世界＝文明とするかの規準が判らず、その方法が確定されなかった。文明史観は、世界史の新しい見方であるが、それと同時に未知の世界に分け入って文明の所在をつきとめることを可能とさせる。私が本書で試みたことは、日本文化の独自性と形態学的同時代性を明らかにすることによって日本文明の存在を確証することであり、そしてそこから現代の日本社会は文明のいかなる段階にあり、従って今後いかなる行程を辿っていくかを既に死滅した文明を手がかりに予測し、その外貌を確定することであった。

　ところで、日本文化の独自性、あるいは日本文明の性格とは、一体いかなるものであろうか。我々の世界も古代文化と同じく仏教の伝来以来火葬という葬儀の形式が一般化した。又、天体についての研究もほとんどなされなかった。古代の国家がポリスという微小な単位であったように、日本の国家形態も大名領国制という小規模なものであった。我々の世界も永続や遠さを否定して、今とここに生きる小さな文化であったのだろうか。「熱しやすく、冷めやすい」のが、我国の国民性であるといわれる。確かに、日本人の一面をついたものだろう。しかし、万世一系の天皇観や家元制度、あるいは大名の世襲制などを考えてみると、我々の世界も血の永続や家の存続といったものに対してやはり相当の情熱を注いだことを物語ってはいないだろうか。それ故、我々が古代人のように今という瞬間に生きたとしても、それは古代人とは異質な生活感情の発露であったろう。「江戸っ子は宵越しの金を持たない」と古代人の「今日の日を楽しめ」とは似て非なる生活態度を示している。前者は働き、そしてパット散じる江戸っ子の心意気である。しかるに後者は、刹那主義の現われであった。

　我々は、単純に瞬間に生きることを拒絶する。我々の世界にも血の永続や家の存続といった瞬間を越えて生きる性向がある。しかし、こうしたものも西洋の血統観や永続観とは異質なものであったろう。西洋の血統観は排他的なものであり、自己の意志を貫徹せしめようとする。それは、アーリア人種の優秀性や白人による世界支配といった考えを連想させる。しかるに、我国の万世一系は本来閉鎖的なものであって、逆に鎖国を連想させる。あるいは、永続観にしても類似のことがいえよう。西洋のそれは、瞬間を克服して未来を形成しようとする意志の現われであった。それに対して、日本のは今が過去に包含されることから生じたのではあるまいか。自己の存在は、遠く隔った何ものかによって規定される。そしてそこから、この何ものかに対する帰属感や忠誠心が生まれる。家元制度や大名の世襲制はこうした感情の産物ではなかったろうか。これは、西洋の場合の正に反対である。一方は未来を形成する意志が、もう一方は過去に対する帰属意識が永続観を生み出したわけである。それは、バロックの王朝の内閣外交と幕藩体制下の参勤交代制度との差違でもあったろう。いずれも政治を好調に保ったのであるが、前者はここからかしこへと向い、後者はかしこからここへ来る。西洋文化には現在から未来へ、そしてここからかしこへと遠さに向うパトスがある。それは遠心的である。一方、日本文化はその逆であり、求心的であるといえよう。さらに、我々の存在がこのように過去によって規定され、しかも現在の瞬間に生命を捧げるとしたら、我々は自らの存在をある何ものかの歴史の流れの先端に位置してると感じているからではないだろうか。言い換えるならば、我々は今を何ものかが実現されて行く正にその瞬間として感じ、そこに打ち込むことによって未来そのもの足りうると直覚しているのではないだろうか。しかし、これは自らの意志によって未来を形成しようとする西洋の流儀とは明らかに異なる。我々の世界は目的性や計画性に乏しいし、又目標を掲げて物事をやり抜く意志や力を欠いている。そうではなくて、我々は自らの意志や力を放棄乃至は克服して他力に徹し、生命そのものになりきることによって未来たろうとするのである。我々の世界でしばしば言われる「無我」とか「克己」とかいったものは、こうした生き方を示唆しているのではないだろうか。しかし又、それ故に我々の世界では西洋流の生き方が不可能となってしまったともいえる。というのは、生命は人為的な目的や計画を超越しており、人知では予測し難い何ものかを実現していくものだからである。いずれにしても、西洋は自我であり、意志であり、目的の文化である。一方、我々はそうした在り方を否定乃至は克服して生命そのものになりきろうとする。そして、生命は一つの流れとして自らを貫流して未来へと向う。それ故、西洋を動力学的な世界であるとすれば、日本は生命的な世界であるといえるだろう。

古代のポリスには、そのポリスに固有な守護神があり、市民は共通の信仰によって結ばれていた。つまり、ポリスは自らの守護神を祭る市民共同体であったわけである。それに対して、日本の大名領国制は、藩主という生身の人間に忠誠を捧げる人々の集まりであった。一方は、人間の形をとって現われた神の体躯に、もう一方は、名君というのが理想の藩主像であったように、民をいつくしむ情けや威徳を備えた人格を信奉したのである。さらに、大名領国制で注目すべき現象は、例の転封である。これは紛れもなく移動する国家である。このことは、主従の一体化が即国家であったというきわめて珍らしい事例を示してはいないだろうか。こうしたことから、いわゆる日本のたて型社会というものが生まれ、又人々の一体感は、西洋流の個人主義や契約思想の生まれる余地をなからしめたであろう。そして、類似のことが日本の悲劇についてもいえる。日本の悲劇は、古代のように外部から人間の身体にやってくるのでも、又西洋のように個人の内面から生ずるのでもなく、人間相互の一体感から生まれるのである。義理と人情の相剋とは、正にそれである。そして、悲劇の主人公は、義理と人情とをわきまえた立派な人物であるが故に苦悩し、亡びて行くのである。我々の社会では、人物を評定する規準は、この種の人間性にある。「あの人は人間性に欠けている」と言われれば、いかに地位や教養があってもその人は社会的に失格なのである。我々の社会では、義理堅いとか、情け深いとか、要するに人間らしくあるということが第一に要求される。そしてそれが、人格というものであって、個性とは違うし、況や手振りや身振りとは何の関係もない。それ故、日本の劇は個性でも体躯でもなく、人格の劇であるといえよう。そして、悲劇は人間関係にやってくるのである。このように、人格に対する信奉や人間相互の一体感、あるいは人間性といったものも又、我々の文化の特徴と考えねばならないであろう。

古代の神殿や西洋の寺院と比較した場合、日本の神社や仏閣はいかなる感情を現わしているだろうか。日本の神社の建造物も古代の神殿と同じく一般に構造が簡単で、小規模なものが多いが、その様相は全く異なっている。古代の神殿は、南方の明るい陽ざしの中に立っているが、日本の神社は森におおわれ、社は暗い空間の中に安置されている。日本の神社の特徴は、この鎮守の森にあるだろう。遠くから一見して、そこが神社であることがわかる。そして、日本の神社からこの森を除いたら、これほど殺風景なものもあるまい。それは禿山同然である。社はこの森と不可分だし、より正しくはこの森におおわれ、その一部となっているのである。古代の神殿を裸体の彫像であるとすれば、日本の社は自然という衣装を幾重にもまとっているといえよう。しかるに、西洋の寺院は大地を眼下に見下し、自然の束縛から解放されようとしている。西洋の街並は、ひときわ高く聳える塔によって象徴される。それは、権力意志の表明であり、人力の誇示である。日本は寺院にしても木立をつくり、池をめぐらして、そこに自然を再現しようとしている。それは、寺院の建造物と程よい調和を保っている。神社や仏閣にみられるこうした現象は、自然とともにありたいという我々の原感情を物語っているのではないだろうか。西洋化した現在でも、日本人の多くは一戸建の家を求める。その結果、通勤距離は涯しなく拡大して行くのであるが、小さな家でも土があり、そこに木を植え、花を咲せたいというのが我々の根強い感情なのだろう。しかし、こうした自然とともにありたいという欲求や自然との一体感は又、自然を対象として観察、研究する自然科学の発生を不可能とさせてしまったに相違ない。日本に西洋流の自然科学が不在なのは、かかる感情の裏返しでもあったろう。あるいは、日本の庭園なども西洋のように整然と秩序だてられたものを嫌う傾向がある。それは、我々にとって余りに作為的であり、従って不自然だと感じられるからである。「自然であるのがいい」とは、我々のしばしば耳にする言葉である。さらに、簡素な生活や質朴さを愛する国民性は、この種の感情と無縁ではなかったろう。それ故、自然との一体感や自然性といったものも我々の文化の特質と考えてさしつかえあるまい。

日本文化の独自性とは、一体いかなるものであろうか。我々は、古代文化や西洋文化と比較しつつ若干考察してみた。しかし、日本文化の特色や国民性については、既に多くのことが論じられている。そして、その中には勿論正鵠を射たものも多々あったろう。しかし、我々は、かかる問題を単なる比較文化の対象として扱うわけでも、又思いつきや興味本位に扱うものでもない。我々は、これらの現象や諸事象をその文化に固有な魂の表現であり、象徴と解するのである。そこで、我々の考察は一般の文化論よりも深く、広いものとなる。例えば、日本の絵画には、西洋流の遠近法が欠けているが、かかる遠近法の不在と南洋日本人町を簡単に放棄してしまったことには深い関係がありはしなかったか否か。我々は、こうした問題を政治、経済的見地からだけではなく、造形美術と関連づけて考えてみるのである。（西洋絵画における遠近法の確立と地理上の発見とは、ほぼ同時期のことであった。）又、鎌倉時代以後見るべき彫像が跡を絶ったのは、いかなる理由があってのことだろうか。（古代文化はこの時点に彫像を自らの魂の表現手段に選んだのである。）あるいは歴史的な事件や物語を我々の文化はしばしば絵巻物の形で残したが、このことと我々の歴史感覚とはどんな関係があるのだろうか。西洋の社会主義は社会の変革を唱えた。しかるに、日本の心学は自己の変革を唱える。両者の性格の違いは何であったろうか。さらに、ニーチェのいう「権力への意志」に対して宣長の「もののあわれ」には、いかなる魂が暗示されているのだろうか。そして、「権力への意志」が動力学的な世界のものであるとすれば、「もののあわれ」は生命的な世界のものではなかったろうか。つまり、シュペングラーのいう高度文化の歴史とは、その文化に固有な魂の表現であるから形態存在として現われるのだということ、それ故、歴史現象は相互に連関しているというのが我々の基本的な発想であった。詳しくは本論で触れることになろうが、我々は日本史の様々な現象を観相学的に把握することによって日本文化の魂や根源象徴、あるいは日本文化の様式や形態を直観し、そうすることによって日本文明の性格を明らかにしようというのである。

日本史上のある現象や一時期を他の世界のそれとおぼしき現象や時代と比較する試みは、しばしば行なわれてきた。例えば、鎌倉仏教の成立は、西洋の宗教改革を抜きにしてはほとんど語られなかったといってもいい。鎌倉仏教は、西洋の宗教改革と対比して論ぜられるのを常としたのである。あるいは、群雄割拠の戦乱の世を戦国時代と呼ぶのは、中国史からの借用であったろう。中国の戦国時代と称される時期と日本の十五、六世紀とに類似の現象を見出したからである。又、『古事記』に記された世界とホメロスの時代とは、同種のものと考えられたこともある。いわゆる「英雄時代論争」である。しかし、こうしたものは、単なる機知や表面上の類似に惑わされたものであって、正しい比較とはいい難いし、又歴史の深部から把えられたものでもなかった。シュペングラー流に表現すれば、鎌倉仏教の成立と西洋の宗教改革とは相似であっても、相同ではないのである。ルターやカルヴィンの対象となったのは既成の宗教であり、それに対する抗議であった。しかるに、鎌倉仏教の成立は、日本に初めて土着の宗教が生まれたことを意味したのである。又、日本の十五、六世紀は、中国の春秋時代に相当するのであって、戦国時代ではない。日本史のこの時期を戦国時代と呼んでも一向にさしつかえないが、中国史の戦国時代を連想することは比較の上では許されないのである。古事記の世界とホメロスの世界との対比も全く同じである。大和武尊はアキレウスとは異質な存在であった。しかし、アキレウスと源義経とを比較することは歴史的にみて正しい。つまり、トロヤ戦争の時代と源平期とは相同なのである。さらに近い例では、明治維新を絶対王政の成立とみるか、それともブルジョア革命とみるか、戦中戦後を通じて白熱した論争が続けられ、今なを決着をみないかの有名な「資本主義論争」がある。この論争は、我国史学界の水準を示すものであるが、明治維新絶対王政説を主張した「講座派」も、又ブルジョア革命説を主張した「労農派」も等しく明治維新が西洋史のいかなる段階に相当するかを検討したものであった。彼らは、二つの世界が本来質的に違ったものであるなど考えてもみなかったのである。要するに、彼らは「古代―中世―近代」の図式から一歩も出ず、正しくはその奴隷となっていた。我々の正しい比較考察によれば、明治維新は西洋の絶対王政とも、又ブルジョア革命とも何の関係もない。つまり、両者は相同でもなければ、相似でさえもないのである。それ故、資本主義論争は、新しい歴史観に立脚する我々からみると全く不毛なものに映る。否、事実不毛であった。にも拘らず、彼らは日本の革命を企図したのである。このことは、初期の講座派に殊に顕著であった。（マルクスの史観が革命の武器となったのはこの一時期だけである。日本の資本主義を分析して明治維新を絶対王政と規定したことにはコミンテルンの影響があり、又ブルジョア革命を志向し、その後ただちにプロレタリア革命に移行するという発想はボルシェヴィキの革命方式を踏襲したものであった。）しかし、異質の世界の目的や課題を自らのものと錯覚し、その為に粉骨砕身する馬鹿がどこにいるだろうか。我々には我々の目的や課題があった筈である。実に革命すべきは社会ではなく、「古代―中世―近代」という人類の一元的発展史観を今なお金科玉条と考える十九世紀的な頭脳そのものではなかったろうか。

古代と西洋とは、本来異質な社会であったが、一つの世界を形成したという点でそこには類似の社会現象が見出されたように、日本も古代や西洋とは異質な社会であるという前提に立って初めて他の世界との正当な比較考察が可能となるわけである。つまり、高度文化は、それぞれ異質でありながら形態学的にみて「同時代的」な現象が存在したわけであった。そこで、かかる新しい視点に立脚して日本文化と古代文化や西洋文化との間に存する類似の現象を探してみることにしよう。すると、古代のホメロス時代、西洋の十字軍時代、それに日本の鎌倉時代は、いずれも一つの世界の確立を告げるものとして類似の発展段階にあったことが解る。あるいは、民主政時代の古代のポリス、バロック期の西洋の王朝、それに日本の大名領国制の成立は、それぞれ国家の形成として同一の紀元を表わしていたであろう。又、そうであるとすれば一向一揆や叡山の僧侶といった中世的勢力と闘って新時代を切開いた信長の存在とは一体何であったのか。彼は日本のクロムウェルではなかったか。織田家臣団とクロムウェルに卒いられた鉄騎兵、それに古代のピュタゴラス教団とには内的に深い関連があったに相違ない。さらに、芸術の分野に目を転ずると、絢爛豪華な安土・桃山の文化は、西洋のバロックや古代のイオニア文化に比較できなかったであろうか。次いで、知的紀元を問題にすると、中江藤樹は「孝」を道徳の中心に据えて新時代の倫理を説いた。されば、近江聖人藤樹こそ日本のルソーであり、ソクラテスではなかったろうか。又、荻生徂徠は朱子学でいう「道」の観念を聖人の作為として徹頭徹尾政治化し、そうすることによって崩れゆく朱子学の体系を救った。彼は日本における最後の体系哲学者であったといえよう。そうであるなら、徂徠は西洋のカントやヘーゲル、あるいは古代のアリストテレスと同時代人であったわけである。さらに、シュペングラーの言に従うと、高度文化において意義あるものは他の高度文化にもその対像が必ず見出されるという。そこで、日本文化がシュペングラーのいう高度文化＝文明であるとすれば、日本にも古代のペルガモン芸術や西洋のバイロイトに相当するものがある筈である。それは恐らく歌舞伎であったろう。歌舞伎もペルガモン芸術やバイロイトと同じく大都市の人間を対象としたものであり、芸術の名に価する最後のものであった。又、体系哲学の消滅した後に「いかに生きるべきか」に応える実践倫理の時代が到来するという。西洋では倫理的社会主義であり、古代ではストア主義やエピクロス主義がそれであった。日本の文化にも類似のものを見出すことは出来ないであろうか。個人の内面の修養を説く心学や「もののあわれ」を唱える国学こそ正にそうしたものではなかったろうか。心学は町人の哲学であり、又国学は外来の儒教に反発して日本の伝統文化への復帰を唱えたものといわれてきた。はたしてそうであろうか。心学は古代のストア主義と、そして国学はエピクロス主義と内的に深い関係がありはしなかったろうか。私は、かかる比較考察を試みた例を未だ知らない。しかし、文明史観という新らしい歴史の見方に一度開眼するや、歴史は単なる偶然事の集合体でも、又無形式なものでもなく、しかるべき時点に、しかるべき形態をとって現われるということ、表面上の意味内容とは別にそのことが歴史の全体像の中で一体何を意味し、暗示しているかを理解することを可能ならしめるのである。歴史の世界においても又、眼光紙背に徹する眼識が必要とされるが、文明史観こそかかる要求に応えるものであった。いずれにしても我々は、日本を古代や西洋とは異質な社会として把握し、そしてその中で類似の現象、つまり同時代性を明らかにすることによって日本文明の存在を立証しようというのである。

五

ここで、私が何故に文明史観という方法を用いて日本史の全体像を把握してみようと思うに至ったのか、その経緯について若干述べて置きたい。

あらゆる思想家が現実に対する問題意識から出発するように、私も又自分の置かれた状況に対するしかるべき問題意識から出発した。私の問題意識とは、いわゆる近代化と称される日本の西洋化が、我国の文化、伝統を破壊し、その結果文化の混乱、国民のコンセンサスの不在という破局的な事態を招来しつつあるということ、そしてこのことを現在の我国の最も根源的、かつ深刻な問題として受けとめたのである。西洋文明の移入、つまり日本の近代化は、一般に進歩の名のもとに明治以降時の指導者によって強力に推進されてきた。かかる西洋化は、確かに世界史の不可避な流れであったが、これを安易に進歩、発展と考えていいものかどうか私は疑問の念を抱いたのである。自らの世界を西洋化することに無理がありはしなかったか否か、それは自分以外のものになろうとすることであり、長い目でみれば自殺的行為ではなかったのか、私の疑問とするところであった。何故なら、結局自分は自分でしかないからである。否、自分が自分である時初めてその真価が発揮される。自分が時代とともに変化するならいい。又、生命がある限りそれは当然のことであったろう。しかるに、近代化は日本を、つまり自己の存在を否定して、西洋化、つまり他者になろうとする試みであり、従ってそこには自己の喪失や主体性の欠落といった恐るべき欠陥がありはしなかったか、又仮りに近代化に成功したとしてもそれは畢竟木に竹をついだようなものであり、内的生命を欠いた不健全なものになりはしないか、私は西洋文明―西洋諸国ではない―との対決を欠いた日本の近代化を手ばなしで礼讃する気持ちにはとてもなれなかったのである。そしてさらに、無条件降伏という悲惨な結末を遂げた戦前の歴史も決して日本が物量に劣っていたとか、又近代化の不徹底にあったというのではなく、むしろ主体的な生き方を欠いた近代日本の在り方そのものに起因していたのではないか、そして今なおかかる近代化路線が修正されてない以上、否、戦前にも増したスピードで同一の軌道を突き進んでいる以上、我々の前途には再び類似の、否、それ以上の破局が待ち受けているのではないか、私は突然未来に対する不安と危惧の念に襲われたのであった。現に私が目の当りに見る光景は、進歩でもなければ発展でもなく、あたかも白蟻によって内部から食いつくされ、今や倒壊寸前の状態にある日本の姿だったのである。これが問題でなくて何であろうか。無節操な西洋化によって日本の社会が内的に瓦解しつつあるということ、これが自分の時代に対する診断であり、問題意識であって、私の思想上の出発点となったものなのである。

それから、私はかねがね日本と西洋とには類似の歴史現象が存在することに気づいていた。例えば、日本の鎌倉時代と西洋の十二、三世紀は、いずれも宗教の支配する世であり、武士の活躍する時代であったし、その後も農民一揆や宗教戦争が起り、次いで非宗教的な世俗化された時代を迎えた。又、西洋諸国が競って海外に進出する頃、日本も東南アジアに進出して彼らと接触するに至った。日本と西洋とは、類似の発展段階を歩んできたといえるだろう。しかし、その後日本は鎖国をし、儒教の支配する時代となる。一方、西洋は科学文明を生み出し、世界を侵略していった。江戸時代を期に日本と西洋とは全く異なった道を歩み始めたが、それでも内部をみると大都市の興隆、都市文化の開花、商工業の発達、学問の普及といった類似の現象を見出すことが出来るのである。さればこそ、日本が幕末に再び西洋と接触した時、日本は他国と異なって植民地化を免ぬかれ、西洋列強に伍していくことが可能となったのではあるまいか。私はこのように考えたのである。そこで、江戸時代を封建制社会と規定する既成の見方にはどうしても納得できなかった。しかし、江戸時代には西洋の近代社会のように科学文明や資本主義、あるいはデモクラシーといったものは生まれなかった。日本史は書き換える必要があるし、又書き換えられねばならないと感じつつも、「古代―中世―近代」という西洋中心の見方に呪縛されていた私にはこの難問を解くことが出来なかったのである。しかし、一方私は、既に述べたように、安易な西洋化によって日本の社会は崩壊しつつあるという危機感にとらわれていた。自分が自分であることの大切さを叫ばずにはいられなかったのである。この問題意識と日本と西洋とが歴史的に類似の発展を示してきたという考えが一体化した時、私は日本と西洋とは本来別個の社会であること、にも拘らず二つの社会は並行進化を遂げてきたという結論に到達したのである。つまり、「古代―中世―近代」という人類の一元的発展史観を打破れば問題は見事に解決することがわかったのであった。

このように、私は自分を取巻く身近な問題から出発して次第に新しい歴史観に目覚めつつあったのであるが、丁度その時シュペングラーの『西洋の没落』に接する機会を得たのである。私は今もってその時の興奮と感動を忘れることが出来ない。人生の途上においてその人の一生を左右するような一冊の書物があるとすれば、私にとって『西洋の没落』は正しくそうしたものであった。私はシュペングラーの著作の一字一句を追いながら、あたかも自分の為に書かれたような情感にとらわれたのである。ここに示されていた史観は、私が暗中模索しながらようやく探しあてた当のものであった。勿論、シュペングラーのそれは、はるかに詳細であり、該博な知識に支えられたものであったが、「古代―中世―近代」という西洋中心の見方を排していくつかの世界＝高度文化を新たに世界史を構成する単位とすること、そして各々の高度文化には並行進化の事例、つまり同時代性が見出されること、基本的な発想において私と全く同じものだったのである。私はシュペングラーより五十年程遅れたが、ほとんど独力で類似の見方に到達したわけであった。それ故、彼の史観の意義や彼の意図したところは私なりに容易に理解できたのであり、本書の構想も『西洋の没落』の読了後きわめて短期間のうちに出来上ったのである。しかし、本書そのものは一朝一夕に出来上ったものではない。曲りなりにもこうした形をとるに至るまでには、その後かなりの年月を要したのである。いずれにしても、文明史観は私に日本史を解明する手がかりを与えてくれた。文明史観は、戦前の皇国史観や戦後の唯物史観よりも日本史をより正確に、事実に則して理解することを可能とさせるであろう。そしてさらに、文明史観は我々が主体的に生き、日本の未来を自らの力によって切開いていこうとする限り、その思想的な論拠になりうるであろうと私は確信するに至ったのである。自分が文明史観という方法を用いて日本史の全体像を把握してみようと思うに至ったのはかかる経緯からであった。

現代社会は、幾多の難題を抱えている。例えば、公害、資源の枯渇、人間疎外の問題、爆発的な人口増加、それに核戦争による人類破滅の危機、どの一つをとっても人類が未だかつて直面したことのない新しい事態である。しかし、こうしたものは全て直接、間接に西洋の近代文明、ひいては西洋文明のもたらしたものであった。言い換えれば、これらの諸問題の中に西洋文明の矛盾、行詰りが露呈されているのである。しかも、我々はこれらの問題をいかに解決すべきかその術を知らない。視界ゼロの状況で漂流し始めたのが現代社会であり、正に現代は歴史的危機の時代、即ち過渡期であるといえよう。そして、明治以降無批判的に西洋文明を移入してきた我国にこれらの問題が最も尖鋭な形をとって集中的に表現されているといっても過言ではあるまい。私は、近代化によって日本の社会が壊滅の危機に瀕していることに警告を発したが、今や範としてきた当の西洋文明さえも信頼の置けないものとなりつつあるのである。つまり、我国は西洋化によって自らの存立基盤を喪失する一方、自己の目標としてきた西洋文明にも裏切られるという二重のジレンマに立たされているわけである。事態は正に深刻であるといわねばならない。しかし、こうした時は右往左往せず、もう一度自らの過去を振り返り、そして自分は一体何であったのか、並びに自分は今いかなる歴史的地点にいるのかを確認することが最も肝要なことではないだろうか。そして次に、自らの伝統文化の中に現代社会を克服する手がかりがないものか模索することであるだろう。歴史は常に偉大な教師であり、ピンチとチャンスとは表裏の関係にあることを教えている。禍を転じて福となさねばならない。今まで古いもの、唾棄すべきもの、否定すべきものとして一顧だにされなかった我々の過去の歴史の中に未来を照らす新しい意味や価値を見出すことが出来ないであろうか。文明史観の生まれた史的背景には、西洋諸国の優位性の動揺、正しくは西洋文明の絶対性の崩壊という事実があり、そして私が文明史観を唱えたことには、我々の文化、伝統の中に西洋文明の行詰りを打開する方策がありはしないかという積極的な意図が秘められているのだということをここで併せて付記して置きたい。

最後に本論の構成を概略示しておこう。

我々は他者と出会うことによって初めて己れの存在に気付くように、日本も又西洋という異質の文化と接触することによって自らの文化を知覚することが可能となる。西洋文化を「汝」とし、そして日本文化を「我」として自覚すること、これが第一編『個と関係と』の目的である。言い換えれば、西洋文化と対比して日本文化の自己規定を試みたのが第一編であった。次いで第二編の『生成と解体と』では、日本史を新しい視点と方法を用いて叙述してみた。しかし、その眼目は西洋文化と日本文化との同時代性の例を見出すことにある。すなわち、専ら西洋文化との比較考察を通じて第一編では日本文化の独自性を、そして第二編では、日本文化の形態学的同時代性を明らかにすることによって日本文化がシュペングラーのいう高度文化を形成してきたということ、つまり日本文明の存在の確証に務めたのであった。我々は、文明史観という新しい歴史観に立脚するものであるが、この史観に欠陥や疑点はなかったか。例えば、高度文化＝文明は、一つの魂の表現としてそれ自体自己完結的なものであるとシュペングラーは強調するのであるが、それでは歴史事実として自明な文化相互間の交流、伝播の問題などはどのように扱うのであるか、あるいは高度文化を形成していない他の諸文化は歴史の中でどのように位置づけられるのか､様々な問題が提起されるであろう。第三編の『文明史観の諸問題』では、こうした予想される問題を一括して取上げた。そしてさらに、この史観について私が研究した限りの成果を併せて発表した。それ故、第三編は文明史観という我々の依拠する新しい歴史学についての手引きであり、同時に研究書であって、この一編は独立した作品として読まれても差支えないのである。そして、最後の第四編『攻撃対防御』では、主として明治以降の歴史を扱った。しかし、自分の意図したところは、新しい歴史観に基づいて近代日本の在り方そのものを批判、検討することであり、正しくはその断罪となっている。そしてさらに、かかる反省の上に立って、又日本の伝統文化の中に現代社会の混迷や諸問題を解決する手がかりはないものか模索しつつあるべき未来の日本社会を象徴的に「第三の幕府」と呼んだ。しかし、本書の目的はあくまで文明史観という方法を用いて日本史の全体像を明らかにすることにある。（かかる方法を用いて日本史が素描されるのは恐らく本書が初めてであろう。）私は本書の中で比較的広範な問題を扱っているのであるが、それに反して何としても私は勉強不足であり、非力であったことを卒直に認めねばならない。本書は副題の示すように全く試論の域を出ないのである。しかし、この史観には未来があるということ、そして思想家の価値というものが読書の量ではなく、その時代の問題にどの程度肉迫してるかにあるとすれば私にもいささか期するところがある。私は市井の一学徒として、又一人の思想家として文明開化の旗手であり、近代日本のイデオローであった福沢諭吉、否、福沢先生（本書は私にとって慶応義塾の卒論だからである）を乗越えることを以って自らの目標としたのであった。

いずれにしても、私は文明史観という方法を用いて曲りなりにも日本文明の存在をつきとめたことと確信する。日本がギリシャ・ローマや中国、あるいは西洋のように一つの世界を形成してきたのだということ、即ち日本文明を発見したのであった。そしてその結果、現代の日本は古代文化を例にとればローマの共和制の末期に相当するということ、言い換えれば、ローマ帝制の前夜にあるという恐らく未だかつて誰一人として夢想さえもしなかったような驚くべき結論に到達したのである。私はこの発見を公にする為に浅学短才も省りみず、自暴自棄の勇気を振って本書に挑んだのであった。

新日本外史緒論終り

（付）比較文明表

第一表「同時的」知性紀

ギリシャ・ローマ文化	西洋文化	日本文化
前一一〇〇年以後	九〇〇年以後	九〇〇年以後
春　田舎的・直観的、目覚めつつある夢幻的な魂の巨大な創造。超人格的な統一と充実。		
1．新しい神の感情の表現としての大様式の神話の出生。世界の怖れと世界のあこがれ。		
前一一〇〇年—八〇〇年 ギリシャ、イタリアの「デメテル」の民間宗教 オリュンポス神話 ホメロス ヘラクレス伝説、テセウス伝説	九〇〇年—一二〇〇年 ゲルマン的カトリック、エッダ（バルドル） クレールヴォーのベルナール フィオーレのジョアッキーノ アシジのフランチェスコ 民間叙事詩（ジークフリート） 騎士叙事詩（グラール） 西洋の聖人伝説	九〇〇年—一二〇〇年 末法思想と浄土教 空也、源信 民間説話「今昔物語集」 軍記物、叙事詩「平家物語」 兵の道、平家伝説、無常観
2．新しい世界観の最も初期の神秘的・形而上学的な形成。スコラ学派の頂点。		
文書に書かれない最古のオルペウス教 エトルリヤ的な訓練 影響。ヘシオドス コスモゴニア	トマス・アクウィーナス（一二七四没） ドンス・スコッス（一三〇八没） ダンテ（一三二一没） エッカルト（一三二九没） 神秘主義とスコラ学派	鎌倉仏教の開祖たち 法然、栄西、道元、親鸞、日蓮、一遍 吉田兼好（一三五〇没） 地蔵信仰、観音信仰 鎌倉、京都五山の制定
夏　成熟している意識。最も初期の都市市民的な、また批評的な活動。		
3．宗教改革。すなわち初期の大形式に対する宗教内部における民衆の反抗。		

オルペウス運動 ディオニュソス教 「ヌマの宗教」（前七世紀）	ニコラウス・クザーヌス（一四六四没） フス（一四一五没） サヴォナローラ、カルルシタット、ルター、カルヴァン（一五六四没）	一休宗純（一四八一没） 蓮如（一四九九没） 一向一揆
4. 世界感情の純哲学的形態の初め。観念論的体系と現実論的体系との対立。		
ソクラテス以前の大哲学者（前六―五世紀）	ガリレイ、ベーコン、デカルト、ブルーノ、ベーメ、ライプニッツ（一六―一七世紀）	藤原惺窩（近世朱子学の祖） 林羅山（官学の祖）
5. 新しい数学の形成。世界形式の模写と総和としての数の構想。		
大いさとしての数（量） （幾何学、算数） 前五四〇以来のピュタゴラス	関数としての数（解析） デカルト、パスカル、フェルマ（一六三〇頃） ニュートン、ライプニッツ（一六七〇頃）	和算―代数 吉田光由（一六七三没） 関　孝和（一七〇八没）
6. 清教主義、すなわち諸宗教の合理主義的な・神秘的貧弱化。		
前五四〇年以後のピュタゴラス教団	一六二〇以後のイギリス清教徒 一六四〇以後のフランスのジャンセニスト （ポール・ロワイヤル）	体制の一部としての寺院 寺請制度、本山末寺の制 不干斎ハビアン（一六二一没） 鈴木正三（一六五五没）
秋　大都市的な知性。厳密な知的形成力の頂点。		
7. 「啓蒙」すなわち悟性の万能力に対する信仰。「自然」崇拝。「理性的宗教」。		
五世紀のソフィスト ソクラテス（前三九九没） デモクリトス（前三六〇頃没）	イギリス感覚主義者（ロック） フランスの百科事典派（ヴォルテール）。 ルソー	儒者の活躍 中江藤樹―陽明学の祖 貝原益軒―本草学
8. 数学思想の頂点。数の形式界の純化。		

アルキュタス（前三六五没）
プラトン（前三四六没）
エウドクソス（前三五五没）
（円錐曲線）

オイラー（一七八三没）
ラグランジュ（一八一三没）
ラプラス（一八二七没）
（微分問題）

安島直円（一八〇〇没）
会田安明（一八一七没）
和田寧（一八四〇没）
（円理）

9. 大きな終末的体系

プラトン（前三四六没）
アリストテレス（前三二二没）

ゲーテ｝シェリング
ヘーゲル
カント｝フィヒテ

熊沢蕃山—陽明学（一六九一没）
伊藤仁斎—古学（一七〇五没）
荻生徂徠—古文辞学（一七二八没）

冬　世界都市的な文明の出現。魂の形成力の消滅。生命自体が疑問となる。非宗教的な、また非形而上学的な世界都市の倫理的・実用的な傾向。

10. 唯物的世界観。すなわち科学、功利性、幸福の崇拝。

大儒派、キュレネ派
ソフィスト末期（ピュルロン）

ベンサム、コント、ダーウィン、スペンサー、シュティルナー、マルクス、フォイエルバッハ

蘭学者の活躍
杉田玄白、青木昆陽、平賀源内

11 倫理的、社会的な生活理想。すなわち「数学なき哲学」の時代。懐疑。

ヘレニズム
エピクロス（前二七〇没）
ゼノン（前二六五没）

ショーペンハウエル、ニーチェ、社会主義、無政府主義、ヘッペル、ヴァーグナー、イプセン

石田梅岩—心学（一七四四没）
本居宣長—国学（一八〇一没）
三浦梅園—弁証法（一七八九没）
山片蟠桃—唯物論、無神論（一八二一没）
安藤昌益—原始共産制
佐藤信淵—国家社会主義（一八五〇没）

12. 数学的形式界の内的完成。完結的思想。

エウクレイデス、アポロニオス（前三〇〇頃）
アルキメデス（前二五〇頃）

ガウス（一八五五没）
コーシー（一八五七没）
リーマン（一八六六没）

13. 抽象的思索の専門的講壇哲学への沈降。摘要的な文献。

ギリシャ・ローマ文化	西洋文化	日本文化
アカデミー、逍遥派 ストア派、エピクロス派	カント派 「論理派」と「心理派」	幕末の尊皇攘夷思想 開国と近代日本の思潮 欧化と国粋の系譜 文明開化と国体論 大正デモクラシーと天皇制ファシズム アメリカンデモクラシーと日本文化論
14．最後的な世界気分の伝播。		
二〇〇以後のヘレニズム的ローマ的ストア派	一九〇〇以後拡大しつつある倫理的社会主義	

第二表「同時的」文化紀

ギリシャ・ローマ文化	西洋文化	日本文化
文化前期 **原始人的な表現形式の混沌。神秘的な象徴主義と素朴な模倣。**		
ミュケネ時代 前一六〇〇年―一一〇〇年	メロベス朝、カロルス朝時代 五〇〇―九〇〇年	奈良、平安時代前期 五〇〇―九〇〇年
後期エジプト的（ミノス的） 後期パビュロン的（小アジア的）	「後期アラビヤ的」 （マウルス・ビュザンチウム的）	朝鮮、及び中国唐の模倣
文化 **外的存在のすべてを形成する様式の生命史。最も深い象徴的必然による形態語。** **第一初期時代。若い世界感情の基本的表現としての装飾と建築（原始的なもの）。**		
ドリス様式 前一一〇〇年―六五〇年	ゴシック様式 九〇〇年―一五〇〇年	平安後期、鎌倉、室町時代 九〇〇―一五〇〇年
1．出生と飛躍。土地の精神から生じたもので、意識的に創造されたものではない形式。		

紀元前第十一―九世紀 木材建築 ドリス式柱 軒椽 幾何学的（二重塔門）様式 墓瓶	第十一―十三世紀 ロマネスクと初期ゴシック様式 穹窿のある本山 扶壁構造 ガラス絵、大会堂彫塑	第十一―十三世紀 武家造（武家の館） 天竺様、唐様寺院 奈良仏師の活躍（運慶、快慶） 以絵（藤原隆信、信実） 絵巻物、刀剣等

2．初期形態語の完成。可能性の枯渇と矛盾。

紀元前第八―七世紀 太古的なドリス的・エトルリヤ的様式の終末 原コリントス的・古アッティカ的（神話的） 粘土画	第十四―第十五世紀 後期ゴシック様式とルネサンス フレスコおよび彫像の全盛と終末 すなわちジョット（ゴシック）からミケランジェロまで。 ジェーナ、ニュルンベルク。 ファン・アイクからホルバインにいたるまで ゴシック的額面画 対位法と油絵	第十四―十五世紀 北山文化と東山文化 能楽（世阿弥） 連歌（宗祇） 水墨画（雪舟） 書院造、石庭、華道、茶道、御伽草子等

第二　後期時代。都市的・意識的な・個人による・選ばれた一芸術群の形成（「巨匠」）。

イオニヤ様式 前六五〇年―三五〇年	バロック 一五〇〇―一八〇〇年	戦国、安土、桃山、江戸時代 一五〇〇―一八〇〇年

3．成熟した芸術家気質の完成。

寺院体躯の完成（ペリプテロス、石造建築） イオニヤ式柱 ポリュグノトス（前四六〇年）にいたるまでのフレスコ画の優越 四方から見られる彫塑の興起 （ハゲラダスの「テネアのアポルロン」）	ミケランジェロよりベルニーニ（一六八〇没）にいたる絵画的建築様式 ティツィアーノからレンブラント（一六六九年没）にいたる油絵の優越 オルランド・ラッソからハインリヒ・シュッツ（一六七二年没）にいたる音楽の興起	城郭建築 流派の形成 絵画（狩野派、土佐派） 障壁画（狩野永徳、山楽） 風俗画 侘び茶（千利休）

4. 理知化された形態語の最終的完成。

アテナイの全盛、前四八〇—三五〇年 アクロポリス ミュロンよりペイディアスにいたる古典的彫塑の優越。 厳密なフレスコ画と粘土絵画（ゼウクシス）の終末	ロココ 音楽的建築様式（「ロココ」） バッハからモーツァルトに至る古典音楽の優越 ヴァトーからゴヤにいたる古典的油絵の終末	権現造、数寄屋造 装飾画（俵屋宗達、尾形光琳）長谷川等伯、 狩野探幽 俳諧（松尾芭蕉）

5. 厳密な形式の衰弱。大様式の解体。様式の終末、すなわち「擬古主義とロマンス主義」。

アレキサンドロス時代 コリントス式柱 リュシッポスとアペルレス	アンピール様式とピーデルマイヤー様式 擬古主義的建築趣味 ベートーヴェン、ドラクロア	元禄文化（井原西鶴、近松門左衛門） 与謝蕪村、池大雅

文　明

内的形式なき現存在。慣習、奢侈、スポーツ、神経刺激としての世界都市芸術。象徴的な内容もなく、急速に変化する流行（復活、勝手気ままな発明、剽竊）

1. 「近代芸術」。芸術問題。世界都市意識を形成し、これを刺激しようとする試み。音楽、建築、絵画の単なる工芸への変化。

ヘレニズム ペルガモン芸術（芝居好み） ヘレニズム風の絵画法 （真実主義的、怪奇的、主観的） ディアドコイ諸都市の華美な建築	十九—二十世紀 リスト、ベルリオーズ、ヴァーグナー コンスティブルからライブルとマネーにいたる印象派 アメリカ的建築	十九—二十世紀 文化、文政時代（大衆社会の到来） 歌舞伎 浮世絵 洋画、洋風建築　等

2. 形式発展一般の終末。無意味な、空虚な、見せかけの、堆積された建築と装飾。エキゾチックな動機の模倣。

ローマ時代　前一〇〇—後一〇〇年 三柱頭様式の推移 市場、劇場（コロッセウム） 凱旋門	二〇〇〇年以後	

3. 終末。団結した形式材の完成。物質と大衆効果をもってする帝王的な華美。田舎的工芸。		
トラヤヌスよりアウレリアヌスにいたる 巨大市場、浴場 柱列ある街路、凱旋柱 ローマの田舎芸術 (陶器、彫塑、武器)		

第三表「同時的」政治紀

ギリシャ・ローマ文化	西洋文化	日本文化
文化前期 原始的な民族型。種族と酋長と。まだなんの〈政治〉もない。無「国家」。		
ミュケネ時代(「アガメムノン」) 前一六〇〇―一一〇〇年	フランク時代(シャルルマーニュ) 五〇〇―九〇〇年	古代王朝時代(奈良、平安前期) 五〇〇―九〇〇年
文　化 特色のある様式と統一的な世界感情とから成る民族群。「諸国民」。内在的な国家観念の作用。 第一初期時代。政治的現存在の有機的な構造。初期の二つの階級(貴族と僧侶と)。純然たる土地価値による封建経済。		
ドリス時代 前一一〇〇―六五〇年	ゴシック時代 九〇〇―一五〇〇年	歴史的仮晶、鎌倉、室町時代 九〇〇―一五〇〇年
1. 封建制度。農民的な土地の知性。「都市」は単に市場または城塞に過ぎない。支配者の交替する王城。騎士的・宗教的な理想。臣下同士の戦いならびに領主に対する戦い。		
ホメロス時代の王位。貴族の興起 (イタカ、エトルリヤ、スパルタ)	ドイツ皇帝時代 十字軍貴族 皇帝権と法王権	最高権力としての将軍 関東武士団の日本制覇(源平合戦、承久の乱) 幕府と朝廷
2. 族長的形式の危機と解体。すなわち諸侯連盟から貴族国家に移る。		

貴族の植民	地方公国、ルネサンス諸国家 ランカスターとヨーク 一二五四年大空位	南北朝の動乱、守護大名 細川、山名の争い―応仁の乱 下剋上

第二後期時代。成熟した国家観念の実現。農村対都市。第三身分（市民階級）の発生。財産に対する貨幣の勝利。

イオニヤ時代 前六五〇―三〇〇年	バロック時代 一五〇〇―一八〇〇年	戦国時代、安土、桃山、江戸時代 一五〇〇―一八〇〇年

3. 厳密な形式による諸国家の一つの世界の形成。フロンド。

第六世紀、最初の僭王政治（クレイステネス、ペリアンドロス、ポリュクラテス、タルクイニ）都市国家	一六三〇年頃の王家の権力とフロンド（リシュリウ、ヴァレンシュタイン、クロムウェル）	大名領国形成 戦国大名（北条早雲、武田信玄、織田信長）

4. 国家形成の最高の完成（「専制主義」都市と田舎との統一。「国家と社会」、「第三身分」）。

純粋な都市国家（デーモスの専制主義） アゴラ政治 護民官制の発生 テミストクレス、ペリクレス	アンシアン・レジーム、ロココ 宮廷貴族（ヴェルサイユ）と内閣政治 ハープスブルク家とブルボン家。 ルイ十四世、フリードリヒ大王	兵農分離 豊臣と徳川 秀吉と家康 鎖国と幕藩体制の確立

5. 国家形式の崩壊（革命とナポレオン主義）。農村に対する都市の勝利（特権者に対する「民衆」の勝利、伝統に対する知性の勝利、政治に対する貨幣の勝利）。

第四世紀。社会的諸革命と第二の僭王政治（ディオニュシオス一世、ペライのイヤソン、監察官アッピウス、クラウディウス、アレキサンドロス）	十八世紀の終わり。アメリカとフランスの革命（ワシントン、フォックス、ミラボー、ロベスピエール、ナポレオン）	幕藩体制の動揺と三大改革 享保の改革（一七一六―四五） 寛政の改革（一七八七―九三） 天保の改革（一八四一―四三）

文　明

今や本質的に大都市的な特性を具えた民族体は解体して無形式の大衆となる。世界都市と田舎。第四身分（大衆）。無機的、世界主義的。

1. 貨幣の支配（「民主主義の支配」）。経済力は政治的形式と権利に滲透する。

前三〇〇—一〇〇年、政治的ヘレニズム。アレキサンドロスからハンニバルとスピキオ（前二〇〇年）にいたる王の至上権力。クレオメネス三世とガイウス、フラミニウス（前二二〇年）とからマリウスにいたる急進的民衆指導家	一八〇〇—二〇〇〇年、十九世紀、ナポレオンから世界大戦にいたる。「列強組織」、常備軍、憲法、二十世紀。立憲的個人権力が無形式な個人権力へ推移する。絶滅戦争、帝国主義	一八〇〇—二〇〇〇年 幕末の動乱 天皇制国家の成立と軍事的拡大化 敗戦と経済的拡大化 帝国主義
2. 皇帝主義の完成。貨幣に対する暴力政策の勝利。政治的形式の原始的な性格の増加。諸国民が内的に無形式の群集に崩壊して行く。その群集がしだいにまたもとの原始的・専制的な性格に集中される。		
紀元前一〇〇—後一〇〇年、すなわちスルラからドミチアヌスまで。カエサル、チベリウス	二〇〇〇—二二〇〇年	二〇〇〇年以降
3. 最終的形式の成熟、すなわち個々の支配者による私的および家族的政治。獲物としての世界。エジプト態様、マンダリン態様、ビェザンチウム態様、若い民族、あるいは外国の征服者の略奪欲に対して、帝国機構もまた、無歴史的に団結し、無力となる。原始人的状態がゆっくりと上昇して、高度に文明化した生活規準となる。		
一〇〇—三〇〇年、トライヤヌスからアウレリアヌスにいたる。トライヤヌス、セプチミウス、セウェールス	二二〇〇年以後	

（注）右の表は、O・シュペングラー『西洋の没落』（村松正俊訳）、五月書房、より抜粋したものである。ギリシャ・ローマ文化、西洋文化の他に第一表はインド文化、アラビヤ文化が、第二表はエジプト文化、アラビヤ文化が、第三表はエジプト文化、中国文化が記載されている。

日本文化欄は執筆者自身が作成、記入したものである。

文明論の観点から眺めた日中の関係
―疑似文明、仮晶、日本文明―

一　国風文化とは

文明論の観点から日中関係を論ずるに当って、あらかじめ私の基本的な考えを明示しておきたい。それは、日本と中国とはそれぞれ独立した別個の文明であるということ、つまり、日本は中国の亜流文明ではなく、それ自体で一つのまとまりを有する文明(シュペングラーのいう高度文化、トインビーのいう独立文明)であったということである。それ故、問題の焦点は自ずと中国の圧倒的な影響下に生まれた日本の社会がいつ、いかなる形態をとって中国から分離、独立したかにしぼられてくるであろう。私も本稿を専らこの辺に意を注いで論述するつもりである。

未開社会も同然であった大和朝廷が、六世紀来大陸の先進文明を移入して文明開化の実をあげ、大化の改新を経た奈良朝の時代には、世界性乃至は国際性を獲得するに至ったのは夙に知られている事実である。我々はそこに律令国家の出現、「鎮護国家」を唱える仏教や大伽藍の建立、唐の長安を模した都城の造営、漢文学の興隆といった様々な現象を見出すことが出来よう。これは、日本の国に小中国を現出せしめようとした試みと解されるべきである。それ故、この期の日本は中国の亜流文明と考えていいだろう。そして、この亜流文明を基礎とし、さらにその後の夥しい唐の文物の輸入と相まって平安中期以降のいわゆる王朝文化が花開くのであるが、この王朝文化は一般に国風文化と名付けられている。それは仮名文学の出現であり、書画や彫刻、あるいは建築などに唐風を脱したものを見出すことが出来るからである。しかし、私はこれを以って言葉の正しい意味での国風文化の生誕とは考えない。例えば、当時の文学の主流は相変らず漢文学であり、仮名文学は脇役的存在でしかなかったし、一般に和様と考えられている文化現象にしても何一つ大きな様式を創造したものはなかったからである。

我々が安易に国風化と呼んだものは、実は普遍的性格を備えた中国の移入文明が地方化されたに過ぎなかったといえよう。その良い例が本地垂迹説であり、神仏習合である。これは高度な仏教が土俗的なものと混淆し、未分化なものへと退行していった例である。ここには大きな覚醒は何もない。もし、当時の社会に真の国風文化が生まれたなら、それが宗教であれ、何であれ、もっと力強い明確な表現に到達していた筈である。あるいは、文化というものが政治や経済といった他の分野の動向とも無関係ではない以上、そこに時代を画するような文化が生まれたとしたら、それを可能とさせるような歴史的変動が背後に存在してる筈である。しかるに、当時の政治経済社会は、中国の移入文明のなしくずし的崩壊過程であって、そこには画期的な政治経済的諸情勢は生まれなかった。それ故、文化の現象も又、かかる政治経済の動向と軌を一にしたものと考えるべきであったろう。すなわち、王朝文化とは、中国亜流文明の延長線上に位置づけらるべきものであり、そしてその地方化、爛熟、さらには退廃であったということである。現に、王朝文化の粋とされる『源氏物語』をみると、彼女の描く世界が所詮男女の仲であり、恒例の年中行事であり、「物の怪」におびえる人々の動揺した生活であったし、あるいは、当時の女流文学者の日記類などに目を通すと、存在の根源的不安の表明としか言いようのない「はかなし」という言葉が頻繁に使われていることがわかる。人々は自分の存在に、さらには自分達を取巻く世界にしのびよる暗い影とその閉塞性の中に一種の諦めとやりきれなさとを感じとったのであろう。ここには、新しい歴史の胎動や文化の曙光を告げるものは何もない。そうした中で、「厭離穢土、欣求浄土」を説く浄土教の教えが人々の心をとらえて行ったのであった。

宮廷を中心とする都の世界に無力感と厭世感が蔓延して行く一方、都を遠く離れた地方、就中関東では新しい種族が台頭し、都とはおよそ異なる対照的な世界を形成しつつあった。彼らは自らの手で大地を耕し、その開拓地を防衛する為に武装した。あるいは、彼ら開拓農場主は、配下の者を擬制家族の原理で結合せしめた。すなわち、武士、及び武士団の簇生である。彼らは単なる武力集団ではなかった。武士は名誉と主に対する忠誠を尊ぶ新しい人倫の創始者でもあったのである。『今昔物語』は、彼らの言行を今に伝えている。ここにはマナリズムではなく生気はつらつとした緊張があり、厭世感ではなく、体を張って現実社会に生きるものの逞しさと哀感がある。そして、この武士、及び武士団の成長こそその後の日本の政治、経済、社会史を生み出し、かつ規定したのであった。彼らが、源頼朝を推戴して団結した時、ここに初めて日本の社会は自らの政治形態を獲得したのである。つまり、朝廷＝権威、幕府＝権力という一種の二権分立であり、当時としてはきわめて高度なものであった。そして、新都鎌倉は新しい力の源泉となり、鎌倉の意志は朝廷のそれにとって代った。守護・地頭として関東武士は日本の各地に根を下ろして行く。彼らは日本の社会に背骨を提供したのであった。

二　文明の諸段階

以上のことから次のようなことがいえよう。日本の社会は、六世紀来大陸の先進文明、就中唐の文物を移入して急速に高度な文化水準に到達し、世界性乃至は国際性を獲得するに至ったということである。私は、こうした文化の状態乃至は段階を疑似文明と名付ける。

つまり、疑似文明とは、未開社会が先進文明を摂取、模倣して文明化することであり、閉鎖的な地域社会から国際社会へと脱皮することであった。しかし、ここにあるのは、創造行為ではなく、外国の高度な文化を取入れるという意欲と向上心だけである。(遣隋使や遣唐使の派遣はその良き例である。)従って、この文化段階には、政治であれ、宗教であれ、意義あるものは唯一つでも自らの力によって生み出したものは存在しない。要するに、疑似文明とは、未開社会が努力して外来の高度な文化を自らの土地の上に根づかせようとする試みと解されるべきであろう。このように、疑似文明とは、外来の文化を自己の土壌に移植せしめることであるから、土着の魂が目覚めてくると逆にこれは障害に転じ、克服すべき対象に変ずる。あるいは、外来の文化が余りに強く根を下ろしたところでは、土着の魂は容易に自己を発現しえない。されば、新しい歴史の胎動が畿内＝西国ではなく、疑似文明の影響を余り受けなかった関東＝東国に生じたのはけだし当然のことであったろう。

疑似文明は、王朝文化の残滓を継承した平氏政権の出現を以って最終的段階に到達した。平氏は、崩れゆく一つの政治体制を軍事独裁で以って維持せしめようとしたからである。かかる政治形態の出現は、常に一つの世界の末期を告げるものである。一方、東国の新興勢力は、武家の棟梁源氏の下で着々と力を蓄えて行った。そして、源平二氏の闘いによる源氏の勝利は、今まで疑似文明におさえられていた日本の魂に突破口を与えたのである。すなわち、源平合戦の真の意味は—未だ誰も事の重大さを正しく理解していない—外来の文化と目覚めた土着の文化との対決であったということである。そして、この闘いに東国武士を糾合した源氏が勝利した結果、日本の社会に大きな覚醒が起った。日本は、ようやく自己の表現を獲得したのである。幕府政治の生誕であり、日本の宗教形態の確立である。鎌倉仏教の生誕は、日本的霊性の顕現であり、土着の魂が創造したものであった。あるいは、絵画や彫刻においても新しいものが生み出されている。絵巻物も真に絵巻物的になるのはこの時点である。大きな歴史的変動が彼らの創作活動に霊感を与えたのであろう。すなわち、言葉の正しい意味での国風文化の生誕である。ここに日本文明は確立したのであった。

ところで、日本文明を成立せしめる過程で最も大きな要因となったのは東国的風土の存在であり、関東武士団の発生である。武士団の成長は、鎌倉幕府を形成し、又彼らの生活原理や態様は文化に様式を与えた。宗教にしても浄土真宗や日蓮宗は東国、就中関東起源であったし、外来の禅宗も武士が存在したが故に日本の社会に定着したのである。それ故、我々は武士団の出現を以って日本文明の生誕と考えていいだろう。武士団は、平将門の反乱直後、恐らく十世紀末にはその原初的な形態が現われていたと推定される。そこで、我々は、日本文明の生誕の時点をここに求めることが出来よう。しかし、この日本文明は、畿内＝西国に中心を持つ疑似文明の外皮におおわれていた。彼らには新しい感情や魂の覚醒があったが、政治・経済的には疑似文明の桎梏からなかなか解放されなかったのである。彼らは、自らの力によって開いた荘園を中央に寄進して身の保全をはかり、又彼らを組織した源氏にしても王朝世界の侍大将でしかなかった。幕府を創設した源頼朝にもいくばくかはこの源氏の体質が残っていた。要するに、関東＝東国には既に新しい世界＝日本文明が生誕していたのであるが、疑似文明の圧力下に自己の表現を見出し得なかったのである。つまり、東国の魂＝日本文明が自己の表現を獲得するには源平合戦によって疑似文明を軍事力で以って倒さねばならなかったわけである。そこで、私は、十世紀から十二世紀に至るこの期の日本にオスヴァルト・シュペングラーのいう「仮晶」が存在したと考えるのである。

仮晶とは、シュペングラーの創造したきわめて独創的な、しかも示唆に富む概念である。仮晶とは、本来鉱山学の用語であるが、シュペングラーによれば次のように定義される。「外来の古い文化がある土地の上に余りに強くおおいかぶさっている為に、この土地に生まれた若い文化は息をつくことも出来ず、従って純粋で特有な表現をとることが出来ないばかりか、自分自身の意識さえも十分に発展させることが出来ない。若い魂の深みから湧きでるものは、全て古い鋳型に投込まれ、若い情感は年老いた作品の中で硬直する。そして、自らの力で己れを形成しようとはせず、巨大にふくれ上がる憎悪を以ってこの外来の力を憎むだけである。」（『西洋の没落』第二巻）これが、仮晶と呼ばれるものであって、要するに新しい酒が古い革袋にもられるという不幸な事態を指したものといえよう。そうして、このことがマギ的文化（アラビア文化）の初期に現実に生じたとシュペングラーはいうのである。マギ的文化の生まれた近東の地は、ヘレニズムの文化に、次いでローマの政治支配の下に置かれた。それ故、目覚めつつあった新しいアラビアの文化は、自己を明確に表現しえなかったのである。しかし、外来の文化の影響を余り受けなかった南アラビアの地では、新しい歴史の胎動があり、騎士の社会が形成されていた。そして、南アラビアからマホメットが出現するに及んでようやく仮晶の時代が終焉し、アラビアの世界は失なわれた時を回復すべく急速に拡大化を開始したというのである。我々は、日本においても疑似文明という外来の文化が存在して土着の魂の正常な発現を妨げたこと、そして東国があたかもマギ的文化における南アラビアの如き役割りをはたしたことを理解できるであろう。そこで、我々は、日本にもシュペングラーのいう仮晶の時期があったと結論しうるのである。

三　源平合戦の歴史的意義

今までのことを整理、要約してみると、日本の社会は畿内＝西国を中心として大陸の先進文明を移入し、疑似文明の段階に到達した。この疑似文明は、およそ四世紀ほど続く。（五〇〇～九〇〇年）そして、この疑似文明が行詰り、内的矛盾を拡大していく頃、関東＝東国では新しい種族が台頭し、歴史の胎動をみた。しかし、この東国の新興勢力は、外来の疑似文明に阻まれて自己の確たる表現を見出し得なかったのである。この間がシュペングラーのいう仮晶である。（十～十二世紀）仮晶とは、土着の文化が既に目覚めていながら外来の文化の圧力下に奇形的な形をとることであった。そして、日本の社会が、この仮晶の状態から解放されたのは、源平合戦による源氏の勝利によってである。疑似文明の末期的形態であった平氏と東国の新興勢力を率いた源氏との闘いは、日本史において歴史を画する大事件であったわけである。これを機に、日本の社会は全き表現を獲得し、日本文明はここに確立されたのであった。

我々は、そこに政治であれ、宗教であれ、あるいは神話であれ、貴族の出現であれ、一つの文明の成立期に固有な現象のことごとくを見出すことが出来よう。政治や宗教については既に触れた。そこで、ここでは神話や貴族について一言述べておきたい。神話といえば、我々は『古事記』や『日本書紀』に記載されている事柄を連想するのであるが、記紀の神話は、程度の差こそあれ未開の種族に共通したものであって、日本独自のものとは言い難い。恐らく朝鮮半島にも同一のものが存在したであろう。我々の神話は、それとは全く異なる。我々のいう神話とは、一つの歴史社会の生の根源より発したものであって、文明の成立期にのみ出現し、そしてその文明の成員に暗々裏に影響を及ぼしつつその文明の消長と運命をともにするものなのである。かかる神話観に基づいて考えると、「諸行無常」や「坂東武者の習い」こそ日本の神話であったことが解る。諸行無常や坂東武者の習い＝生死を越えた玉砕精神は、日本人の生活観や行動様式を規定してきた。さればこそ、神話の名に価したのである。類似のことが、貴族の場合にもいえよう。貴族といえば、王朝人を指すことになっているが、私の考えは違う。そもそも貴族とは、大地から生じた強力な種のことであり、高度の理念や象徴的意義を有してるもののことであった。それ故に又、彼らは一つの世界を形成しえたのである。しかるに、いわゆる王朝の貴族には、理念もなければ象徴的意義も存しなかった。要するに、彼らは律令体制の官人でしかなかったのである。言葉の正しい意味での日本貴族とは、関東武士のことであった。そして、かかる神話や貴族がはっきりとその形態を現わすのは、かの『平家物語』の中である。『平家物語』は、民族の偉大な叙事詩であるが、シュペングラーによれば、かかる叙事詩は彼のいう高度文化にのみ存在するものであるという。日本を高度文化と考える我々の立論は、この一点からも確証をうることが出来よう。そして、日本文明の成立とともに歴史の重心は、かつての畿内＝西国から関東＝東国へと移行したのであった。（東国と西国という視点は、日本史を理解する上できわめて示唆に富む、しかも決定的な事柄なのである。）

源平合戦を機に関東＝東国に基礎を置く日本文明は確立された。我々が既に列挙したものは、直接中国とは何の関係もないのである。勿論、それまでの文物が素材として生かされている場合もある。しかし、それはあくまで素材であって、新たな魂の覚醒による異質の創造物となっているのである。日本と中国とは、文明成立後も貿易その他を通じて文化の交流があるが、それは疑似文明における如く直輸入ではなく、日本の文化のテンポに合わせて咀嚼、吸収されていった。疑似文明が外来の高度な文化を摂取・模倣するのに対して、文明は創造であり、自己の表現を意味する。文明成立後の日本社会は、中国の動きとは全く関係なく自己の世界を展開して行った。例えば、南北朝の動乱であり、又戦国時代を通じて国家が形成された。大名領国制は、日本の国家形態であったのである。そしてこの間、日本は宗教の時代を経過し、次いで非宗教的な世俗化された時代を迎え、西洋の近代文明を移入できるだけの基盤を培って行ったのである。否、日本と西洋とは並行進化を遂げてきたのであった。いずれにしても、我々は平安中期以降、つまり日本文明の生誕以来日本の社会の動きは、直接中国とは何の関係もなく自発的であったことが理解されるのである。（このことは、疑似文明のままの状態にとどまって内的な展開をみなかったお隣りの朝鮮と比較すれば恐らく一目瞭然であろう。）そしてさらに、私見によれば、日本が元寇に敢然と対処しえたこと、あるいは倭寇や秀吉の朝鮮出兵、そして遂に近代日本に至って日中両国が全面戦争へと突入したのは、実に関東武士が疑似文明を継承した平氏政権を打破った時点に求めることが出来るのである。すなわち、源平合戦こそ日本の中国からの精神的自立を告げる真に革命的な出来事だったのである。

なお、日本をシュペングラーのいう高度文化、トインビーのいう独立文明と考える我々の所論に疑問乃至は興味を持たれる方は拙著『新日本外史—日本史の形態学試論—』（序、及び緒論収録）を一読されたい。

日本文明論　トインビー批判

はじめに

王朝の交代や民族の歴史ではなく、それらを含んだいくつかの自己完結的な統一社会たる文明を基本的に等価、同格と考える新しい世界史観、つまり文明を歴史考察の究極的単位と考える文明史観は、西洋ではオスヴァルト・シュペングラー（一八八〇―一九三六）によって確立された。その結果、西洋文明、及び西洋的枠組を越えて時間的にも空間的にも史的考察は飛躍的に拡大した。彼は主著の『西洋の没落』で、旧来の西洋中心の一元的発展史観に対して自己の史観を視野における「コペルニクス的発見」と呼んだ時、それはあながち誇張ではなかったわけである。シュペングラーは、かかる文明を高度文化と命名し、バビロニア、エジプト、ギリシャ・ローマ、中国、インド、アラビア、西洋、それにメキシコの都合八つを挙げている。このシュペングラーに約五〇年ほど先じてロシアのダニレーフスキー（一八二二―八五）は、ほとんど彼と類似の史観を発表した[1]。スラヴ主義のバイブルとされる『ロシアとヨーロッパ』がそれである。彼は文明を文化＝歴史類型と呼び、エジプト、中国、古代セム、インド、イラン、ヘブライ、ギリシャ、ローマ、新セム、西洋、メキシコ、ペルーの十二を数えている。シュペングラーがダニレーフスキーから影響を受けたとは一般的に考えられていない。異質の土壌から期せずして類似の史観が生まれたと見るべきであろう。こうして、新しい文明単位の歴史観が構想されたわけであるが、日本は彼らのリストのいずれにも入っていない。シュペングラーが日本に関心を抱いていたのは事実であるが[2]、日本に言及した個所はほんの僅かであり、しかも否定的である。シュペングラーによれば、日本は中国文明の月光文明であると言っている[3]。日本は、あたかも月が太陽光線を反射して輝いているように、中国文明の放射を受けてるに過ぎない存在とでもいうのであろう。彼はこうした文明としてヴェトナム、ジャワ、カルタゴを挙げている。いずれにせよ、日本は文明論的にみると取るに足りないものとされているのである[4]。日本に対する文明論的考察の積極的な提言は、シュペングラーの直系の弟子と目されるトインビー（一八八九―一九七五）に至って初めて取上げられた。彼の主著『歴史の研究』において、日本は二十一乃至は二十三の文明の一つとして登場してくるのである。我々日本人が文明論に関心を持つのは、一体日本は文明史観という新しい世界史観の中でどのように位置づけられるのか、又世界が一つとなっていく中で日本は今後どのように国際社会の中で生きていくべきなのであるか、そしてさらに諸文明の興亡という文明論的問題意識から眺めると現在の日本はいかなる歴史的地点にいるのか、要するに世界史における自己認識、及び国際社会に対する自己定位こそ我々が日本文明論に関心を持つ所以であり、そしてそれは日本の存亡にとっても今や緊急の課題となりつつあるのである。それ故、我々はトインビーの日本文明に対する提言に耳を傾け、検討する必要がある。以下の諸章は、トインビーに対する一日本人のささやかな応答であることを銘記されたい。

第一章　トインビーの日本文明観

一、文明変動のギリシャ・モデル

文明史観という新しい歴史観に立脚して日本の社会を考察した最初の人はトインビーであった。彼は、『歴史の研究』の文明表で日本を十分に開花した文明の一つに数あげたのである。トインビーが日本を文明としてリスト・アップしたのは、ギリシャ・ローマ＝古代社会と西洋社会との比較考察から得られた歴史変動のパターン＝ギリシャ・モデルを日本の歴史に適用してみたらかなり妥当するところがあったからであろう。トインビーの立論に従えば、あらゆる文明は成長、挫折、解体の三段階を経過する。一度目覚めた文明は成長するが、やがて行詰り、挫折し、内的崩壊、つまり解体し、消滅するのである。逆に、これらの諸段階が一定の歴史社会に見出されれば、そこに文明の所在が確認されよう。そこで、先ずこの三段階について若干内容を説明しておくことにしたい。

文明の「成長期」とは、「創造的少数者」と呼ばれる優れた人格の力によって社会の直面する危機＝挑戦に首尾よく対処＝応戦して行く時代である。その結果、非創造的な大多数の民衆も彼らに魅了されて追従者となり、又ミメシス（模倣）という社会的訓練を通じて彼らと一体化するに至る。ところが、この「創造的少数者」が創造力を喪失して力を振りまわす「支配的少数者」に変貌するや民衆の側も崇拝やミメシスを撤回し、ここに社会全体の統一が崩れて内部不和が惹起される。これが、文明の「挫折期」である。それは、成長期の文明が自己決定の能力を増大せしめたのに対し、その減退となって現れる。具体的には、「支配的少数者」はミリタリズムの化身として戦争にあけくれ、一方それに反発する民衆は革命や暴動といった直接行動の挙に出る。この社会の様相は明らかに戦乱の世であり、そこでトインビーはこの段階を「動乱時代」とも命名している。つまり、文明の挫折期とは「動乱時代」のことであり、どの文明でもほぼ四世紀間にわたるという。そして、この動乱期を武力に訴えて収拾した「支配的少数者」は「世界国家」を樹立し、又その圧制下に呻吟する民衆＝「内的プロレタリアート」は、やがて苦悩の結晶としての「高度宗教」を生み出し、これが結実して「世界教会」となる。又、文明の成長期には周辺部の未開人の間にもその余沢に与ろうとして、ここでもミメシスの例が見出されるが、文明が挫折期に入って軍事的性向を露にしてくるや、これらの蛮族＝「外的プロレタリアート」も自己防衛の必要から「戦闘団体」を結成するに至る。そして、支配的少数者の「世界国家」、内的プロレタリアートの「世界教会」、及び外的プロレタリアートの「戦闘団体」という三者鼎立が解体期の様相であり、又この期には個々人の内面も混乱をきたし、成長期が社会の分化と多様性とで特徴づけられたのに対し、ここではその標準化と一様性とが支配的になる。

トインビーの文明の三段階を略記すればおよそ右の如きものである。この三段階説は、彼の師シュペングラーに酷似している。シュペングラーは、高度文化＝文明を統一ある有機体として把握し、どの高度文化も成長、成熟、老衰の諸段階を経過するものと考えた。高度文化を人の一生に喩えれば、青年、荘年、老年の諸時期があり、四季に喩れば春、夏、秋、冬があるというのである。あるいは、トインビーが「動乱時代」と呼んだものはシュペングラーのいう「戦国時代」のことであり、又「世界国家」は、カエサリズム＝君主独裁制に他ならない。又、トインビーの独創的とされる「高度宗教」にしてもシュペングラーのいう「第二宗教性」とほぼ同じものである。トインビーは、シュペングラーが文明の自己完結性を余りに強調しすぎた結果、歴史事実として自明な文明相互間の接触や伝播の問題を無視乃至は軽視せざるを得なくなったのに対し、この分野では新天地を開拓したと評しうるが、文明の段階論においては創意に乏しく、トインビーなりの潤色がほどこされているが、基本的にはシュペングラーをほぼ踏襲したとみてよい。すなわち、文明を歴史考察の単位とすること、そしてそれぞれの文明には並行進化の事例、つまり同時代性が存するということである。しかし、ここでは両者の関係を論ずるのが目的ではない。問題は、トインビーがこうした方法を用いて日本文明の存在立証に着手したということ、言い換えれば新兵器を用いて日本史の解明に乗り出してきたということである。これは、我々にとって他人事ではない。しかも、彼は『歴史の研究』完訳日本語版への序文(5)で、「日本の歴史ならびに文化に対する私の知識は非常に深いとはいえない。」と一応断りつつも、「文明の発展において日本が果した役割りの重要性を理解するに足るだけの深さには達しているつもりである。」と言明しているのである。そこで我々は以上のことを念頭においてトインビーの日本文明観を吟味することにしよう。

二、トインビーの誤謬

トインビーは、彼の三段階説を日本の歴史にどのように適用し、いかなる文明論的判断を下したのであろうか。トインビーに従えば、日本文明は五〇〇年頃誕生した。そして、保元、平治の乱という武士の登場する時代とともに動乱時代に突入する。そして、この動乱時代を収拾して天下を平定した秀吉の独裁制、及び家康の幕藩体制の出現によって世界国家の段階に到達したというのである。つまり、動乱期の始まる前の五〇〇年頃から一二〇〇年頃までが日本文明の成長期であり、そして動乱期、即ち文明の挫折期が一二〇〇年頃から一六〇〇年頃まで続き、その後幕藩体制の崩壊までが日本文明の世界国家であり、世界平和の時代であるとされるのである。トインビーのギリシャ・モデルでは、文明は小国分立の状態から始まり統一国家に至るまで大体一一〇〇年位経過するとされている。五〇〇年頃を文明の生誕とし、徳川幕府の出現を以って統一国家と考えればこの間ほぼ一一〇〇年である。さらに、文明の動乱時代は四〇〇年であるが、これ又日本にピタリと符合する。恐らくトインビーは、自己の変動のパターンに日本の歴史によくあてはまり、そこで日本を一つの文明と考えるのに躊躇しなかったのであろう。

しかし、日本史に精通した者なら誰でもこのトインビーの論に無条件に脱帽するものはおるまい。例えば、保元、平治の乱を経て源平合戦に至る時期は、大きな歴史の転換期であった。武士の登場であり、幕府政治の生誕である。その後の日本史を担う主人公と大きな政治の枠組が決定されたのである。又、ほぼこの期に日本の宗教＝鎌倉仏教が誕生した。これは、日本の土着の魂が生み出した高度な宗教形態であり、日本人の精神的機軸となったのである。さらにこの期は、文化的にも絵画、彫刻など見るべきものが多い。すなわち、行詰った王朝文化を打破して清新な気風に満たされた新生日本が誕生したのは正にこの時点なのである。ところが、トインビーの立論に従えば、この頃から日本の挫折が始まることになってしまう。我々からみれば血気盛んな若者なのに、トインビーの診断によれば日本は成人病に冒されている中年男にされてしまうのである。我々には大いに不満である。ここでは、さしもの文明の診断医トインビー博士も誤診してると断言せざるを得ない。我々が熟知しているように、この期の日本は挫折どころか飛躍的な成長期にあったのである。トインビーの用語を借りれば、関東武士は日本の骨格を築いた創造的少数者であり、民衆も彼らに率いられて大きな時代の形成に参与したのであった。又、トインビーは徳川幕府を彼のいう世界国家と考えているが、これも見当違いである。確かに徳川幕府は、一世紀余りにも及ぶ戦乱の世を収拾して日本を統一し、太平の世を招来したのは事実であるが、これをローマ帝国や秦、漢帝国と同一視することはその内実を全く無視したものである。徳川幕府といえども本質的には関八州に本拠を置く俗に三百諸侯と称される大名の一つに過ぎない。当時の社会の様相は、ギリシャの世界に何百という都市国家＝ポリスが乱立していたのと基本的には同じなのである。それ故、徳川幕府を諸国家の乱立、抗争の末統一国家を樹立した秦、漢流の国家と考えるのは誤りである。日本に平和の時代が比較的長く続いたのは、日本の置かれた地理的条件や幕府、及び諸藩の巧妙な人心収攬術にその秘密があったかと思われる。しかし、徳川の平和といえどもその後期には、打こわしや百姓一揆が頻繁に勃発し、又幕末期には諸藩は自立の傾向を強め、産業を興したり、専売制を実施するなど藩益中心主義が顕著になってくるのであった。当時の藩＝大名領国は日本の国家形態であるから―日本全土は皇国とか本朝とか天下と呼ばれた―藩益中心主義はナショナリズムの台頭と考えられよう。藩＝諸国家は政治と経済とを一体化した新しい体制へと衣更えしていくのが幕末なのであった。西洋列強の日本侵攻は、かかる方向を助長したに過ぎない。又、下からわき上がる民衆のエネルギーに対して態度を硬化し、圧制的になっていく当時の為政者は、さしずめトインビーのいう支配的少数者であったろう。このように、江戸時代の後期から―平安時代の末期ではない―日本はトインビーのいう動乱時代の様相を呈して行くのであった。

以上の如き二、三の考察だけからでもトインビーの日本文明観には多くの疑問、それもきわめて素朴な疑問を抱かざるを得ないのである。

三、トインビー史観の欠陥

トインビーは、日本文明の誕生を五〇〇年頃に求めているが、それでは五〇〇～一二〇〇年頃までに至る過程はどのように把握されるべきであろうか。私は既にこの間の日本史の把え方については、前号（十一号）の『トインビー研究』において大まかながら自説を展開した。私は疑似文明という概念を設定し、又シュペングラーの仮晶の概念を援用してこの間の歴史の解明を試みたのである。そこで、詳論は避けるが、トインビーは日本が中国文明を移入して文明化した時点を以って日本文明の生誕と考えたものと思われる。日本は五〇〇年頃から大陸の文明、主として中国より大乗仏教や技術、文字、律令制等を移入して文明社会へと飛躍、脱皮した。しかし、それは自己の創造物ではなく、あくまで外来の文物を輸入して文明化することだったのである。律令制は、東アジア世界の普遍法であり、又大乗仏教は東アジアを律した文化の基調であった。つまり、当時の日本は、中国を中心とする東アジア文明圏の一環をなしており、中国の亜流国と見なされるべきであったのである。

ところで、文明とは唯一の魂の表現であり、従って独自の個性や相貌を有しているもののことであった。文明が文明として定位されるのは、一つにこの点にかかっているのである。そこで、文明史観の基本課題は、その文明に固有な社会形態や文化の様式を明らかにすることであった。(この学の祖シュペングラーの『西洋の没落』の副題は「世界史の形態学素描」であった。)ところが、トインビーには、全くこの視点が欠けているのである(6)。トインビーは、シュペングラーから文明を歴史考察の単位とする考えを継承したものの、彼の史論は昔ながらの国家史や戦史に厖大なスペースが割れており、この方面でのトインビーの貢献は皆無に等しいのである(7)。しかし、文明が文明として正しく定位されねば、そもそも文明史観は存立しえない。しかも、トインビーはこの点をないがしろにして「文明相互の出会い」論に力点を置いた結果、彼の独創とされる文明の世代論やルネサンス論は砂上の楼閣となる恐れがあるし、又文明相互の接触といった魅力的なテーマも意外と内容の乏しい、空虚なものとなってしまっているのである。いずれにせよ、トインビーは文明の独自性、つまり形態学的視点を欠いている為に文明を実は正しく把握しえず、日本が未開同然の状態を脱して中国化した時点を以って日本文明の生誕と考える誤謬を犯してしまったのであった。私は、未開社会が先進文明を移入して文明社会へと飛躍、脱皮し、世界性乃至は国際性を備えるに至ることを疑似文明と呼んだが、この期の日本は文明の生誕ではなく疑似文明の段階に達したことを意味したのである。そして、この疑似文明は、古代王朝文化を継承した平氏政権まで続いたと解される(8)。つまり、五〇〇～一二〇〇年頃までが日本史における疑似文明の段階なのである。しかし、この間、東国、就中関東では新しい種族が抬頭し、彼らの世界を形成しつつあった。すなわち、武士、及び武士団の発生である。武士は日本の大地から生じた強力な種であり、彼らの生き方や彼らの社会がその後の日本を生み出したのであった。言い換えれば、武士団の発生以来、日本の歴史は自律的な展開を示すのであり、中国の動向とは直接何の関係もないのである。それ故、この時点を以って日本文明の生誕とすべきであろう。ほぼ十世紀のことであった。すると、当時の日本の社会は、西国＝畿内に基礎を置く外来の疑似文明と東国＝関東に生誕した日本文明とが重なりあって存在していたことになる。これが、シュペングラーのいう歴史的「仮晶」であった。仮晶とは、既に新しい文明が誕生していながら外来の文化に阻まれて健全な成長を遂げることが出来ず、奇形的な型をとることをいう。そして、この仮晶の時代が終結したのは、源平合戦による源氏の勝利によってであった。すなわち、源平合戦とは、外来の文化と目覚めた土着の文化との対決を意味したのであり、この闘いに関東武士団を率いた源氏が勝利した結果、ようやく突破口が開かれ、ここに日本文明が確立されたのである。我々は、既にこの期の日本に飛躍的成長を見出したわけであるが、一度こうした視点に立てば事態の本質がよりよく理解されるであろう。このように、私は日本史における五〇〇～一二〇〇年を疑似文明（五〇〇～九〇〇年）、及び仮晶（九〇〇～一二〇〇年）の時代として把えたのである(9)。

我々は、トインビーが日本の歴史にいかなる文明論的判断を下したか瞥見してみた。二、三検討しただけでもトインビーの立論は、説得力に乏しく承服し難い点が多い。結局、トインビーは自己の変動のパターン＝ギリシャ・モデルを日本の歴史に機械的に当て嵌めてみただけであって、日本の歴史の内実に迫り、そこから得られた日本文明観とは義理にもいえないようである。そこで、トインビーは日本文明の成長期を挫折期などと勘違いしてしまった。トインビーには、戦争を即罪悪とみる考えがある。これもトインビー史観の特徴であるが、ここではその見方が災いして事の真相を見誤らせてしまったように思われる。道徳的な考えも一つの見方には違いないが、その結果史的リアリズムが曇らされている以上、識者の指摘するようにトインビー史観の欠陥の一つに挙げられよう。しかし、より本質的な点はトインビーに形態学が欠けていることであった。日本文明の生誕を通俗史家と同じく五〇〇年頃にしてしまっては、何の文明論かと言いたい。これは、トインビー個人の問題にとどまらず、文明史観の発展にとっても大きな不幸であった。それから、彼の文明変動のパターン、成長、挫折、解体も必ずしも適切ではないようである。師シュペングラーの成長、成熟、老衰を彼なりに言い換えたに過ぎないが、シュペングラーの三段階の方が有機体からのアナロジーが濃厚だとしてもそのイメージに一日の長がある。さらに、致命的な問題点をいうと、彼の創作したギリシャ・モデルが史実に反しはしないかということである。ギリシャ・モデルによると、全ての文明は政治的に小国分立の時代を経て一一〇〇年位い後に統一国家に達するわけであった(10)。しかし、ギリシャ・ローマでも西洋でも日本でも実は全て統一国家から出発しているのである。ミケーネ時代は、古代的専制国家と考えられているし、フランク王国にしても、又我国の奈良朝なども政治的には脆弱なものであったが、統一国家であったことは紛れもない事実である。そして、かかる原始的な統一国家が崩れて地域主義の強い封建社会へと移行する頃、新しい文明が大地から生じてくるように思われる。古代ギリシャではホメロス時代であり、西洋では十字軍時代、日本では源平期がそれであった。

我々は、トインビーの日本文明観を検討する中で彼の史観の欠陥をいくつか指摘した(11)。こうした方法論的にも問題点の多いトインビーが日本を考察したところではかばかしい成果をあげることが出来なかったのも怪しむに足りない。しかし、日本を文明として取上げた彼のドン・キホーテ的勇気は一定の評価に価しよう。なお、紙面の関係で第二章「日本文明は衛星文明か」、第三章「独立文明としての日本文明」は次号に掲載する予定である。トインビーとからませて日本文明の解明を目指すのが本稿の課題であり、目的なのである。

注

(1)山本新著『文明の構造と変動』(昭三六・創文社)第二章「二人の先駆者」参照。

(2) 彼の唯一の文学作品「勝利者」Der Sieger（一九一〇年）は、日露戦争に従軍した日本人画家の話である。又、日露戦争の史的意味について、「今世紀は日露戦争とともに始った。そして、日露戦争は打続く世界大戦の序曲なのである。」といった内容の記述がある。(『西洋の没落』第二巻）これらのことから、シュペングラーが日露戦争を、引いては日本に注目していたことが裏付けられよう。彼は、日本を古代世界に登場したカルタゴの如き存在とみていたように思われる。

(3) シュペングラー、村松正俊訳『西洋の没落』(昭四六・五月書房）第二巻九三頁。山本新「月光文明と仮晶」(昭四六・神奈川大学人文研究第四八集)参照。

(4)「日本人は以前は中国文明に属していたが、今日はさらに又西洋文明に属している。言葉の本来の意味でいう日本文化というものは存在しない。」村松正俊訳『西洋の没落』第二巻四八頁。

(5) アーノルド・トインビー、『歴史の研究』刊行会訳『完訳・歴史の研究』(昭四四―七・経済往来社）第一巻一二頁。

(6)このことは、既に多くの識者によって指摘されている。山本新著『トインビーと文明論の争点』(昭四四・勁草書房）九八―一〇二頁参照。

(7) トインビーも認めざるを得なかった。『完訳・歴史の研究』第二三巻一一〇九―一一七頁参照。

(8) 通常国風文化と呼ばれる一〇〇〇年頃の王朝文化をどう把えるかが問題になるが、この点に関しては『トインビー研究』十一号所収の拙稿参照。

(9)『トインビー研究』十一号の拙稿参照。

(10) 初発の文明ではエジプト文明のみが統一国家で始まり例外である。

(11) 文明変動のギリシャ・モデルに問題点があり、道徳的な見方の結果史的リアリズムに難があり、加うるに文明論の命綱である形態学が欠けているとしたら文明史家としてのトインビーは一体どうなるのであろうか。私は、拙著『新日本外史』の第三編「文明史観の諸問題」においてトインビー著『歴史の研究』批判なる一章を設け、彼の史観を批判的に検討するつもりである。

第二章　日本文明は衛星文明か

私は、前号の『トインビー研究』でトインビーの日本文明観を検討した。トインビーは、先行者のダニレーフスキーやシュペングラーと異なって日本を彼のいう「十分に開花した文明」の一つに数えあげたのである。しかし、彼の日本文明観は文明変動のギリシャ・モデルを日本の歴史に機械的に当てはめただけであり、又彼の日本史に対する無理解と知識の不足、及び彼の史観の根本的欠陥等によってトインビーの日本文明観は極めて不十分なものであり、承服し難いものであると結論したのであった。しかし、その後トインビーは、『歴史の研究』全十巻に対する諸家の批判に応える為に第十二巻『再考察』を公にするに至ったのである。そして、彼はこの『再考察』において自説を大幅に修正することを余儀なくされたのであった。ここでは、彼の日本観に限って言及すると日本は衛星文明という新たな範疇に入れられたのである。

トインビーの十巻までの文明表では、文明を「十分に開花した文明」と「阻止された文明」、及び「流産した文明」の三つに類別していたが、この『再考察』では、「十分に開花した文明」として「独立文明」と「衛星文明」、それに「流産した文明」の三つの範疇に分類されるに至ったのである。この衛星文明は、実はフィリプ・バグビーの提唱した「周辺文明」をトインビーなりにいい換えたものであった。バグビーは、『文化と歴史―文明の比較研究序説―』なる著書の中で(1)文明を価値の違う「大文明」又は「一次的文明」と「周辺文明」又は「二次的文明」の二つに大別したのである。ダニレーフスキーにせよ、シュペングラーにせよ、あるいはトインビーにせよ、彼らは専ら歴史的に等価、同格の大文明を扱ったにすぎなかった。しかし、世界の歴史事象には、明らかに未開社会ではないが、さりとて大文明でもない中間的な文明社会が多数存在しているわけである。バグビーは、この中間的文明を周辺文明と命名し、三十ほど数えあげたのであった。この周辺文明の設定が、文明論の拡充にとっていかに有意義なものであったかは明白であろう。これによって、未開社会を基底としてその上に周辺文明があり、さらに影響力は絶大であるがより数の少い大文明がピラミット状に配置され、世界史の全体像を文明論的に構築することが可能となったわけである。トインビーは、バグビーの大文明を独立文明とし、又周辺文明を衛星文明と改称してバグビーの案を全面的に受け入れたのであった。そして、日本文明は独立文明ではなく、衛星文明だとトインビーは考えたのである。それまでは、十分に開花した文明として独立文明扱いされていた日本文明は、新たに衛星文明という枠組を設けることによっていわば格下げされてしまったわけである。しかし、トインビーは、この間の事情を全く説明していない。トインビーには、衛星文明についての適格な説明や明確な定義がないのである。範疇を設けたり、用語を変えれば、それで事がすむというものではあるまい(2)。

この問題に関しては、トインビーは全くバグビーの説に依拠しているから、あるいはその必要を感じなかったのかも知れない。というのは、バグビーの著書には、大文明(=独立文明)と周辺文明(=衛星文明)についての識別規準が大まかながら述べられているのである(3)。そこで、我々は、日本文明がトインビーのいうように衛星文明であるか否かを判別するには、先ずバグビーの論を検討することからはじめねばならないわけである。

バグビーは、大文明=独立文明と周辺文明=衛星文明の一般的性格乃至は特徴について幾つか列挙している。バグビーによれば、大文明はいずれも信仰の時代、及び理性の時代という合理化の過程を経て部分的な信仰復興をともなう規格化された大衆文化の時代を迎えるという。つまり、文化の基調、あるいは基礎的観念として大文明は全て信仰の時代、理性の時代、マス文化の時代の三段階を経過するものとされているのである。又、政治制度の変遷として一つの文明の発端から統一国家（トインビーのいう世界国家、シュペングラーのいうカエサリズム）に至るまで一一〇〇年乃至は一三〇〇年を経ると予想される。そして、マス文化の時代は、この統一国家と照合するのであった。それに対して、周辺文明とは、かかる自立的な発展乃至は展開を示さず、たとえ変化することがあってもそれは大文明の影響や放射による。周辺文明は大文明から基礎的観念や制度を取入れて文明の状態に達したが、自ら生みだしたものはきわめて少い。従って、当然のことであるが他の文明や社会に影響を及ぼすことは稀である。このように、周辺文明は、内的展開や独創性に乏しいから大文明に比して総じて寿命が短い。しかし、何から何まで大文明に借用したのではなく、そこに土着のものを残しているから大文明の部分ではなく、周辺文明として位置づけられねばならない。これらの諸点が、二つの文明を識別する大まかな規準であるといえよう。バグビー自身試論風に扱っているのであって、未だそれほど厳密なものではないのである。そして、バグビーは大文明として九つを挙げている。それは、シュペングラーのいう高度文化＝文明にペルーを加えただけである。それに二つのもしかしたら大文明かもしれない文明として日本とロシアを挙げている。日本は、中国文明の周辺文明として出発したが、やがて封建制を発達させ、後には商人階級の勃興という大文明に固有な自律的な発展を示しているからである[(4)]。ロシアも又、近東文明の、後には西洋文明の周辺文明として出発したが、十八、九世紀に至って自立し、大文明になったかも知れないとして日本とロシアには格別の注意を払い、結論を保留している[(5)]。周辺文明については既に述べたように三十ほど数えあげ、未だあるだろうと言っている。一方、受けて立ったトインビーは、バグビーの周辺文明を衛星文明といい、あやしげなものまでも含めて十五ほど『再考察』で挙げたにすぎない。そこには、衛星文明を積極的に追究しようとする姿勢が見えないのである。しかも、バグビーが大文明かも知れないとして注意を喚起し、後進の探究を期待していた二つの文明、即ち日本とロシアをさして吟味することもなく衛星文明の範疇に入れてしまったのであった。シュペングラーでさえ日本を一応月光文明と規定し、又ピュートル大帝以降のロシアを仮晶の事例として特別扱いしたのである。トインビーも初期の文明表では、「わかれ」offshoot という表現を用いてやはりこの二つの文明を特別視したのであった。トインビーは、衛星文明を設定することによってかっての「わかれ」とか「文明の仮石」とか「編入」といった文明の様々な変則形態を一括する範疇を得たといえるのであるが、逆に問題を過度に単純化してしまったように思われる[(6)]。いずれにせよ、日本とロシアとがトインビーのいうように衛星文明であるとしたらトインビーはバグビーの規準に照して、あるいは自らの判断規準を作成して両文明を検討せねばならない学的義務を負っていた筈である。しかるに、トインビーは何くわぬ顔をしてこの両文明を衛星文明の中に押し込んでしまったのであった。かっては日本を十分に開花した文明の一つに数えあげたドン・キホーテのトインビーは、今度はバグビーの周辺文明に当てられてサンチョ・パンサに堕してしまったのであろうか。そこで、次に我々は、いわばトインビーに代ってバグビーの識別規準を参考にしながら日本は（ロシアについては本稿の目的外である[7]）、「トインビーのいうように衛星文明か否か、それともバグビーのいうようにもしかしたら大文明＝独立文明であったのか否かを問うことにしよう。

第三章　独立文明としての日本文明

日本はバグビーのいう三段階、信仰の時代、理性の時代、マス文化時代を経過したであろうか。仏教は既に六世紀頃から移入され、四天王寺や法隆寺、あるいは東大寺の如き大伽藍が出現しているが、この期の宗教は鎮護国家を唱える官制の宗教であった。しかし、平安中期頃から宗教の内面化が起り、宗教本来の超越性を獲得していくように思われる。すなわち、厭離穢土、欣求浄土を説く浄土教であり、源信の『往生要集』は当時の人々の内面に訴えるものがあり、受け入れられたようである。当時のおびただしい浄土教美術は、このことを物語っているであろう。しかし、王朝人の宗教は藤原頼通の建立した平等院鳳凰堂に象徴されるようにこの世に浄土を現出せしめようとするものであった。つまり、彼らには未だ真の信仰が欠けているのである。しかし、この時代にもかかる王朝人の世界から目を転じて庶民の説話集である『今昔物語』などには素朴な信仰告白の物語がある。そして、王朝人の世界を没落せしめた平安末期の混乱、政争を経て日本の土着の宗教が生誕したのであった。親鸞の浄土真宗であり、日蓮の法華宗であり、栄西、道元の禅宗等がそれであった。いわゆる鎌倉仏教であり、鎌倉期の文化の基調がこの宗教にあったことを凝うものはないであろう。そして、続く室町期もやはり宗教主導型の世界であったと思われる。しかし、この室町期には一種の宗教改革が起る。すなわち、腐敗し、死物と化した既成の宗教を離れて、宗教の精神そのものに帰れという運動である。私は蓮如の「御文」による布教活動がそうであり、又風狂を装った一休宗純もそうした人物であるように思われる。蓮如は偉大な組織者として西洋のカルヴィンと好一対であり、一休はその資質からいってルターに近似している。いずれも両文明における同時代人なのである。そして、西洋でもそうであったようにこの宗教改革に端を発した新興の宗教勢力は世俗の力と覇を競うのであった。信長の天下一統の前に立ちはだかった最も手ごわい相手が石山本願寺を根拠とする一向宗の門徒であったことは周知の事柄である。この宗教勢力を世俗の支配機構の中に組み入れた時、幕藩体制という日本の国家形態が確立されたのであった。西洋でも事情は同じであった。西洋も宗教改革に起因する内乱を経過して宗教は世俗の国家権力に組みこまれ、ここに絶対王政と称される王朝国家の主権が確立したのである。我国の大名領国制＝幕府や諸藩は、西洋の王朝国家に相当するのであり、いずれも国家の時代の到来を告げるものであった。そして、ほぼこの期に、つまり国家の形成と軌を一にして、西洋の思潮が一変するのである。新旧両派の対立に端を発した三十年戦争等の戦乱により、宗教の権威は地に堕ち、人々の意識も次第に脱宗教化＝世俗化してきた西洋社会には、コペルニクスやガリレオ、あるいはデカルトやニュートンといった人物が出現し、物理、数学的理性の支配する時代が招来されたわけである。すなわち、バグビーのいう信仰の時代から理性の時代への幕開けであった。日本の社会にもこうした一連の動きがみられないであろうか。人々の意識が脱宗教化して世俗化し、発想が合理的になることである。

日本の社会も又、戦国の争乱の世を経て序々にではあるが世俗化し、合理化の過程を辿ったように思われる。この世俗化を考える上で重要なのは、「夢幻泡影観」というものであろう[8]。戦国の武将は常に死に直面していた。そこで、この世を夢、幻の如く解することによって死の恐怖に打ちかったのである。あるいは、そこから行動のエネルギーを引きだしたのである。この観念は、信長が愛唱したといわれる敦盛哀歌や秀吉の辞世の句に鮮明に伺われるものである。しかし、この世を生きようが死のうが同じだと考えることは、現世を肯定する結果になるのではないだろうか。少なくとも宗教的緊張が薄れていったのは事実であろう。彼岸性から此岸性への回帰である。鎌倉の武将は死を自覚し、そこから生死相即の如き禅的境涯に達したわけであるが、戦国の武将は夢幻泡影観によって社会の世俗化をもたらしたといえるのである。当時の俗謡を集めた『閑吟集』には、享楽的なまでの現世謳歌の風潮がみられる。さかのぼって一休は、既に彼の詩集『狂雲集』の中で人間の愛欲を大胆に肯定した。同時代人のルターも確か一休と同じようなことを言ったと思う。しかし、日本の世俗化を考える上で注目すべき人物は、不干斎ハビアン（一五六五―一六二一[9]）なる人物であろう。彼は、『妙貞問答』で神、儒、仏の既成の諸宗教を論破したが、その手法はきわめて合理的なものであり、さらに彼はかって信じていた外来のキリスト教を『破提宇子』で批判し、「自然の教え」なるものに辿りついたのであった。

彼のキリスト教批判の方法は、ピエール・ベールやフォイエルバッハのキリスト教教義批判と同一の論理であり、従って彼の著書『破提宇子』は、十七世紀以降に登場した西欧における一連の反キリスト教思想の先駆的著作として位置づけられるという[10]。いずれにせよ、彼は脱宗教者であり、日本における世俗化の告知者と解されるのである。そして、出来上った日本の幕藩体制は人倫、社会秩序、自然界を包含する朱子学の一大体系によって裏づけられたのであった。中国の宋の時代に完成した朱子学は、外来の仏教を自家薬籠中のものとした中国思想の精華であり、第二サイクルの中国文明の世俗化を告げるものとされている[11]。朱子学の体系は、理と気によって人間事象から自然界の変動まで説明しようとするものであって、すこぶる合理的な内容のものであったといえよう。日本の学者は、宇宙論の方はなおざりにしたが、人倫や社会秩序を専ら朱子学の観念に照して基礎づけたのであった。世俗化した日本の社会は、物理・数学的理性ではなく、もっと実際的な理性が支配したといえよう。それ故、朱子学の祖藤原惺窩や彼の弟子で官学の祖となった林羅山などは、西洋のガリレオやデカルトに比すべき歴史の段階にいたといえるのである。我々の用語を使えば、彼らは同時代人なのであった。このように、日本も江戸時代の初期にはバグビーのいう理性の時代に突入したと考えられるのである。

それでは、マス文化の時代はどうであろうか。このマス文化は、バグビーによれば統一国家と照合するのであるが、日本文明における統一国家は未だ存在してないといえよう。この統一国家は、トインビーのいう世界国家ひいてはシュペングラーのいうカエサリズムのことであるが、トインビーはこの世界国家＝統一国家を秀吉、家康による天下統一と同一視したのであった。この考えが誤っていることは、既に前号で述べた通りである。当時の日本＝幕藩体制は、俗に三百諸侯といわれたように三百余りの小国家がひしめいていたのであって、諸国家の乱立、抗争の末全土を打って一丸とした秦・漢やローマ帝国流の国家ではなかったわけである。それでは、幕藩体制を廃した明治体制＝日本帝国を以って日本文明における世界国家＝統一国家と考えてよいであろうか。私は否と答える。周知のように日本帝国は、西洋列強という外圧の産物であって、日本文明の内的展開から必然的に生み出されたものではないのである。しかし、現在の日本がマス・メディア等の発達によりきわめて規格化され、平準化されているのは衆目の一致するところであろう。いわゆる大衆化現象、マス文化という点では、現在の日本は恐らく世界の最先端に位してるといっても過言ではないのである。ところで、この大衆化現象というものは何も昨近に始まったものではなく、その萌芽は既に江戸時代の後期の化政期頃にあり、それが日本帝国という軍事的緊張の一時期をはさんで現在急速に進行していると考えられるのである。化成期は、行詰った江戸社会の文化的爛熟として把えられているが、そこに見出されるのは大衆社会の諸現象であった。多くの民衆が文芸や遊芸に参加したのである。ここでは、身分や貧富の差などは、ほとんど解消されていたのであった。それ故、現代日本の直系の祖は化政期頃にあるといえよう(12)。そして、現在の日本は、この時点で生じた文化現象、即ち大衆化社会＝マス文化の当然の帰趨であり、どの文明にも等しく見出される文明のある段階を表示してるわけである。それから、バグビーの統一国家は、部分的な信仰復活を伴うとされているが、現在我国における新興宗教の隆盛はその兆候と考えていいのではないだろうか。このように、現在の日本には、マス文化といい、宗教の興隆といい、統一国家に付随する諸現象がかなり色濃くあらわれていると判断されるのである。現に、私は現在の日本は統一国家＝世界国家の前夜にあり、古代文明を例にとればローマの共和政の末期に相当すると文明論的に診断しているのである。そこで、仮りに二〇〇〇年頃に日本が統一国家に到達するものと予想すれば、日本が仮晶という形態をとって生誕してからこの間一一〇〇年ほどである。政治制度の展開として文明の発端から統一国家に至るまでバクビーは一一〇〇年〜一三〇〇年、トインビーは一一〇〇年、シュペングラーも大体同じ年月を想定しているが、日本の場合もほぼこれにあてはまるのであった。

以上のことから、日本文明は、文化の三段階を経過し、又政治制度の展開からみてもバグビーのいう大文明の道を歩んだと考えてさしつかえないように思われるのである。少くともトインビーのいう衛星文明に入れる根拠は薄弱なのである。確かに今までの日本文明は、他の大文明に比して影響力という点では限られたものであったといえよう。しかし、一つの文明が他の文明や社会に影響を及ぼすのは、通常文明の末期の拡大化の時代であった。日本の拡大化は対外的には明治以降であり、しかも未だ拡大化の最終段階＝世界国家の状態に到達していないのである。日本の世界的影響は、むしろ今後に期待されるであろう。とはいえ、日本が戦前は軍事的拡大化を通じて、戦後は経済的拡大化を通じて世界にインパクトを与えてきたことを否認するものはおるまい。それ故、我々は影響力如何といった外面的なものよりもむしろバグビーのいうような幾つかの規準に照して日本文明は大文明＝独立文明か周辺文明＝衛星文明かを論ずべきであり、この点から考察すれば日本を大文明＝独立文明として位置づけるのが妥当だと考えられるのである。私がトインビーの衛星文明を排して、独立文明とする所以であった。

むすび

私は、三章にわたってトインビーの日本文明観の変遷を辿り、それを批判するという形をとって日本文明を論じた。もとより本稿は小論であり、このような大問題を扱うには不十分であって、意を満たなかった点が多かったことと思われる。しかし、日本文明を独立文明とする私の論拠はある程度理解されたものと信じる。日本文明を論ずる場合、やはり私はもう一度文明論の元祖シュペングラーに帰れといいたい。トインビーにせよ、あるいはバグビーにせよ、いずれもシュペングラーに依拠しており、一つの文明の存在立証という点に関しては両人ともにシュペングラーを超出していないからである[13]。殊にトインビーにおいては、文明論の命綱ともいうべき形態論が欠けていたことを指摘した。そして、一つの文明が文明として定位されるか否かは一つにこの点に係っていることを前号で力説したのであった。本稿では、日本文明の根源象徴やこの根源象徴の開示である文明の様式論については何も述べることが出来なかった。言い換えれば、形態学的考察にまでは至らなかったのである。専ら文明の変動論の方から日本文明の存在立証に務めたにすぎない。これは、文明論の半面でしかすぎないのである。そこで、本来日本文明が独立文明であるか否かは形態論と変動論の両面からアプローチせねばならないのである。形態論の方から日本史にアプローチするということは恐らく至難の業であろうが、これなくしては日本文明に関する確たる前進はありえない。トインビーが晩年に至って結局シュペングラーに引き戻されたのは、形態論をなおざりにしたからであった[14]。私は、日本文明に関して拙著『新日本外史—日本史の形態学試論—』(序、及び諸論)でこの課題に取組んだ。もとより詳細な展開は、本論を待たねばならない。バグビーは、文明論の将来性を高く評価しつつもトインビーが余りにラフなやり方でこの分野の研究に手を染めた為に、文明の比較研究に大きな害を及ぼし、こうした企て全体の信用を失墜させることに力を貸してきたと大いに不満をぶちまけているのである[15]。バグビーの著書『文化と歴史—文明の比較研究序説—』は、文化人類学の手硬い方法を用いてより次元の高い文明社会を考察し、文明論をより普遍性のある科学的な基礎の上に乗せようとした労作であった。そのバグビーもシュペングラーについては、独断や直観過剰を批判しつつも、「将来の経験的な研究が、かれの結論のうち、もちろん確かにすべてではないだろうが、いくつかを正当と認めることは、まったくありうるようにおもわれる[16]」と好意的に評しているのである。シュペングラーの文明論は、科学的な裏づけを以ってより精緻に理論化されうると考えていいであろう。バグビーの師アルフレッド・クローバーもシュペングラーを高く評価している[17]。そして、このクローバーからバグビーとラシュトン・コルボーンという二人の文明論の弟子が輩出したのであった。それ故、シュペングラーを基礎としてトインビーを批判的に検討し、さらにクローバーやバグビー、あるいはコルボーンといった手硬い方法論の持ち主を配することによって、文明論の大まかな枠組が出来るのではないかと考えられるのである。

最後に、日本文明の存在立証がいかに重大な意味を持っているか二、三指摘しておきたい。まず第一は、旧来の日本史は西洋中心史観によって記述されたものであった。しかし、この史観は既に本家本元の西洋で揺いでいるのである。つまり、文明史観の登場であり、西洋文明も今まで興亡した文明の一つにすぎないという相対的な自己認識に到達したのであった。しかるに、今までの日本史は旧態依然として西洋中心の進歩・発展史観で書かれているのである。そこで、文明史観に基づいて日本史を眺めることは旧説に対し批判、検討を迫るのであり、恐らくは旧来の日本史を根本的に書き換えることになるのである。第二は、文明論の分野で日本とロシアを大文明＝独立文明とすべきか否か、又バビロニア文明消滅後の近東一円にいかなる文明を設定するかが問題の焦点になっているのである。そこで、日本文明が大文明＝独立文明であったことが判明すれば文明論の拡充にとって多大な貢献となる。シュペングラーは日本を月光文明とし、又トインビーもあやふやながら衛星文明の中に位置づけ、バグビーは大文明になったかも知れないと留保したが、彼らはいずれも日本の歴史を余り知らないのである。少なくとも日本文明を論ずるだけの知識は持ちあわせていないのである。日本文明の存在立証は、我々日本人に課せられた責務であるといえよう。第三に、この史観に基づいて現在の日本の社会を分析し、位置づけることである。私は、現在の日本を統一国家＝カエサリズムの前夜であると判断するのであるが、日本の未来を考える者には示唆するところがあるだろう。第四に、国際交流が頻繁となり、世界が一つとなっていく中で日本とは何であるかということが現在問われているのである。すなわち、国際社会に対する自己定位の問題である。戦前の日本は、敗戦という結末を遂げたのであるが、これはただ単に近代化の不徹底とか物量の不足といった問題だけではなく、西洋に追いつけ追いこせといった己れを見失った民族の辿る当然の末路であった。つまり、日本文明の崩壊過程に現われた一つの破局的現象と解されるべきなのである。一つの文明がより優勢な文明に同化、吸収される事例はままあるが、それは安楽死などといったものではなく、内部の亀裂と破局を伴うものと考えねばならない。そして、我々がかかる破局を免ぬかれる為には、己れとは何であるかを正しく把握せねばならないのである。即ち、主体性の問題である。そして、この主体性主体性なき民族は亡びるしかないのである。そして、この主体性の確立こそ今の日本に求められているものであり、その為には日本史、ひいては日本文化、つまり我々の生き様を根底から問い正すところから出発せねばならないのである。そして、これに応える哲学が文明史観であった。我々が文明史観を問題とするのは、とりもなおさず自己の再認識、再発見であり、主体性確立の試みなのである。このように考えてくると、文明史観による日本文明の存在立証は今や緊急の課題であり、我々の存亡がかけられているといってもあながち過言ではないと断言できるのである。

注

（1）邦訳あり。山本新、堤彪訳、創文社、昭和五一年。
（2）これでは説明にならぬであろう。『歴史の研究』刊行会訳『完訳・歴史の研究』（昭和四四—七・経済往来社）第二三巻、一〇二八頁。
（3）バグビー、山本新、堤彪訳『文化と歴史』。一七六—七八頁。
（4）同、一七九頁。
（5）〃
（6）トインビーの「わかれ」、「仮石」、「編入」は文明の様々な段階を表示しており、貴重な発想を含んでいるように思われる。より精緻に一般化すれば周辺文明論の拡充に役立つであろう。私のいう疑似文明（未開社会が外来の文明を取り入れて文明社会へと飛躍、脱皮すること）も周辺文明の一種である。つまり、周辺文明を幾つかの場合に分けることが必要なのである。この点については、拙著『新日本外史』の第三編「文明史観の諸問題」において「文明表の作成」なる章を設けて論究する予定である。
（7）バグビーは、十八・九世紀頃に自立して独立文明になったかも知れないとしているが、私には未だ独立文明としてのロシアは生誕してないように思われる。シュペングラーは仮晶の中に入れてるが、恐らくロシアは仮晶の段階にも達していないであろう。仮晶には、シュペングラー自身混乱があるように思われる。ロシアの問題、及び仮晶については、拙著の第三編において「疑似文明と仮晶」の章を設けて論究する予定である。
（8）石田吉貞著『隠者の文学—苦悶する美—』（塙新書）五六—六四頁参照。
（9）不干斎ハビアンについてはイザヤ・ベンダサン著山本七平訳編『日本教徒』（角川書店）を参照。
（10）『キリスト教と神、儒、仏の衝突と融和』（季刊日本思想史第六号）所収の井手勝美「ハビアンと『妙貞問答』」七三頁。
（11）山本新著『トインビーと文明論の争点』（勁草書房、昭和四四）二九〇—三〇三頁。
（12）梅棹忠夫氏も若干視点は違うが、化政期を直接現代日本に連なるものと考えている。『地球時代の日本人』所収の「日本の近代と文明史曲線」（中央公論社）
（13）一例を挙げれば、バグビーのマス文化（部分的な信仰復興をともなう規格化された時代）もシュペングラーの第二宗教性を彼なりにいい換えたにすぎない。シュペングラーの第二宗教性は、文明の末期の現世に失望した人間がすがりつく似非宗教であり、文明消滅の証であった。トインビーは虐げられた人間の創造性と宗教偏重の立場からこの第二宗教性を高度宗教と評価し、未来に希望をつないだのである。
（14）トインビーは、中国、インド、バビロニアの諸文明をいくつかの文明に分けていたが、『再考察』で撤回するに至った。文明の性格という点で連続性が濃厚だからである。その代りに新たなモデル（中国モデル、ギリシャ・中国合成モデルなど）を設定してこれらの文明の解明を試みているがはかばかしい成果は得られなかったようである。
（15）バグビー、山本、堤訳『文化と歴史』一八六頁。
（16）同、一八六—七頁。
（17）山本新著『トインビーと文明論の争点』一〇〇—一〇一頁参照。

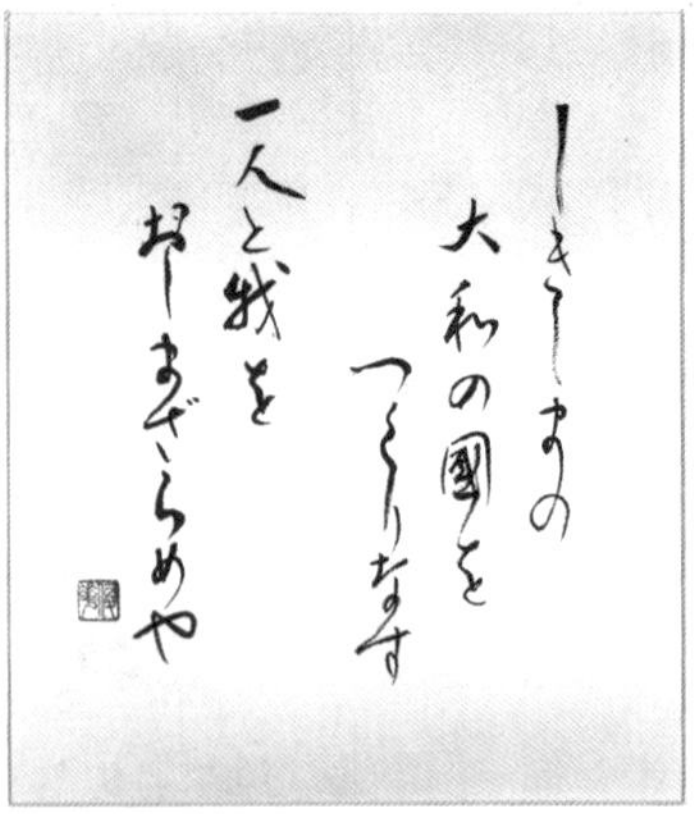

局退職の記念に生花教授鈴木俊華先生より頂戴した色紙
（平成十八年九月三十日）

私の文明論―その理論と実践―

小林茂雄君との縁

本日は第二回目の「春蘭忌」ということでございます。四年前志半ばにして夭折された小林茂雄君の死を悼み、彼の遺志を継承すべく稲原郡三男雄志会々長が中心になってこうした会を催すことは誠に意義深いことであり、故人の友人としても大変有難く思っております。過日稲原会長から「春蘭忌」で何か話をしてほしいというご依頼を頂きました。もとより浅学非才でありますが、若干なりとも小林君のご供養になればと思い、お引受けいたした次第です。

皆様誰でも不思議と縁の深い人物を一人や二人お持ちだと思います。私にとって小林君は紛れもなくそうした方でした。二、三話してみますと私の父と茂雄君のお父さんの善治氏は旧制松中同期で親友でした。茂雄君の祖父である太一郎翁が県議として大活躍をされている頃、私の祖父は町長をいたしておりました。私の母は深谷の出ですが、母の父親は当時県会議員をしており、娘に縁談があったので県議仲間の小林翁にも相談したとのことでした。皆様は浄福寺で故人のお墓参りをされたわけですが、我家の菩提寺も浄福寺で小林家とは墓地も隣り合わせです。聞くところによれば、小林家のルーツは屋号日野屋が物語っているように近江日野郡出身の近江商人だそうですが、我が家のルーツも同じく近江であり、高島郡でありました。利根川泰君は茂雄君の従兄ですが、利根川君は越境入学で松中にきており、私とは無二の親友でした。そんなわけで、茂雄君は私より四才年下でしたが子供の頃から付き合いがありました。当時蝶の収集が一つのブームとなり、我々は白いネットを携えて野山を走り回りました。小林君の遺稿集のタイトルは『おおむらさき舞う』ですが、今では全く見られなくなった国蝶オオムラサキも当時は樹液を求めてクヌギ林に飛来する勇姿を容易に目撃することができました。我々はこのオオムラサキに胸をときめかせたものでした。

東松山市民の会の結成と活動

小林茂雄君が私にとって友人以上の同志となったのは東松山市民の会を結成してからでした。市民の会が発足したのは昭和五十二年のことですが、当時長洲一二神奈川県知事等が中心となって地方の時代が唱導されておりました。列島改造に象徴される中央主導の開発が進む中で我々は恵まれた比企地方の自然と風土を守り、我々が主体となって地域社会を創造していかねばという思いにかられておりました。こんな想いが東松山市民の会の結成に連なったのだと思います。同会の発足は私にとっても忘れがたいものでした。と申しますのは同会の発足は私の処女論文『新日本外史』が発行された直後のことでした。同会は東松山市の青年有志によって結成されたわけですが、私も地元青年の一人として参画したわけです。この会を通じて地元の若い方々とご縁ができました。私も地元でデビューしたわけです。会の代表世話人は小林茂雄君、事務局長は稲原さん、私は相談相手といった立場でした。現市長の坂本さんは日大の学生で書記をされておりました。会発足当時の主なメンバーは現中里建設社長の中里昱夫さん、前田寮の前田実さん、双葉社長の昌子稔弘さん、元市議会議長の野口荘二さん、商工会青年部長の利根川英之さん（故人）、藤野育男さん（二代目会長）等でありました。代表世話人の小林君は正に水を得た魚であり、嬉嬉として活躍され、当地に確かな足跡を残されました。遺稿集『おおむらさき舞う』をご覧いただければ彼の多方面にわたる活躍ぶりが彷彿として浮かび上がります。東松山市民の会は小林代表世話人と稲原事務局長の名コンビで運営されました。当時こうした会は他になかったわけであり、マスコミ等にも話題を提供いたしました。同会の活動は機関紙「カルチャーリポート」に記録されており、当市の文化活動としても特筆すべきものがあったと思います。この会は又地元の先輩にも恵まれ、ご指導頂くことができました。関根茂章嵐山町長（当時）や新井正次県民センター所長（当時）等です。殊に関根先生には親身になって会の発展、育成にアドバイスをしていただきました。又、市民の会では鈴木雄幸氏（故人）の編著書『地方の時代のまちづくり』の発行元になりました。序文を寄せられたのは地方の時代の提唱者であり、鈴木氏の横浜高商の恩師でもあった長洲知事でありました。当時私は納屋を改装した書斎で市民の会の若手を対象として市民読書サークルを主宰いたしておりましたが、同氏の著書もテキストとして活用させていただきました。大分昔の話であり、今となっては懐かしい思い出です。こうした仲間が今や社会の第一線で活躍されているのを目の当たりにするにつけ、市民の会との縁を改めて有難く思っております。

郵便局の開局と文明論講座の開講

私は学生時代に文明論に関心を持ちました。文明論とは要するに一つの歴史社会＝文明の興亡論であり、我々を引きつけて止まない人類永遠のテーマであります。当時は米ソ冷戦の真只中であり、イデオロギー闘争の時代でありましたが、私は早晩イデオロギーの時代は終焉し、文化や文明の時代が到来するのではないかと直覚いたしました。当時文明論などはどこの大学もやっておりませんでしたが、私はこの学問の重要性と可能性を信じて独学することに意を決したのです。そして、数年間にわたる研究の成果の一部を『新日本外史』として発表いたしました。（昭和五十一年）文明論の分野では唯一先達として山本新神奈川大学教授（故人）がおり、私も前記論文の発行が機縁となって親しく御指導頂くことになりました。山本先生が中心となって文明論に関心を抱く大学の先生を集めて文明論研究会を発足させましたが、私も発起人の一人として末席を汚すことになりました。（昭和五十四年）我々は新しい文明論の啓蒙と普及を目指して文明論シリーズを刊行することになり、出版社も決まっていたのですが、山本先生が急逝され（昭和五十五年）頓挫してしまいました。山本先生を喪った文明論研究会に私は魅力を感じませんでした。又、学会というものも案外窮屈な世界であるということを知りました。そして何よりも私自身学者に必要な緻密さを持ち合わせておりませんし、学問で身を立てようと思ったこともありませんでした。ただ文明論がおもしろかったので意外と長い間かかわってしまったというのが真相でした。そうこうしている中に自宅の隣に特定郵便局を開局しないかという話が持ち上がりました。特定郵便局長であれば地元での文化活動が継続できるし、又本人にその気があれば文明論の研究も可能ではないかと考えられました。父親の強い説得、要請もあり、又江原輝二東松山箭弓郵便局長（当時）の多大なご尽力によって東松山松葉町郵便局が誕生したわけです。昭和五十八年七月のことでした。

私の研究テーマに対して好意を寄せ、評価をしてくれていた数名の友人、先輩は私が田舎の特定郵便局長として一生を終えることを心配して私を代表世話人として社会人大学文明論講座を文部省隣の国立教育会館に開講して下さいました。松葉町郵便局の開局に遅れること僅々半年、昭和五十九年一月に文明論講座が発足したのであります。文明論講座の開講と相前後して文明論研究会は発展的解消を遂げて比較文明学会となり、名だたる学者を網羅した一大学会となって蘇生しました。会長は伊東俊太郎東大教授（当時）であります。時代の要請とはいえ信州御代田の旅館で山本新先生と夜を徹して文明論の将来を語り合った時のことを想起すると今昔の念にたえません。万感胸に迫るものがありました。しかし、学会というものは所詮限界があります。学会の文明論には諸文化、諸文明の比較考察があっても肝心の興亡論がありません。これでは現代社会、文明を切り拓く力たりえません。私もお誘いを受けましたが、私は文明論講座という我が道を行くことに決めておりました。

私の論文を評価して下さった先輩の清水良衞氏（当時博報堂勤務、現在帝京平成大学教授）は「野に遺賢なからしむ」という言葉がありますと過大評価をされ、同氏のお導きで比較思想学会で発表する機会を与えていただきました。郵便局長になってからの昭和六十年五月のことです。発表後私の研究に共鳴され、論文を出版社に紹介してあげましょうとまで言って下さった方がおりました。日本人の脳について一大発見をされ、センセーションを巻き起こした高名な角田忠信東京医科歯科大学教授（当時）でありました。角田先生とはそれ以来親交があり、現在では私どもの会のメンバーになって頂いております。

文明論講座は二ヶ月に一回開かれており、既に一〇〇回近く回を重ねております。講座の内容は小冊子に纏められ、既に五号を数えました。会員は三十名ほどですが、会社経営者や銀行マン、証券マン、医師、弁護士、公務員等々と多種多才です。純粋な学者は一人もおりませんが、現実の社会の動きに対して多大な関心と旺盛な探究心の持ち主ばかりです。大半の方が著述や論文を著わしており、メンバーの中には東大講師にスカウトされ、大学教授になった方もおります。講師は我々の興味や関心をそそるテーマを発表された方をお呼びします。何の制約もないフランクな会であり、会終了後は講師を囲んで懇親会を開き、甲論乙駁時の経つのも忘れる楽しい一時を過ごします。この楽しさが十五年以上も会を継続させた原動力だと思います。そして、メンバーが主体となって講師を招き、楽しく学ぶというのが学習の原点ではないかと思います。数年で閉講になるかと当初は危惧いたしましたが年を経るにつれて内容を充実させ、今や在野のユニークな勉強会としての評価が定着しつつあります。継続は力なりと申しますが、百名近い講師の陣容は正に偉観の一語に尽きます。問題意識やレベルの高さにおいて優に学会に比肩すると自負いたしております。

私は東松山松葉町郵便局開局十五周年を記念して昨年九月から今年の七月まで計十回の公開講座を開講しておりますが、講師の大半は文明論講座を通じて親しくなった先生方です。又、平成五年の開局十周年を記念して郷土史のルーツである比企一族をテーマとした歴史劇『滅びざるもの』を企画、上演いたしましたが、脚本を書き下ろしていただいた劇作家の湯山浩二氏は文明論講座のメンバーでした。

私にとって文明論の研究はライフ・ワークであり、趣味であり、道楽でもあります。この文明論の研究を通じて私なりの物の見方ができるようになりました。又、この文明論の研究を通じて多くの人との出会い、いうところの人脈ができました。私の財産は文明論の研究を通じて得た物の見方や考え方であり、文明論を通じて出会った多彩な人間関係、人脈であります。ことほどさように私にとって文明論は私の人生の命綱ともいうべきものであり、人生を充実させてくれたものでした。この会場には私などよりお若い方が多数いらっしゃいますので先輩として一言申し上げて置きたいと思います。人間生きていく上で一番大切なことは充実した人生を送ることだと思います。しかし、現代社会は仕事を通じて自己実現をはかることはかなり困難になってきたように思います。

そこで、これが自分だといえるもの、それがスポーツであっても、花づくりであっても、絵を描くことであっても何でもいいと思いますが一つ持つことではないかと思います。そこから生きる喜びが生まれ、又、親しく付き合える仲間ができ、それなりに充実した人生を約束してくれるものと思います。私にとって文明論とは正しくそうしたものでした。

ところで、ハーバード大学の政治学教授のハンチントンは一九九三年七月号の『フォーリン・アフェアーズ』誌に『文明の衝突』という論文を発表して論争を引き起こしました。この論文は加筆されて一冊の書となり、昨年我国でも翻訳されて話題になっております。ハンチントン教授によれば、東西冷戦というイデオロギーの対立の時代は終わったが、代わって西洋対非西洋という文明間の対立の時代が到来したという。そして、この予測を裏付けるかの如くコソボの問題や欧州連合が進展しているというわけです。もう少しわかりやすく申しますと西洋文明の圧倒的優位性が後退しつつある現在、今まで押さえつけられていた各地域の文化や文明がそれぞれ自己主張を開始したということです。そして、血は水より濃いの喩どおり、文化や文明がそれぞれの地域の政治や経済を動かす力となるというわけです。ハンチントン教授の指摘を俟つまでもなくこうした文化、文明論の視点はこれからの世界の動向を理解する上で欠くべからざるものであります。

さて、私は市民の会以来、又松葉町郵便局を開局してからは同局を拠点として私なりの視点から多くの理解者と協力者を得て遅々たるものではございますが地域に取り組んで参りました。そこで次に、私の地域に取り組む視点・姿勢というものはどういうものかその理論的背景につきましてお話しさせていただきます。

シュペングラー著『西洋の没落』との出会い

私の地域論の背景には文明論があります。そこで、まず私が文明論に開眼したところからお話しします。

私と文明論との出会い、かかわりは学生時代にオスヴァルト・シュペングラー（一八八〇～一九三六）の『西洋の没落』を読んだ時に遡ります。『西洋の没落』の内容等につきましては後に又触れることになりますが私は学生時代にこの本を読み、大変な感動と衝撃を受けました。私は今までに影響を受けたもので最大なものは何かと聞かれますと決ってこの本との出会いを挙げます。そのくらい私にとってこの本は決定的な意味を持っており、その後の人生を方向づけたのであります。

何故、この本が私にそれほどの意味を持っていたかと申しますと実は私も自分なりの考えを形成する中でシュペングラーと類似の考えに到達していたのであり、シュペングラーの本は私にとって我が意を得たという内容であり、そこで知らず知らずのめり込んでいったというのが真相です。それでは、シュペングラーはその著作の中でどういうことを述べているかと申しますと従来の西洋近代社会を中心に据えた進歩、発展史観は間違いであるということです。西洋社会も今までに生成し、発展し、そして消滅し去ったエジプトやギリシャ・ローマの社会と同じようにやがて亡びゆく社会の一つにすぎないこと、しかも彼の生きた第一次世界大戦に象徴される時代は既に文明の絶頂期を過ぎ下降期に入ったというのです。シュペングラーはそういう時代認識と考えから歴史を今までのように西洋を中心に据えた一元的な発展史観ではなく、文明多元論を唱えたわけです。西洋中心の発展史観というのは「古代—中世—近代」という図式で示されるものであります。つまり、古代＝ギリシャ・ローマの世界が進歩、発展して西洋世界にいたった。そして他の非西洋の社会も又進歩の階梯をたどって西洋のように成るというわけです。それに対してシュペングラーは古代＝ギリシャ・ローマの世界と西洋とは全く別個の世界であること、そして古代世界が生成し、発展し、消滅していったように西洋も又その運命を免れえないということ、そして第一次世界大戦に象徴される彼の時代は古代社会でいえば内的可能性を喪失して拡大化のみが可能であったポエニ戦争の時代と同時的であり、そしてその時代は古代世界の衰退を告げるものであったように今又西洋社会がはからずもその段階に到達したというわけです。第一次世界大戦は進歩と繁栄に酔っていた西洋の社会に下った鉄槌の如きものであり、当時の時代相と相まってシュペングラーの本は飛ぶように売れ、一大センセーションを巻き起こしたのでした。シュペングラー史観を一言で言えば世界史を構成する単位は国家や民族ではなく文明であるということ、そしてこれらの文明にはそれぞれ唯一無二の個性、独自性があって外部の人間には容易に理解しえないこと、シュペングラーはこのことを政治や造形美術、あるいは数の意味といった膨大な知識と資料を駆使して例証しております。そしてさらにこれらの文明は類似の発展段階を歩むこと、つまり文明相互間には構造的にみて同時性が見出されるということであります。そして、シュペングラーはこうした文明としてバビロニア、エジプト、ギリシャ・ローマ、中国、インド、アラビア、西洋、それにメキシコの八つを挙げています。古代〜中世〜近代の図式では古代の前史くらいにしか扱われていないエジプトやバビロニアの文明もそれぞれ世界史を構成する単位として等価、同格であります。それまでの西洋中心史観は西洋を不動の極とする天動説であったのに対し、自分は地動説を唱えたのであり、自分の見出した歴史観をコペルニクス的発見と高言しました。このシュペングラーの史観を当時支持した人は古代史家のA・マイヤーくらいでしたが、その後トインビーが現われ、又クローバーやソローキンといったすぐれた文化人類学者や社会学者が輩出し、シュペングラーのこの考え方は現在ではかなりの影響力を持ってきております。

日本文明の発見

私は先ほど自分もシュペングラーと同じような考えを持っていたと申しましたが、私は全く自分なりの考えからやはりこうした発想に到達したわけなのです。そのことについて申し上げます。

私はいつの頃からとはいえないのですが、かなり以前から、勿論大学に入る前の頃からですが、何故日本は先の大戦であのような敗北を喫したのかという疑問をきわめて漠然とではありますがいつも何かものがひっかかったように持っておりました。私は大学に入り、若干本などを読む中で日本が戦争に敗れたのは普通いわれているように物量の不足とか近代化の不徹底といったものではなく、もっと深いところに原因があるのではないかと思うようになりました。この敗因の究明なくしてはその後の日本の再建、正しい道などあろう筈もありませんが、未だ本格的な究明はなされていないと思います。私の考えた結論を申しますと日本が敗れたのは日本が物量に劣っていたとか近代化の不徹底といった表面的なものではなく、もっと存在の本質、根源に係わるもの、つまり日本がその本来の姿、在るべき姿を見失ったところにその敗因があったのではないかということです。近代日本のスタートは周知のように黒船の脅威であり、日本は独立する為に西洋文明を採用せねばならなかったとしても異質の原理を安易に取り入れることはその社会に分裂と混乱を招くものであり、それが終極的には神国日本、外来文化の排除といった集団ヒステリーから一億総玉砕という自殺的行為、破局を招来したのではないかということです。日本と西洋とは異質の世界であり、従って異質の原理があること、日本が自らの原理を見失ったところに敗北の根本的理由があったのではないかということであります。

それから私は日本と西洋の歴史を勉強する中で西洋と日本には類似の社会現象が存在することに気づいておりました。例えば、日本にも西洋と同じく封建制社会があったこと、宗教改革があり、又宗教戦争があったこと、宗教の力が衰えて脱宗教化、世俗化された時代を迎え商業資本が擡頭したこと等であります。しかしながら、日本にはガリレオやニュートンのような科学者は出現しなかったし、産業革命もブルジョワ革命も起きなかった。にも拘らず大きな点で類似の現象が見出されるわけです。この視点と先ほどの日本と西洋とは異質の世界ではないかという考えが結合した時、日本と西洋とは全く別個、異質の世界であるが類似の発展段階を辿ってきたのであり、さればこそ現在の日本も先進国と称される欧米諸国に伍していけるのではないかと思ったわけです。

この発想はシュペングラー史観の骨格ともいうべきものであり

ます。私は日本の敗戦の究明という問題意識から出発してはからずも新しい歴史観を構想しつつあったわけであり、それ故シュペングラーを読んだ時我が意を得たと思うほど良く理解できたのであり、又驚愕、ショックを受けたわけです。シュペングラーの『西洋の没落』は膨大な本であり、一個人の作品としてこれほど広範囲な問題が扱われているのはちょっとないと思われるほどその内容は多岐にわたっており、その知識の豊富さ迫力には全く圧倒されてしまいます。いずれにせよ、私は自分の問題意識の中からシュペングラーとの出会いがあり、それが日本文明の発見に連なったわけです。私はここで日本文明の発見と申しましたがシュペングラーは世界史を構成する単位として日本文明を挙げておりません。シュペングラーに五〇年ほど先んじてロシアにダニレーフスキーという人がおり、類似の史観を発表しましたが、彼も又同様です。トインビーは日本に相当触れておりますが、やはり一人前の独立した文明とはみなしておらず、衛生文明という脇役的地位を与えております。私は文明論的にみて日本は独立した一人前の立派な文明であると考えております。この日本文明の存在立証について私は既に二、三の論文で発表しましたのでここでは割愛させて頂きます。日本文明の発見は文明史観とも命名すべき新しい世界史観の中で日本の全体像を位置づけることであり、旧来の日本史像に対し根本的修正と書き換えを迫るものであります。日本文明の発見こそ我国社会科学における一大発見の一つであると今なお私は自負しております。

福沢文明論批判

ところで、文明という言葉を我国で初めて使用したのは福沢諭吉（一八三五～一九〇一）であります。福沢は遣欧米視察の随員として欧米諸国を都合三度ほど視察する中で文明を発見しました。そして、福沢は当時の日本の国家的独立という至上命令に対し、文明開化即ち西洋文明の移入という方向を明確に打ち出したわけであります。福沢文明論の骨子は『文明論之概略』の中で述べられております。福沢は世界の国々を野蛮、半開、文明の三つに大別しました。野蛮とは未開社会のことであり、半開とは日本や中国、インドといったアジアの旧文明国であり、文明とは欧米諸国であります。そして、後れた国が独立を全うするには欧米の文明を採用するしかないというのが福沢の『文明論之概略』の結論であり、彼は幕末から明治にかけての一大啓蒙家、教育者として立ち上がったわけであります。日本の敗戦はこの開化路線の挫折とは判断されませんでした。この開化路線の逸脱もしくは不徹底に履行したところにその因があったと考えられたのです。それ故、戦後第二の文明開化として戦勝国アメリカを範とした国づくりが行われたわけであります。福沢はこの度一万円札として登場しましたが、この路線をしいた近代日本のイデオローグとしての評価ではないかと思います。それに対して私は敗因をこの路線そのものに求めるのです。異質の文明の採用はスムーズにいかずいわば木に竹を継いだようなものであり内的生命を欠いた不自然なものになりはしないか、通常いわれる近代化とは非西洋の国々、社会が物心ともに西洋化すること、言い換えれば西洋文明の中に吸収されることであります。しかし、一つの文化の死滅は安楽死のようなわけにはいかずそこに恐るべき破局を内包していると考えるべきではないか。私は日本の敗北を近代化の不徹底といったものではなく優勢且つ強大な西洋文明に侵食されて解体する日本文明の崩壊過程に現れた破局的現象と把えたわけであります。このことが日本文明の発見に連ったのであり、又それ故日本の未来は日本文明の再建と創造を通じてしかないと結論しうるのであります。幕末の国家的独立という課題に対して福沢は文明を発見し、西洋文明の採用を以ってそれに応えたわけですが大東亜戦争の敗北を体験した戦後世代の私は日本文明の再建と創造を提唱するのです。バックル、ギゾーの影響を受けた福沢は発展史観の文明一元論に立脚したわけですが、シュペングラー、トインビーの影響を受けた私は循環史観の文明多元論に立脚して福沢の路線を批判し、軌道修正を迫るのです。

現代日本の課題

日本文明の再建と創造こそ現代日本の課題であると思います。そして、このことが日本が世界に貢献する道でもあると思います。明治以降の日本は欧米の近代社会が作った土俵に新手として登場したわけですが、いわば人の褌で相撲をとるような流儀が成功するでしょうか。明治開国以来今日まで我国は欧米に追いつけ、追いこせと遮二無二突進してきました。しかし、植民地の獲得を求める戦前の軍事的拡大は世界の袋叩きにあって挫折してしまいました。戦後の経済的発展、膨張主義も又類似の結末を遂げるのではないかと危惧されます。しかも現在は西洋の近代社会が作った土俵そのものが不確かなものとなってきました。西洋近代の原理、例えば国家主義、個人主義、科学的合理主義、こうしたものが今や人類破滅の危機のみならず生態系をも破壊して地球そのものを危機に追いやっております。現代世界の課題とはこの西洋近代社会の諸原理を超克することであります。言い換えれば、土俵の作り変え、新しい文明の原理を模索し、新文明を創造することであります。私はそれを対自然観、対人間観、対社会観ともに本来西洋とは異質の原理に立脚する日本文明に求めるのです。現在の我国は西洋化され、その矛盾の渦中におりますが日本古来の伝統は息づいていると思います。こうした世界こそ新しい文明を生みだす可能性があります。

これまでの日本は黒船の脅威により、又核兵器の洗礼を浴びて外部の力によって強制的に開国させられました。そして現在は規制緩和の名の下に米国からグローバルスタンダードなるものが押しつけられ第三の開国が云々されております。こうした外部の力によってではなく、日本文明の原理を基本に据え、西洋の近代社会を超克する新しい文明を創造して自己の存在を世界に問うこと、これこそ真の開国であると思うのです。西洋の亜流がどうして開国でしょうか。この視点から眺めれば、明治以降の近代日本の歴史は進歩でもなければ発展でもなく、腐敗であり、堕落の歴史であったということです。そして、その一つの帰結が無条件降伏でありました。先程来の日本文明の再建と創造とは世界に対して開かれた日本、開国の問題でもあります。開国とは自己の存在、生き様、原理、原則を世界に問い、人類の進歩と発展に貢献し、存在意義を世界に認めさせることであります。日本文明論はその理論的武器であります。西洋近代社会は大航海時代を通じて世界を支配してきました。近代とは西洋支配の歴史であります。それは軍事力や経済力の問題ではなく、その基本となる原理の勝利でありました。しかし、この原理は既に内部矛盾を露呈して現に我々がみる通りであります。我々にも出番がきたのではないでしょうか。

呉善花の「脱亜超欧」論

呉善花は来日した韓国の女性でベストセラー『スカートの風』（三交社）の著者です。呉善花の『スカートの風』シリーズは日本と韓国との風土、文化の違いを知る上で気のきいた読物でありましたから彼女を文明論講座に招いて日韓の比較文化について話して貰ったことがあります。この呉善花が最近『日本の瀬戸際〜沈没する日本、浮上する日本〜』（日本教文社）を発行されました。呉善花は同著の中でそれまでの比較文化論的考察を越えて日本文化の独自性、ユニークさに開眼し、そのよって来たる所以も明らかにしております。彼女によれば、日本にはアジアの国々と基本的な違いがあるという。日本文化の他のアジア諸国と異なる独自性、オリジナリティはインドや中国に代表されるアジアの農耕文明が展開される以前の古い時代の意識に根ざしているのではないか、年代でいえば縄文時代、あるいは新石器時代ということである。殊に日本人の美意識はアジアの少数民族や太平洋諸島の人々のものであっていわゆる文明国の人々のものではない。日本人は驚くべきことにこうした未開文明の意識を携えながらアジア的な文化を高度に発達させ、さらに西欧文明も積極的に移入しているわけである。こんな国は日本しかない。日本はどんな文明国をもしのぐ文化の根の深さを持っている。この深さを未来に向けて生かすこと、そこに日本がアジア的な限界と西欧的な限界を超える可能性がある。「アジアを脱し西欧を越える」方向にしか未来はない。日本は今自らそれがテーマであることを物語っているのではないだろうか、それが「脱亜超欧」という言葉に込められた思いであると彼女は言っております。

我々は日本の歴史の中で狩猟採集経済に依拠する縄文時代が一万年余という異常に長かったことを知っております。もっとも最近では三内丸山遺跡に代表されるように今から四〇〇〇年ほど前の縄文中期に大規模な集落があり、作物の栽培が行われていたことが明らかになりました。稲作の起源にしても紀元前後の弥生時代ではなく紀元前四〇〇〇年の縄文中期にまで遡るとさえいわれております。先史時代の数々の発見は旧来の縄文像に大巾な修正を迫るものではありますが、この縄文期の主たる生産形態が自然に依拠する採集経済であったのは事実のようであります。つまり、日本列島は温暖で住みやすく、豊穣な自然に恵まれ、海ノ幸、山ノ幸で長期間生活できた類稀な土地であったということです。自然に依拠しながら文化も高かった。土器は日本列島で初めて出現したといわれておりますが、最近の研究では今から一万五、六千年前のことといわれています。時代区分でいえば旧石器時代です。日本列島には色々なところからやってきた人が住みついたと思います。そして、これら太古の人々は豊かな自然に育まれ成長を遂げていったと想像されます。自然との共生であり、他種族との共存です。これが一万年ほど続いたわけです。歴史時代に入って外国からの圧迫等があったにしても他民族に侵略、征服されることがなかった。縄文一万年の間に培われた自然性とか他者との共存＝和といったものは民族のいわば潜在意識として残ったと考えられます。しかし、大陸ではそうはいかなかった。先ず自然が厳しい、豊かな恵みを与えてくれないのです。食料を巡っての争いが絶えなかったと思います。しかも相手が言語や顔形が違えば容赦しないでありましょう。生存競争が日常茶飯事と化すわけであります。ユダヤ教、キリスト教、イスラム教といった他者を容認しない一神教が荒涼たる土地で発生したというのはこの種の宗教の生い立ちを物語っていると思います。又、こうした荒涼たる土地柄、生存競争の激しいところでは生きんが為に人知が発達し、いわゆる文明が発祥するに至ったのも肯づけると思います。しかし、太古の人間が持っていたナイーブさは失われてしまったわけです。しかし、この日本列島では恐らく地理的条件が幸いしてか太古の人間のもつナイーブさが「清、明、直」を標榜する神道として残ったのではないかと思われます。このプリミティブな生命力とでも名づけるべきものが仏教や儒教に代表される大陸の文化や文明を日本流に消化、吸収し、そして今西洋近代文明を日本流に咀嚼し、再生させることが期待されているわけです。呉善花のいう

「超欧」ということであります。

林秀彦氏と踏み出す会

呉善花と類似の視点で日本を把えている方に林秀彦氏がおります。林氏はＮＨＫ朝のドラマ「鳩子の海」や「東芝日曜劇場」、「七人の刑事」等のシナリオライターです。林氏は日本の放送界の堕落と我国の世相に愛想をつかして日本脱出を決意し、十年ほど前からオーストラリアの山中に隠棲いたしております。その彼が祖国に対するやる方無い憤懣と淡い期待をかけて綴ったのが『ジャパン、ザ・ビューティフル』（中央公論社）です。私は同著を興味深く拝読して同氏の存在を知っておりましたが、縁というのは不思議なものでして昨年の十一月私どもの局の第三回目の講座の時に角田忠信先生の「日本人の脳」の前座として一時間余お話を伺うことが出来ました。林氏の論は自らの海外生活や体験に根ざしたものであり、受講者に多大な感銘を与えました。その時からオーストラリア在住の林氏とも親交が生まれ、今度同氏から近刊著『日本を捨てて、日本を知った』（草思社）を謹呈していただきました。同著の内容は前者『ジャパン、ザ・ビューティフル』を一歩進めたものであり、師匠の松山善三氏と世直しのために立上がった「踏み出す会」のテキストとしても使用したい旨の記載がありました。外国なるものの実態と日本を知る為に、そして何よりも我国に課せられた大いなる可能性を知る為に是非一読してほしいと思います。

ところで、我々は既に早くからこうした認識に到達しており、文明論講座を開講したわけです。お手元の資料をご覧下さい。

文明論講座開講趣意書

現在、世界の目は我々に注がれている。

日本人は、あるいは日本の社会は現代の混迷する社会を打破して人類を新たな地平へと導く力量を備えているのか否か、世界の人々はこのことに注目しているのである。

我国は日本古来の伝統の上にインド、中国の文明を取り入れた。そして、明治以降は欧米文明を移入して今日に到っている。我国は東西両文明の坩堝なのである。日本は諸文明の亜流として、このままの状態にとどまるのか、それともそこから新しい文明を創造して世界に光明をもたらすのか、世界はこの点を見守っているわけである。

現代日本の課題とは正にこのことであり、我々に課せられた試練であり、歴史の挑戦なのである。想えば、我々は有史以来はじめて世界史の檜舞台に踊りでるという千載一遇のチャンスにめぐまれたわけである。このことを戦慄を以って認識せねばならない。そして、歴史は試練に挑戦する者に偉大な地位を約束し、問題を回避する者は惨めな地位に追いやってきたことを併せて銘記すべきである。

本講座の開講とはとりもなおさずかかる歴史の問いかけに対する我々の応答なのである。心ある方々の参加と協力を切に望む次第である。

昭和五十九年一月一日

村山節先生の法則史学

現在は未来が不確かな混迷の時代といわれ、閉塞の時代といわれて久しいわけですが、その因は結局ここ数世紀来世界をリードしてきた西洋近代文明が行詰ったということ、旧来のものの考えや価値観で未来を語ることができなくなったと言うことではないかと思われます。現代世界の課題とはこの近代文明を超克して人類を新しい地平へと導くことであります。そして、我国にその可能性があるのであり、呉善花のいう「脱亜超欧」の精神を以って時代の課題に果敢に挑戦する中から未来が開けていくというわけです。法則史学の提唱者である村山節先生によれば、人類五〇〇〇年の歴史は東洋と西洋の文明が八〇〇年の周期で主役を交代してきた歴史に他ならず、そして紀元二〇〇〇年前後が一二〇〇年来リードしてきた西洋文明の終焉の時であり、代って日本を先頭とする東洋文明勃興のサイクルが始まると言っております。個人的にも親しくさせ頂いている村山先生の文明論を紹介する余裕はありませんが、その他先人の考えを集約すると文明論的にみて日本に大いなる可能性があり、しかもそれは宇宙の意思ではないかということです。

大正十一年に来日されたアインシュタイン博士も我国に次のようなメッセージを遺しております。

アインシュタインの言葉

世界の将来は進むだけ進み、その間、いくたびか争いが繰り返され、最後に疲れるときがくるだろう。その時、世界の人類は真の平和を求めて世界的盟主を上げねばならないときがくる。この世界の盟主となる者は、武力や金力ではなく、あらゆる国の歴史を超越する、もっとも古く、かつ尊い国柄でなくてはならぬ。世界の文化はアジアに始ってアジアに返り、それはアジアの高峰、日本に戻らねばならぬ。

我々は神に感謝する。天がわれわれのために日本という尊い国をつくってくれたことを。

文明論の観点から眺めた地域主義

私は以上のようなことを踏まえて地域を考えているわけですが、それではこうした文明論的な宇宙的視野に立って地域に生きる我々は何をなすべきなのでしょうか。私は「地方の時代」、あるいは「地域主義」を実現することではないかと思います。地方の時代、地域主義は西洋近代社会を超克する新しい原理、原則に基づく人づくり、街づくりの運動であり、生活の革新を意味します。しかも、これらの地域はかつての閉鎖的な共同体ではありません。新しい技術体系に立脚する開かれた地域社会であり、他の国々の諸地域と結びつき、国家を内部から超克するものです。地域主義は地球主義であり、ナショナリズムを超える原理であります。明治以降の拡大化を基調とする我国はこの地域を破壊する歴史でありました。それは又、日本文明の崩壊過程と軌を一にしたのです。我々は再び日本の土に根をおろした生活を基本とする共同体を再建、創造し、そしてそこから適正規模の社会を構築することだと思います。具体的に申しますと生態系を基礎に据えた生活のミニマムを保証する新しい共同体の創造です。私の実践論はこの地域主義、新しい文明の模索であります。全ての人間がそれぞれの地域、自分の足元でこうした考えに則って活動、行動を起したらいいと思います。私も未だほんの緒についたばかりですが以上のような考えに基づいて地域に取り組んでおります。

地域主義としての比企広域社会

この土地に生きる私達にとって地方の時代、あるいは地域主義の実現とは具体的にどういうことでしょうか。私はかつて比企郡と総称され、現在では一市六町三村よりなる比企広域社会を一つのまとまりを有する共同体、自立する地域に改造することではないかと思います。そして、比企地方はこの地域主義を実現するに又とない格好の舞台を提供しているのではないかと思います。思いつくままに述べてみますとまず自然環境に恵まれているということです。首都圏にありながら緑豊かな土地です。明治百年を記念して我国最大規模の森林公園がこの比企の地にオープンしたのも偶然ではないと思います。しかも、比企の地は山あり、川あり、谷あり、丘あり、平地ありとヴァラエティに富んでおります。県央に位置する比企地方が埼玉の縮図といわれる所以であります。このヴァラエティに富む地形は又、有難いことに豊かな森林を育み、一大穀倉地帯を生み出しました。地域が自立するには食料や水、木材といった生活に不可欠なものの最低限が保障されねばなりません。この比企の地ではそれが可能なのです。現在我国では食料はあり余っておりますが自給率は五十パーセント以下と先進国の中でも異常に低いのは周知のことです。爆発的な人口増加、食料の高度化（穀物を動物に与え、人間はその肉を摂取する）、異常気象、表土の流失、沃野の砂漠化、こうした状況の中で食糧危機の到来がいわれております。お金を出せばいくらでも輸入できる時代ではなくなるかもしれません。食料は戦略物資であり、一国の安全保障の上からも食料の自給率を高めることは重要であります。これからの地域を考える上でこうした食料やエネルギー問題を看過してはなりません。又、食料なども地元でできたものを摂取するのが理想です。その土地の人がその土地に生きる人に食料を提供するというのが基本であると思います。人の生命を支える食料は単なる商品ではありえません。今の子供達にパワーがなく病気がちなのは商品としての食料を摂取していることも大きいと思います。又、比企地方は歴史の宝庫です。縄文、弥生の時代から今日に至るまでこんな小地域によくぞと思うほどです。先史時代の遺物やおびただしい数の古墳からこの地方は昔から豊かな自然に恵まれた住みやすい土地であったことが知られます。比企には坂東三十三ヶ所の観音札所の中、慈光寺、岩殿、吉見観音と三つもあります。(県内では他に岩槻市の慈恩寺のみ）当地方は古くから盛えていたことがわかります。しかし、当地方の歴史のルーツといえば鎌倉武家政権の樹立に活躍した武蔵武士の根拠地ということです。鎌倉武家政権の成立は日本の歴史の中で時代を画する最大の事件であり、偉業でありましたが郷土の先達はこの大事業に参画し、日本史に輝しい足跡を残したわけであります。その代表格が比企の地名を名乗った比企氏や、嵐山町の畠山重忠であり、他にも党と称される中小の武士団がおりました。自立する地域はそこに歴史を共に歩んできたという魂の共鳴、一体感がなければなりません。幸いにして比企の地にはそれもあるのです。比企は地形的にも、又歴史的にもまとまりを有する地域社会を形成してきたわけです。

さらには、この比企の地に昭和六年日本農士学校が創設されております。第一回の春蘭忌には関根茂章先生から「安岡正篤先生の世界」というテーマでお話を伺ったわけですが、この安岡先生が菅谷館跡（嵐山町）に日本農士学校を創設されたのは偶然ではないと思います。やはりこの土地が招いたのだと思います。日本農士学校は地方にあって農業を営みながら地域の社稷を担い、地域をして小独立国たらしめようという気概を有する有力にして無名の人士の養成を目的としたものでした。安岡先生の日本農士学校への期待と抱負は地域主義の実現ということです。我々はこの土地に戦前こうした高い理想を掲げた教育機関があったということを改めて学ぶべきではないでしょうか。日本農士学校は敗戦を機に解散となり、その後変遷を経て現在関根先生が所長をされている郷学研修所がその衣鉢を継承しているわけでありますが、日本農士学校の理想と理念は往時にも増して今こそ必要なのではないかと思います。独立の気概と自治の精神です。

このように比企の歴史風土を考えてみますと、この比企こそ時代に先がけて地域主義を実現すべき約束の地ではないかということです。この比企に地域主義のモデル地区を作ればいいのです。

比企一族や畠山氏が活躍した鎌倉初頭以来栄えの遠く過ぎ去った比企の地ではありますが、八〇〇年ぶりに大きな可能性が開けてきたような気がしてなりません。

比企一族の顕彰

私が演劇という手法を用いて比企一族の顕彰を思いついたのは比企一族の顕彰こそ比企広域社会実現への第一歩であると考えたからでした。比企氏の遺蹟等は比企郡下にあまねく分布しておりますし、又比企氏について学んでみますとこの一族の偉大さに圧倒される思いでした。この劇『滅びざるもの』（湯山浩二作、東松山市民劇場制作）は平成五年に上演されたのですが、予想以上の反響があり、驚きました。忘れつつあった先祖への記憶が蘇ったのかもしれません。この劇は翌平成六年には日本歩け歩け協会発足三〇周年の記念公演として東京の日比谷公会堂で再演されました。これを機に扇谷山宗悟寺に比企一族顕彰碑が建立され、比企一族顕彰会が発足したわけです。顕彰会では平成八年に三度目の『滅びざるもの』の上演と比企氏についてはじめてまとめられた清水清編著『甦る比企一族』の発行、比企の酒「姫ノ前」の販売を開始しました。おかげさまで比企氏についての関心も高まり、我々の活動に対しても理解と共鳴の輪が拡大しつつあります。郷学研修所長の関根茂章先生の御高著『師父列傳—わが内なる師父たち—』（邑心文庫）の跋文の一節に「真の郷土の振興は、先人の遺風、業績を新たに掘り起こすことから始まる。過去を継承せずして健全な未来の創造はあり得ない。」とあります。誠に味わうべき言葉ではないでしょうか。

ところで、顕彰会では紀元二〇〇〇年を記念して『滅びざるもの』の四度目の上演と串引沼に伝わる若狭局の伝承を題材とした小作品「若狭」を制作し、発表いたします。若狭局は比企能員の娘で二代将軍頼家の夫人になった女性です。この「若狭」は日本舞踊ですが三弦を担当される斉藤孝枝さん（市内松山町在住）の東京芸大のご友人に創作をお願いしてあります。謡の大まかなスケッチにつきましてはお手元の資料をご覧下さい。

中央集権から地方分権へ

地方の時代、地域主義といっても特段珍しいものではありません。一昔前の江戸時代は正しくそうしたものでありました。幕府は中央政府として外交等は掌握しておりましたが、俗に三百諸侯といわれるように各藩はそれぞれ独立した国であり、経営主体でありました。そして、各地で特色ある国づくりが行なわれたわけですが黒船の来航、脅威により我国はやむなく三百諸侯を廃して一君万民の中央集権的な明治国家を成立せしめたわけであります。欧米先進国という模範があり、それに追いつくには中央集権国家というのは効率が良く、その成果も挙がり日本は近代国家として欧米諸国の仲間入りをすることができました。明治開国以来の涙ぐましい努力によって今では科学技術の面でも彼我の差はなくなりつつあります。工業製品の水準は世界のトップにあり、個人金融資産、対外債権ともに世界一であります。しかも、現今の欧米文明に未来はなく、異質の文明ながら欧米文明を積極的に移入してきた我国に欧米文明を超克することが期待されているわけです。今まで異質ということでマイナス評価されてきたものがプラスに転じる日も近いでありましょう。西洋近代文明を日本の文化土壌の中で咀嚼し、そこから新たな文明を創造することであります。その為には中央集権を廃して日本の各地に存する可能性を開化させること、上からの近代化ではなく、下からの超欧化を目指すということ、これが地方の時代、地域主義の意味をするところであります。

時あたかも先の橋本政権以来行財政改革が政治課題となり、これを受けて現小渕政権は地方分権一括法案を提出、国会で法案が成立いたしました。余りに肥大化し、効率の悪くなった中央政府が財政難ということもありますが、地方への権限委譲等を通じて地方分権を推進して行こうというものです。「運命の女神は前髪をつかめ（後頭部は禿げているから）」という言葉がありますが、我々はこのチャンスを把え、全国に先がけてこの比企の地に地方分権、地域主義を実現すべきではないでしょうか。これこそ現在比企の地に生きる者の使命ではないかと思います。

明日の比企に殉じた小林茂雄君

本会の主役は今は亡き小林茂雄君でありますので最後に彼のことについて述べてみたいと思います。

私と茂雄君とは市民の会結成以来明日の地域社会を考え、夢みる同志でもありました。私は郵便局を拠点としての文化活動が中心となりましたが、彼はより現実的な政治の世界に身を投じたわけであります。私は開局十周年を記念して比企一族をテーマとした歴史劇を企画、上演いたしましたが、彼はその意義をいち早く察知され、多大な援助をして下さいました。小林君が県議選の時配布したパンフレットの冒頭に比企広域都市の実現とあります。彼の抱いた構想が何であったか明白ではないかと思います。

小林茂雄君は病を冒して県議選に出馬されました。咽を痛めており遊説もままならなかったわけですが、四月二日高坂ニュータウン、マミーマート前での遊説は彼の地元住民への最後のメッセージであり、遺言とも言うべきものでした。その中で彼は今なおゴタゴタしている浦和、大宮、与野三市合併による政令指定都市を二十世紀の遺物と一刀両断しています。そして、埼玉の進むべき道は人口四〇～五〇万の規模の自立した都市による連合であると看破されています。これこそ二十一世紀を担う県議の見識というものでありましょう。さらに彼は自立した都市のモデルとして東松山市を中心とする比企広域社会を考えております。比企を愛した政治家小林茂雄君の面目躍如たるところです。天が彼に健康、寿命を与えてくれれば、この比企の地を代表する政治家として大成したでありましょう。比企地方の二十一世紀への扉は彼によって力強く開かれたことと思います。惜しんで余りあるとはこのことです。小林君は政治家として明日の比企を信じ、その理想に殉じたのでした。

本日ご参集の皆様は小林君を支援されてきたわけです。どうか小林君の志を継承してほしい、又理想の松明を絶やさないで頂きたい。それぞれのお立場で明日の地域社会の創造に向けて一歩でも半歩でも前進してほしいと思います。現在の日本人に欠けているのは一歩前へ踏み出す勇気や力の欠如ではないでしょうか。故人は在天にあって我々を見守り、励ましていると確信いたします。お互い小林茂雄君に恥じないよう頑張りましょう。

長い間ご静聴有難うございました。

比企広域社会の実現に向けて

東松山市民の会のこと

今から二五年前、東松山市の三〇歳前後の若手が一〇数名集まりました。一番若かったのは今市長をされている坂本祐之輔さんでした。日大の学生だったです。そういう人達が一堂に会しました。ちょうどあの頃小林茂雄さんという政治を志していた友人もおりました。

私は好きな文明論に関心を持っており、その研究をやっておりました。学生時代からやっておった訳ですが丁度その頃目鼻がついて、その一部がたまたまあるご縁で「新日本外史─日本史の形態学試論─」として出版されました。そういう頃です。

小林さん、稲原さん、中里さん、前田さん等々と、じゃあ、やろうじゃないかと、色々な角度で、商工業の方もいましたし、政治を志した方とか、色々な職業の方が集まって、いうなれば地域を考える会を発足させた。これが東松山市民の会であります。

小林さんが代表世話人、稲原さんが事務局長で、それぞれ熱心にやって頂きまして、会報のカルチャーリポートの発行、イベント等も色々とやって来まして、大分評判にもなりました。

今日は、懐かしいのがあるので持ってきたのですが、昭和六〇年の毎日新聞の朝刊に「埼玉市民群像」ということで「新しい地域社会を─東松山で」ということで、「自立、文化の街づくりへ」と上下二回二日間に渡って紹介されたのは市民の会だけでした。写真がありますが、稲原さん、坂本市長、小林さん、そして、稲原さんの隣にいるのが私です。

こういうことで、我々は〝地域社会を私達の手で〟ということを始めました。当時は、田中首相が列島改造論ということで日本の政治をリードされていた訳ですが、列島改造ということで開発というものがどんどん身近に来ていました。

私は地元に住んでいて、子どもの時の趣味が蝶々の収集という極めて素朴なことをやっておりました。また、その辺の川で魚釣り等、いうなれば溢れる自然と共に生活していたものですから、こんなに恵まれた自然を乱開発されてしまっては大変勿体ないんじゃないかと思っておりました。

一度開発された自然というものはなかなか元に戻るというのは不可能ですし、又、自然というのはお金で買うということは出来ないんですね。建物は作っては壊して、また作ることが可能なんですが、こと自然に関しては、早い話が休耕田、ヨシが茂るような荒れ地になってしまうと回復するのが極めて難しいそうですね。

都幾川も以前に比べればいくらか清流になりつつあると聞いて

いますが、過去のような清流にするのは不可能だと言ってますね。そのように、自然というのは一度失われてしまうと元に戻すということは極めて難しいですね。

そういう訳で、市民の会には、環境問題というのでしょうか、恵まれた土地、比企の自然と言うのでしょうかね、武蔵野の自然と申し上げてもいいのですが、こういうものをキチンと開発から守って次の世代に、郷土の共有財産として引き継いでいければなあと、そういうような気持ちで参画させて頂きました。

それから、一坪が、うん万円、うん拾万円という時代がやがてやって来た訳でございまして、大分我々の活動というものも、大きな気持ちはあっても微力というか難しい経緯がございました。

私は、今でも時々川に行きますが汚れてます。昔は、私が中学校の頃は、市ノ川の川の水も飲んだことがあるんですが、実際飲めたんですよ、ものすごくキレイでした。東松山市民劇場の飯島さんがいらっしゃいますけど、飯島さんなんかも松山中学校の頃は都幾川で飯盒炊飯をやったと思うんですが、やりましたよね。皆あそこの水ですよね。川の水でやったんですね。なんでもなかった訳です。その位キレイな水だった訳なんですね。ところが非常に残念というか胸が痛むことがありますけれども、本当に自分自身がやっぱり自然に育まれた時代に育ったんだと、そういうことを実感しています。

亡くなられた小林茂雄さんの雄志会は、稲原さんが会長ですけども、その会報に「おおむらさき舞う」があります。堀田さんも仲間ですけども、実際に国蝶のおおむらさきがおりましてね。今「おおむらさきの森」というのが嵐山町にもありまして、あそこはなかなか評判が良くて「おおむらさき」というお酒にもなっておりますね。

あのおおむらさきが、東松山市にも結構おりました。私も中学校の頃は、ちょうど期末テストにぶつかった時、友人の利根川泰君と大きな椚の木に登りまして、片方が蝶々を追うために上に登って、二人上がる訳にいかないもんですから、一人は下で『おーい、この単語の意味解るか?』『解った!』なんて、そんなことを言いながら、期末テスト中にやったことがあります。懐かしいということよりも、そういうものが大事なんではないかと思っています。

市町村の合併について

いよいよ、そこでそういう私達の地域社会を、私達で考える、中央からの大きな力、そういうものではない、私達が本当に一つの考えを持って地域をしっかりやっていきたい、やらなければならないんだ、という様な時代が、気運が、今ここにやって来たと思っている訳です。そのことが、今、非常に問題になっている「地方分権一括法」施行後登場してきた、合併問題なんだというふうに私は捉えております。そういった私共の地域を考える勉強会を始めてからちょうど二五年、四半世紀を経まして、その時が到来しました。

当時私は三十一歳でした。今は特定局の郵便局長でお世話になっておりますが、郵便局というのは、地域に生きるという私の希望というか、初心と言うんでしょうか実現できる数少ない職場だということでお世話になって、それから私なりに皆様のご理解とご支援を頂いてやって来たという経緯があります。

その私達が、いよいよ文字通り責任世代と言うんでしょうか、私も年齢的に五十七歳です。皆様もまあ五十五歳前後になられて、堀田さんじゃないですけれども、小さい頃一緒に遊んだ中ですが、今はきらめき市民大学の事務局長さんで、生涯教育の重要なポストにおられるということなんですが、それぞれが、重要な立場になってきている。私達が郷土を思う集団になったんだろうかと問われれば、そういう時に来たのかなあと、そういうような緊張を覚えている訳なんですね。

最近、有り難いことに、いろんな機会にお話しをさせて頂くチャンスを与えてもらっております。行くと私は必ず合併問題をお話しさせて頂いております。

市町村合併問題については「地方分権一括法」が二〇〇〇年の四月一日に施行されました。色々と特例措置等も準備するということで、二〇〇五年三月迄に合併をすれば、その地域のインフラを援助するという地方債、これは国が面倒見てくれるんですが、これが発行できるということです。例えば比企広域が一つになった場合ですが、これはどういう組み合わせになるか、ハッキリしたことは申し上げられませんが、一応概算五〇〇億円位の地方債を国が引き受けてくれるという形でおりて参ります。これは一〇年かかるんですね。五〇億円ずつ一〇年間という形でくれるということです。大体、日本の国のことはほっといても、又、自動延長してくれるだろうと思いがちなんですが、昨日の新聞によると、このことに関しては、自動延長しないということを総務庁の方でも言っております。

とにかく今現在、日本は、ものすごい借金を国も地方もしております。小泉総理は国債を発行するのは三〇兆円だということでやっているわけですが、やはり確実に増えてますね。二〇〇一年の三月でもって非常に解りやすい数字ですが六六六兆円というのが国と地方の借金なんですね、大変な金額です。もう途方もない天文学的な数字ですから全然ピンとこない訳ですけども、今現在、更に増えておりまして、二〇〇二年三月では六七五・六兆円になるだろうと言ってますね。

これは単純に計算しますと、一人当たり五〇〇万円強でして、私の家は五人家族ですから二五〇〇万円、我が家で以てそれだけの国と地方の借金があるということなんですよ。単純に言いますとね。

そういうような訳でございまして大変な借金を抱えているもんですから、そうおいそれと、今後共、おお、いいよ、いいよ、というような訳にはいかないんですね。だから、やはり、合併という問題が大きくクローズアップされて来ている訳です。

合併というのは、単純に明治以降を考えてみますと、明治の初年に大きな合併がございました。江戸時代というのは非常に村が多いんです。当時、七から八万位あった村が一万四・五千にぐーんと減るんですね。更にご案内のように昭和の合併というのが戦後にありました。東松山市は、再来年あたり多分市制施行五〇周年を迎えると思うんですが、昭和二九年頃なんですね。行政の専門家が言うのですが三二〇〇～三三〇〇、五分の一位になったんですね。それが昭和の合併です。

引き続き平成の合併というものが政治の日程に上がって参っている訳でございまして、小泉首相の前の森首相の時に、三〇〇〇位あるのを一〇〇〇程度にしたいと、つまり二分の一位にしたいということなんです。何でそういうことをするかというと、結論は地方分権を推進するためには、ある程度の規模が必要だということです。分権するということは、それだけ自治体そのものの力量、器量が問われて来ます。財政基盤ということですね。地域のことは地域でやって頂きたいということを、国は言いたい訳でございまして、三〇〇〇位を一〇〇〇位にしたいと言っているんですね。

そういったものを踏まえまして、埼玉県も合併の考えを推進する委員会というものが発足致しました。大学の先生が座長になりまして、それから県会議員とかＪＣの方とか商工会の方々二〇数名が構成メンバーになりまして、合併に関する素案というのが昨年の三月に示されました。

実は、その前に私達は合併問題というのは非常に大切な問題だと、これは明治、昭和と考えても五〇年に一回です。それ位のサイクルで来てる訳ですから、これは大変大きな問題でして、子々孫々まで影響を及ぼすという大きなことで、これはキチッと勉強しながらですね、対処していかなければいかんという気持ちを持っておりました。

その為、少人数の有志の勉強会に過ぎなかったんですが、たまたま東松山市選出の県会議員である堀口さんが、埼玉県市町村合併推進要綱検討委員会のメンバーだったもんですから、彼にいろいろと資料を持ってきて頂きまして、それを基に、我々一〇名足らずのものが勉強してきました。

そういう中で、堀口さんから、いよいよ合併の素案を平成一三年の三月末日までに出さなければならないことになったので、この我々の勉強会から意見をまとめて上申してくれ、と頼まれまして、じゃあ、ということで、この上申書を私達の会で作った訳でございます。

有志の会の上申書

この上申書と県の素案というのは大分結果的に違っております。それはどういうことかと申しますと、埼玉県が出した素案というのは、比企郡を大きく二つに分けております。いわゆる東の方と西の方にです。東の方は東松山市を中心として、滑川町、吉見町、嵐山町の一市三町ですね。それから、西の方は、小川町が中心になりまして玉川村、都幾川村、東秩父村です。東秩父村は秩父郡ですが、当然比企広域なんですね。東秩父村も入っていて一町三村です。その中で、比企郡の今の行政区分でいきますと川島町と鳩山町が抜けてくるんですが、どうも川島町は川越市志向が強いんですね。鳩山町はもう全然どうにもならない程、越生町、毛呂山町の方を志向されています。

従いまして、埼玉県が出した素案というのは、三〇〇〇位あるのを一〇〇〇位にしましょうというのが合併を考える一つの基準になったもんですから、比企郡の一市四町三村を一つにするんじゃなくて、それ位にすれば、ちょうどその辺になる、というようなところで出して来たのかなあと、私共は解釈しましたが、これに対して私達は非常に異を唱えている訳なんです。

現実問題として、もし、そういうような合併をしたところで、余り内容がないんですね。と申しますのは、やはり、ある程度の規模にならないというと財政基盤もしっかり致しませんし、尚かつ、ある程度の規模がないと、分権する上で内容が伴いません。

どういうことかと申しますと、二〇万を超えますというと、これは行政の方が詳しい訳でございますが、いわゆる特例市ということになってきますし、三〇万を超えますと中核都市という形になって来ます。その上、自己裁量っていうんですか、中核都市、特例市というものはそれ以外の規模の小さい行政に比べれば恩典があると、要するに自由裁量権ですね。それが少しずつ与えられてくるというようなことがあるもんですから、やるからには特例市二〇万位にならないとやはり合併するメリットがないんじゃないかと、こういうのが一つあります。

東松山市の8・1号の広報に掲載された「考えてみませんか市町村合併」の中で、比企市町村の平成十四年度予算等の状況が出ておりました。皆様もご覧になった方が多いと思いますが、あっと驚くようなことが書いてありました。と申しますのは東松山市は大体五〇%位は自主財源なんですね。ところが、東秩父村を見ると自主財源が一四~五%なんですね。殆ど地方交付税なんですよ、六〇％位ですかね。

東松山市は、極端なことを言えば、合併しなくても自主財源が五〇％位ありますし、なんやかや言っても人口も多いですし、当座はこの町が即過疎になるということは余り考えられない訳ですね。まあ、余り人口は増えませんけれども、正に東京のベッドタウンとすれば、東上線はそこそこ本数も多いですし、有楽町線もございますし、アクセスも決して悪くない。更に風水害に強いということであれば、人が住んでくれるでしょう。

ということで、当市にはある程度の力はあるんですが、東秩父村の様に、山間地にある町村には、本人達だけがいくら努力しても限界があり、なかなか自主財源が出来ないんですね。いわゆる地方交付税という国からの援助によってなんとか私達と同じような生活水準を維持しているというのが実体なんですね。

そういうことがありまして、今年の二月になるんですが、友人が会長をしている小川のライオンズクラブで、私に何か話してくれと頼まれました。ライオンズの方々はちょうど私と年齢が同じ位でございまして、小川地区のそれぞれの地域で、いろんな分野を代表する方だったもんですから、そういう話をさせて頂きました。

失礼ですけれども小川町だって財政的には大変です。仲間ですから言えるんですけれども。いやその通りだと、こういう訳なんですね。その上、都幾川だ、玉川だ、東秩父だと入ってきてやっていけるんですかと聞きましたら、いや、それは大変なことだとおっしゃいました。ですから、我々はやるとするならば、東松山市を含めたグループになってやってもらわないとどうにもならないし、その為にはなんといっても東松山市は人口のほぼ半分（東松山の人口は九万で、小川と玉川、都幾川、東秩父を合わせても五万五〜六千です）を占めるんだから、とにかく東松山市が頑張って指導力を発揮して頂かないことにはどうにもならんから宜しく頼むと言われました。私に宜しくと頼まれても困るんですが、まあ東松山市の方がしっかりしてくれないことにはどうにもならないんですよ。ということで、いずれにしましても埼玉県の素案なんていうのはとてもじゃないけども私達は受け入れられないし、ライオンズクラブの方々も、我々も受け入れられないということでございました。全くそうだよねという話をしました。

先日の、七月二八日、地元三会派のロータリークラブ（東松山ロータリークラブ・東松山むさしロータリークラブ・小川ロータリークラブ）の初めて合同の例会がございまして、たまたま東松山ロータリークラブの会長というのが我々の仲間の野口荘二さん、前の市議会議長をされた方なんですが、野口さんの依頼で話をしてくれと言われまして行ってきました。私もこれは是非知ってもらいたい、知ってもらうんじゃなくて自分の出来る範囲で結構ですから、こういう方向に向かって努力をして貰いたい、という切なる思いがあるものですから、やはりこの様な話をさせてもらいました。

小川ロータリークラブというのは、初めて知ったんですが二〇人もいないんですね。小川町は、私の仕事に関係したことでも、法務局が無くなっちゃいますね。東松山市の法務局だけになっちゃうんですよ。先週、東松山市の登記所の隣で印紙を扱っている野田屋さんというお店があるんですが、あの店は郵便局に買いにくるんですが、急に沢山買っていくんで、「どうしちゃったんだい」と言ったら、「ああ、うんとお客さんが来るんですよ」「どうしちゃったんかね」と言ったら、「小川町の法務局が閉局なんですよ」と仰いました。

そうすると小川町の方も皆あそこに買いに来る訳ですよ。だから、これは小川町の法務局の側にあった印紙屋さんが売れなくなるという以前に、登記所関係の仕事をやっている方々は、東松山市のこの辺に事務所を構えないと仕事にならないんじゃないかと。そういうようなことがありました。

何を言いたいかというと、ここにいる方々はよく解ると思うのですが、かつて小川町というのは、武蔵の小京都と言われてました。私は小学校の頃、珠算を習ってましたが、商工会で珠算の検定試験がありまして、小川町まで行った記憶があるんですね。今ではなかなか考えられないと思うんですけども、小川町は商工業が非常に盛んでございまして、ご案内のように小川信用金庫もありましたしね。やっぱり良かったんですね。小川町のどっかの中学校へ行って検定試験をして来たことがありました。

私は高等学校は東上線で川越だったんですが、小川町の連中もおりまして、東松山市の連中なんかより革靴なんか履くのは早いんですよ。何となく商業とかで金があるっていう感じがしましたね。東松山や坂戸は、いたって地味でしたけれども、意外と小川の方は良く言えば都会的でした。小川町というのはとにかく裏に大きな山を控えてまして、木もかつては売れた訳ですよ。和紙もそうですが、そのせいか、とにかく芸者さんが多かったですね。綺麗どころがね。今小川町には全然いないんじゃないですかね。

いずれに致しましても小川町というのが一つの核でございまして、例えば小川高校というのはなかなかいい学校でして、昔は女子高校に行くというような人材の人達は、現在、東松山市の人達が熊谷や川越女子高校に行くように皆小川高校に行きました。小川町というのはそういった意味では、やはり力があったんですね。

ですから、比企というのは東西に分かれて、小川町中心と東松山市中心というようなものが根強くあるのはあるんですね。しかしながら、時の流れというのでしょうか、大きな大きな歴史の流れの中で、現在の小川町が自立して、他の村を引っ張って行って、比企郡の東の方の横綱が東松山市だとするならば、比企の西の方の横綱は小川町だと、がっぷり四つに組んでというような訳には残念ながら行かないということがありまして、やるならば一つだというようなことをロータリークラブの方々も仰っておりました。

そういうことで、埼玉の縮図が比企であると言われるんですが、やはり比企の西の方も一緒になることによって、先程比企の自然が素晴らしいと申し上げた訳ですが、正に山あり谷あり川あり丘ありで、そういった山間地の村も引っ張ることによって、非常に理想的と言うんですか、さっき言った環境問題からしましても、「比企は一つ」であるということで、その方向で合併するならば、非常によろしいんじゃないかと。そうしますと二〇万からになりますから、特例市の誕生になる訳でございます。

上申書

こういうことを私達はこの上申書で申し上げた訳なんですね。ちょっと復習を兼ねて簡単なものですから、初めての方もいらっしゃるようなんで読ませて頂きます。これは我々は若干理想を述べております。(—から—が上申書の文章)

—比企郡下の市町村に東秩父村を加えた一市六町三村が合併することが望ましい。この地域は地方分権を実施するに相応しい土地柄であり、その成否は当地のみならず今後の合併分権のあるべき姿、方向を指し示すことが出来るものと考えられる。以下、その事由を記す。

一、この地域の人口は現在二四万人程であり、都道府県に準じた諸権限を有する特例市(人口二〇万人以上)の誕生となる。さらに、人口が増加すれば政令都市に次ぐ諸権限を有する中核都市(人口三〇万人以上)になることも可能である。—

人口三〇万人以上、面積一〇〇K㎡、埼玉県で唯一これに該当するのが川越市です。川越市は人口三〇万人以上ですし、また、あそこは広さもあります。一〇〇K㎡あるんですね。しかるべき規模を持っているのは川越市だけです。中核都市なんですね。既に中核都市になりますよと川越市長は言っていますね。その内さらに引っ張り込んで政令都市になるとも言ってますが、大きくすればいいってものじゃないですけどね。

—この地域が一つになり、中核都市を目指すことによって地方分権の実を挙げることが出来る。—

要するに比企が二つに分かれちゃ意味がないということです。二番目になりますが、—この地域は東秩父村を除けばかつては全て比企郡であり、比企は一つであるという考えが住民に浸透している。現在、既に消防、救急、斎場、さらに老人福祉や介護認定審査会等は「比企広域市町村圏組合」で比企全域を対象として処置されている。そこで、他の行政機関も一つになっていくことに抵抗は少ないと考えられる。—

既にそういう基礎は広域行政としてありますということなんですね。従って、その延長上に一つの形にすることは、それほど無理がないでしょうということを二番目で申し上げたんです。

三番目、これは教育問題を取り上げました。—子どもを持つ親にとって教育の問題は最重要課題である。現在、比企地方の小中学校の教科書等は統一されている。教育には各市町村とも大きな予算を割いている。時代の要求する教育水準を維持するにはしっかりとした財政基盤が不可欠である。教育行政の専門家のご意見として教育におけるスケールメリットを生かすには比企市町村が一つになることが必要であるという。—

この教育行政の専門家というのは、市の教育委員長をなされている荒井桂先生、前の県の教育長さんですが、来て頂いて、この問題について、教育行政という立場では、どう思いますか、と先生にお尋ねした時に、先生は、教科書はもう統一されているんだということと、同時にですねスケールメリットを生かすには、やはり「比企は一つ」になる必要がありますと、その辺がないというとスケールメリットを教育行政に活かせません、と仰ってくれたんです。

—市町村の教育に対する財政基盤のアンバランスは子々孫々にまで禍根を残し、ひいては教育の機会均等という憲法の精神にも悖ると考える。以上、教育行政の視点からも比企市町村の合併・統合が要請される。

四番目、「比企は一つ」であるという観念はその歴史的風土や地形的要因に由来すると考えられる。歴史的には鎌倉武家政権を樹立した武蔵武士の根拠地である。比企氏や畠山氏を代表格に党と称される中小の武士団が蟠踞している。これこそ当地域のアイデンティティにすべきものである。殊に比企氏の遺蹟は比企郡全域に分布している。又、比企氏はこの比企の地名を名乗った唯一の豪族であった。

地形についていえば、この地は一〇〇〇メートル近い山並みを尾根として川あり、谷あり、丘あり、平地ありとバラエティーに富んでいる。県央に位置する比企地方が埼玉の縮図と言われる所以である。又、起伏に富む比企丘陵は実に美しい景観を形造っている。

東松山市の下唐子を舞台にした児童文学の傑作、打木村治の小説の題名は「天の園」であるが、この地が人情も含めて美しいからに他ならない。比企の地は、造化の妙と歴史の奏でる桃源郷と形容するにふさわしい恵まれた土地柄であると思う。

五番目、現在、当地方最大のイベントは日本歩け歩け協会主催による日本スリーデーマーチである。当地で開催されるようになってから既に二十一回を数えている。スリーデーマーチは東松山市を中心に比企地方全体に繰り広げられる歩けの祭典である。当地が日本スリーデーマーチの会場となるのは豊かな田園地帯が広がっているのと同時に交通の便が良いことが挙げられる。さらに、首都圏の一角に位置するということも有利な点であると思う。

しかし、この歩けの祭典も近年やや下火になったように思われる。ウオーキングの祭典が各地で催されるようになったということもあるが、受け入れ側にも問題がありはしないであろうか。スリーデーマーチの会場になる地域が一つの市になることによってもっと内容のある、めりはりのきいたイベントが可能となり、全国のウオーカーばかりでなく心ある多くの方々が集うイベントにすることが可能になると考えられる。

六番目、当地域は首都圏の一角にあり、交通の便も良く、しかも極めて良好な自然環境に恵まれている。目下大震災が懸念されているが、当地方の地層は堅固な岩盤であるという。当地の産業は未だ製造業中心であるが、これからはこうした立地条件を生かした産業政策を考えるべきである。すなわち、研究機関の誘致や精密機械の製造、IT 関連企業の誘致等である。雇用機会の増大は活力ある地域社会の創造にとって欠くべからざるものである。

―

その通りなんですね。というのは何で鳩山町の山の中に世界の日立の研究所があるかというと、あそこは非常に耐震性に強いらしいですね。研究所というのは、言わずもがなですが、堅固なところでないというと研究する上で、支障がある訳なんでしょう。いろいろ調べてきた結果、大変な山の中ではあるんですが、あそこが日立の研究所にするには非常にいい場所だったということですね。

よく言われるんですが、もし関東大震災級の地震が来た揚合、首都圏はどうなるだろうかと。大丈夫なのは、八王子あたりとこの辺らしいですね。川越なんかは危ないらしいです。最近出来たところは危ないんですね。川越は昔からあるところですが、やはり県南の方は江戸時代になって荒川だとかああいうところを開発してつくった、所謂新興地域ですよね。

ところがこの辺は、大体武士が出て来たところなんてのは、八高線に沿っている訳ですが、谷が出来て、そこでちょっと田圃をやってというようなところから始まっているのが、武蔵武士が出て来るようなところなんですけれども、とにかくいいところなんですね。下が岩盤ですね。

私も新しく家を建てたんですが、やはり下が岩なんですね。この辺は風水害は心配ないし、唯一心配なのは地震ですが、昔から人が住んでいるところというのは、いいところであるっていうのは間違いないんですね。そういうことで、終の棲家するにはなかなかいいところだということですね。

前の芝崎市長の頃に、新聞記者っていうのは日本全国、場合によって外国にも行くんでしょうけども、リタイヤーして、どこに住むかというと、狙うところは東松山市らしいですね。というのはさっきも言ったように、自然環境もいいじゃないかと、東京へ行くのだって東上線がありますから便利ですね。又、関越も来てます。そういう意味では交通のアクセスもいい訳です。これは芝崎前市長が言ったことで私が確認した訳ではないんですが、そういう訳でいいところなんですね。

最後になりますが、

七番目、—地域が真に自立するためには生活のミニマムである食料、水、薪炭、清浄な空気等の自給は不可欠であると思う。自然に恵まれた当地方は幸いにしてこれらの諸条件が満たされている。—

この他にもまだいろいろあると思いますが、いずれにしましても私達は、「比企は一つ」なんだと、歴史的にも地政学的にもそうなんだと、しかも、既にもう広域的行政としてあるんだから、何も今更二つに分けることはないだろうということです。

聞き取り調査じゃないんですが、機会ある毎に小川町の人達とかと話をしますと皆そういいますね。従って埼玉県が出してきたのは素案でございますから、叩き台に過ぎないわけですから、別にあれでやらなくてはという訳ではありません。

我々とすると、やっぱり「比企は一つ」でございまして、出来れば川島町にも加わって頂きたい訳ですね。ここに演劇「滅びざるもの」で頼朝役を演じた東松山市民劇場の飯島さんがお見えになっておりますが、川島町には比企一族ゆかりの金剛寺もありまして、そういう歴史的な関係も考慮しないといけないと思うんですね。

しかし、やはり川越に近いですんね。只、あそこはご案内のように、川島町と川越市の間には大きな越辺川の橋があります。今は別に何ということはないんですが、昔は結構あの大きな越辺の川というのは、比企地方と入間、川越を分かつ大きな存在だった訳ですね。昔は当然渡しがあったんでしょうが、洪水で濁流となり川幅が広がれば当然いけなかったでしょうからね。昔は自然のそういったものが、今我々が想像する以上に、地域を分かつものになっていたんだと思います。

しかし、我々がこれからの比企を、もし一つになれば、こんな魅力的なところになるんだということを示せれば、川島町の方も、必ずしもこちらを振り向かないものでもないと思うんですね。只これは比企でいってんですけども、例えば、大里町でも、江南町でもこっちへ付きたいというようなものがあります。熊谷市の引力があるんですが、錯綜してるんですね。

いずれにしましても、この合併の問題が平成の合併と言う形で国策として提示されてきた訳なんです。これについては、いろいろと理由が沢山上げられています。今、広域行政が必要だというのは、昔は歩ったり、せいぜい自転車でしたが、現代は車の時代で、昔は徒歩で歩いた二〇分を、車で二〇分行ったならば相当行けます。今は車が足の代わりになっておりますから、各地に余り使いもしない大きなホールを作らなくても、車で行けばいらなんじゃないかと、そうすればいくらか効率も良くなるし、経済的にも楽になるとかですね。

実際我々の活動範囲は拡がっておりまして、学校なんかでも結構東秩父村の人が東松山市の高校へ来ております。それから商業圏も、車がありますから、玉川村や東秩父村の人が東松山市の丸広に来るとか、そういうような形になっていますから、というようなことでもって合併を言って来てるんですね。

何が言いたいかというと、国に金がないっていうことが、今回の合併の一番の理由なんですね。明治の合併は小学校の設立ということが大きな要になっておりました。昭和の合併は中学校らしいですね。今度の合併は何としても国に金がないということで、いつまでも地方交付税を配るということが出来ないということなんですね。何しろ借金が、国と地方合わせて七〇〇兆円ということで、もう二、三年経ちますというと一〇〇〇兆円になるだろうと言われてるんですね。もう金がないんですよ。

日本人は、個人金融資産は一四〇〇兆円で世界一と言われてます。皆さん海外旅行されたり、日頃から生活をエンジョイ出来る豊かさがある訳なんですが、残念ながら、国は正に赤貧洗うが如しでございまして、ご案内の通り、あのムーディーズの格付けによれば、日本の国債の信頼度は、ひどいもんでして、台湾や韓国以下ですし、南アフリカとか、南米のチリ以下なんですね。ですから、言うまでもなく、先進国の中では最下位です。本当に情けないことです。

それは、それだけ財政赤字を垂れ流して日本はやって来ているということなんです。これ以上やっていますというと、二つの選択肢しかないんですね。一つは大増税ですよ。消費税を三〇%位にして何とかやっぱり税金をとっていくんですね。でも、そうなると、益々デフレは加速するんでしょうね。買わなくなりますからね。ハッキリ言って、それが一つなんですよ。

ところが、ある時宮沢喜一さんが、橋本総理の時に消費税やって自民党が選挙で大負けをしたと、だから増税は出来ないと言ってました。従ってインフレを起こすしかないよとチラッと言ってますね。そういうことがチラチラと言われています。インフレにするということは、全部紙切れにしちゃうということです。国の借金が一〇〇〇兆円だとすれば、一〇〇〇倍位のインフレを起こしちゃえばいい訳です。その代わり皆様の持っている貯金が、一〇〇〇分の一になっちゃうわけですよ。俺は郵便局に一〇〇〇万円貯金があるからしばらく楽しめると思っていたのに、気がついてみたら一万円だったと。本来なら女房と二人で海外旅行に行ったり、仲良く老後を楽しみにしていたのに、気がついてみたらヤキトリ屋と、蔵の湯へ行ったら終わっちゃったと、いうようなことになりかねない。そういう危険を孕んで来る訳ですね。

新文明の創造

皆さんにお配りした「埼玉市民群像」。二〇年位前のものなんですが、四行目に、新しい文明をというのがございまして、―高島さんは会の創立メンバーの一人として、トインビー、シュペングラーなどの文明論の研究者として有名、理論面で会を引っ張っている。…高島さんの構想は雄大だ。東松山など九つの市町村からなる比企地方は、緑も多く、食糧、燃料（木材）の心配がない。ここなら世界の情勢に動かされることのない自立した地域社会、新しい文明の創出が出来る、というのだ―。これが昭和六〇年の毎日新聞に掲載された記事の一部でございますが、これが、これからの地域社会を考える視点でございます。

あれから大分経ちましたが、あの頃我々が漠として描いていた、地域に対して描いていた一つのそういう思いを、実現に向けて行動を起こす時が、いよいよ来たのだと実感しています。この頃は、高度経済成長がほぼピークになりつつある時だったんですけども、そういう時、我々は大分違うことを仲間達と話し合っていたという経緯がこの文章でお解り頂けると思います。

先程の比企広域社会云々の上申書に戻って頂きますが、七番まで一応読み上げさせて頂きました。ここまでは春秋会の例会の時に話をさせて頂いたんですが、この後の半分は、私が上申書を書く時に、一つの大きな理想といいますか、夢といいましょうか、それを上申書の中で表現したいと思い、考えたことでございます。

今の日本は非常に残念なことにキチッとした方針がないんですね。小手先とか、対症療法じゃなくて、国の在り方っていうか、あるべき姿というか、それがないというと、如何にあるべきかとか、どうすべきかとかいう戦略戦術は出て来ないんですよ。やはり戦略戦術っていうのは、ある程度こういう国を作るんだという一つの目標があると、それに向かってどうするかということが出て来るんですね。

ところが、それがないと常に目先の利害打算に引きずり回されて、最後はとんでもないババを掴むとか、ろくなことをやってない。やはり、戦略戦術があるかないかってことは、大きな目標といいますか、未来に向けての大きな展望があるかどうかと、ここに帰するんですが、残念ながら今の日本に戦略戦術があるはずがないんですよ。

それは何となれば、日本の国をグローバルに捉えて、歴史を捉えて、我が日本国はどうあるべきか、という展望がないからです。これを堀口県議さんが、どこまで上申してもらったかも定かではありませんが、少なくても我々の意見は素案の中に入っておりませんでした。これが一体どうなっているのか、その後、私は何も聞いておりません。何れにしましても、合併問題はタイムリミットが云々だけではなく、大きな大きな日本国の展望がなければ、やっぱり駄目だろうと、いうような思いがあったものですから、書かしてもらいました。読みます。

―以上のことから、比企市町村の合併は地方分権という自立した地域社会を創造する上で絶好な場所を提供していると考えられる。思うに、我が国の戦前は軍事大国の道であり、戦後は経済大国への道であったといえる。この二つの道は、世界に対する我が国の模索であり、結果的には錯誤の歴史と考えられないであろうか。我が国の役割、世界への貢献は日本本来の姿に立ち帰ることを措いて他にないと考えられる。地方分権はその第一歩であると思う。そして、当地方はかかる分権の時代に向けて先鞭をつけることが可能であると確信する。

最後に明治以降の近代日本を総括し、我が国の将来に対して新たな展望を得るために二人の偉大な先人のメッセージを紹介したい。―

ということで、日本の横井小楠を上げときました。―

横井小楠（一八〇九～一八六九）

明堯舜孔子之道

堯舜孔子の道を明らかにし

尽西洋器械之術

西洋器械の術を尽くさば

何止富国

なんぞ富国に止まらん

何止強兵

なんぞ強兵に止まらん

布大義於四海而巳

大義を四海に布かんのみ―

横井小楠というのは、西欧列強が黒船で来た時に、儒教の思想をもって、黒船という日本の国難に対処して考えた、只一人といっていい思想家です。横井に言わせると、有道、無道っていうんですね。道があるのが有道、道が無いのが無道、つまり、西欧列強は道のある国家なのか、あるならば当然、誼を通じるし、仲良くすべきであろうと。もし、道無き無道の国であるならば、断固これ討つべし、です。結論から言うとね。

横井小楠が、どれほど優れておったかというと、勝海舟の例の氷川清話の中に書いてあるんですが、勝は、私はこの世で恐い人間を二人見たと言ってます。一人は横井小楠だと、もう一人は西郷南州だというんですね。横井小楠は、当時、政事総裁職をされた越前の松平春嶽に招かれて顧問格でおりましたが、明治以降になりまして、西洋かぶれだと殺されちゃいます。このメッセージは横井小楠の甥子さんがアメリカに勉学に行かれる時に、甥子さんに向かって言ったものなんですね。

従って、先ず堯舜孔子の道を明らかにするということは、東洋の道徳、哲理を明らかにして西洋器械の術を尽くさば、科学技術文明のことを西洋器械の術を尽くすと、つまり西洋科学技術文明を自家薬籠中のものにすれば、なんぞ富国に止まらん。我々は豊かになればいいってもんでもないだろう。強国になればいいということではないと。我が日本の進むべき道は、正に堯舜孔子の道、大義を世界に布告することではないか、つまり、道義国家を日本は目指すべきであると、こういうことを横井小楠は言ってる訳なんです。

単純に言って、戦前の日本はやはり強兵なんですね。日本が当時列強の中におかれた立場、状況を考えればきれい事では済まされないことは解る訳でして、弱肉強食、正にそのものが帝国主義であった訳ですからね。日本が植民地になって酷い目にあわないためには、何としても西洋の科学技術文明を取り入れて、それで以て、ということであった筈なんですが、西洋は科学技術文明だけではなくて、あらゆる点で優れているんではないかと、そういう考え方が出て来る訳でして大体日本も自国の文化を段々失って行きつつある訳なんですけれども。

とにかく戦前は強兵、戦後は、ご案内の通りスッカンピン、廃墟ですね。僕は終戦の年に生まれたから解らないですけども、東松山は小さな町でしたから幸い空襲といっても、おふくろに聞いたら、そこのボッシュ（当時ヂーゼル機器）にですね、ババババーンと何か打ち込まれたと言ってました。しかし、熊谷は大空襲でしたね。あれは終戦の前日の八月十四日の話ですよね。これといった町は殆ど廃墟になりました。東松山は小さい町だから廃墟にするような価値もなかったんでしょうけども。

そこから立ち上がった日本が、正に世界に冠たる経済大国になって、我々は想像も出来なかったような豊かさを享受していることは間違いないですね。ところが、やはり国は混迷してますし、我々も自信を失っている。その中で、日本はこれだけの国力、経済力がありながら、残念だと言わざろう得ないような状況にあると思う訳なんですね。従って、戦後は富国になったんだということでしょうが、我々の本当の進むべき道は道義国家ではないんですか、ということなんですね。

ここで、私は非常に大事なことを申し上げたいと思います。日本は日清戦争に勝ちましたね。韓国問題が絡んで来るんですが、日本は、韓国がしっかりしてくれないと、どうにもならんということで、日清が戦いました。この時列強は、日本は清国に勝った時にどういうことをやるかと、見守っていた訳です。ところが、要するに、帝国主義の列強がやっているのと同じように、賠償を要求する、或いは遼東半島を求める、ということをやった訳ですね。これを見た列強は、日本は東洋の君主国と聞いていたと、もし日本が日清戦争で勝っても、取らない、ものを貰わない、ということで、あくまで韓国の独立が目的で、韓国にしっかりしてもらいたい、ということであったとするならば、これはまったく異質の原理なんですね。それは正に彼らの弱肉強食の世界が論理的に完結しなくなるんですよ。

しかし、今言ったように、同じようなことをやってきたから、連中は、しめた、と思ったんですよ。これなら叩けるぞと、早速、三国干渉ですね。これなら力の世界で戦えるいうことですよ。それを見て、今言った勝海舟が、「ざまあみろ、あんなことは最初から解りきったことだ。だから清国を懲らしめるってのは間違いさ」と、言っております。

それから更に、それはやはり間違いだと、日本が日清戦争に勝って、領土を取ったりしたことは間違いなんだ、ということを言っていた人が若干名いますよね、明治の軍人の谷干城少将、それから、昭和になって、私が個人的に大変お世話になった遠藤三郎という陸軍中将なんですが、この方は陸軍大学校の教官もやっております。教官をやっていた頃に講義の中で、日清戦争をやって領土割譲したのは日本の間違いだと、ハッキリ言ったらしいんですね。そうしたら、大分文句を言われたらしいです。

ということで、日本は東洋の君主国じゃない、単なる後進国だと、これは要するに我々の土俵に上がって来たんだから叩いちゃおう、となった訳です。黄禍論というのがありますね。ドイツの皇帝が、東洋の黄色い国が出てきたよ、ということで、こいつは後でとんでもないことをするかもしれないから早い内に叩いちゃえと。こういうことが黄禍論で、人種論的なものが段々出て来るんですね。

ところが、日本が成長していくためには、結果的に近隣のアジアの国々を犠牲にしていくってことなんです。従って日本は国力が最高になったときに、ヨーロッパの白人から一番嫌われて、それから本来手を繋げるはずの近隣の国々も敵に回って、全世界を敵に回さざろう得ないっていう宿命だったんですね。この論理で行くと必ず滅びるんですよ、日本は。それは高度経済成長も同じなんですね。

そこでですね。次なんですよ。アインシュタインの次のメッセージは、日本のあるべき姿はこういうものではないかということを、示唆している訳ですよ。アインシュタインは、大正十二年に来日してます。この日本史の年表にアインシュタイン来日ってのが、ちゃんと出てるんですね。

一九一四年からの第一次世界大戦でヨーロッパは大変なことになりました。我々には、第一次世界大戦はピンと来ませんよね。日本は多少火事場泥棒的なところがありましたが、ヨーロッパの連中にとって、第一次世界大戦での戦争被害は、第二次世界大戦以上なんですね。

それまでの彼らは進歩と繁栄に酔っていて、我こそは先進国で人類の本当の文明を享受して、と思ってやって来た訳なんですが、そう長くなく簡単に終わるだろうと思っていた第一次世界大戦が、豈図らんや泥沼のようになって、次から次へと、航空機も登場する、戦車も出て来る、化学兵器も出て来て、容易ならざる戦いになりました。

そういう第一次世界大戦の悲惨さを目の当たりにしたアインシュタイン博士は、大正十二年に待望の日本に来たんですね。第一次世界大戦で戦禍にさらされたヨーロッパを見て日本に来ました。アインシュタイン博士は一般相対性理論を発表してますから、当時、世界一と言われていたんですね。アインシュタインは、よく霊能者と言われているんですが、その彼が東北大学で講演されました。その時に話した中の一節がアインシュタインのメッセージとして今日に伝えられています。

ちょっと読みます。その前に少しあるんで付け加えておきましょう。アインシュタイン（一八七九～一九五五）―近代日本の発展ほど世界を驚かしたものはない、一系の天子を戴いていることが今日の日本をあらしめたのである。私はこのような尊い国が世界に一ヶ所くらいなくてはならないと考えていた。―

―世界の将来は進むだけ進み、その間、いくたびか争いが繰返され、最後に疲れるときがくるだろう。その時、世界の人類は真の平和を求めて世界的盟主を上げねばならないときがくる。この世界の盟主となるものは、武力や金力ではなく、あらゆる国の歴史を超越する、もっとも古く、かつ尊い国柄でなくてはならぬ。世界の文化はアジアに始まってアジアに返り、それはアジアの高峰、日本に戻らねばならぬ。我々は神に感謝する。天がわれわれのために日本という尊い国を作ってくれたことを。―こういってる訳です。

そこでアインシュタインが言ってることは、日本に対する期待なんですね。やはり日本人というのは、こういう道義とか、高い文化を享受出来るだけの資質のある民族です。従いまして、正にアインシュタインが言ってるような方向に向けて、これからの地域を作っていく。要するに今言ったように、正にこれからの分権というのは、国に金がなくなったから、地方と縁切りするための縁切り金として地方債はあるんだと思うですが、そうではなくて、それを巧く活用して、我々はこの恵まれた比企の自然、それから歴史、風土を大切にして世界に誇れるような、新たな地域社会を創造していかなければならないと思うんですね。

人道の起点

私が今申し上げた道義国家なんですけれども、実は嵐山町の、今、菅谷館跡といわれてる所に畠山重忠の立派な像が建っているんですが、あれを建てた人は、小柳通義って方で儒者です。儒教の専門家なんです。その方が鎌倉三代記という謡曲らしいですが、畠山重忠の存在を知り痛く感激したんですね。それで、畠山重忠の館を見たいということで菅谷に来ました。昭和三年位ですかね。折角来たんじゃ、嵐山は景勝の地だからということで、関根茂章先生宅の前から降りられてご覧になりました。今は武蔵嵐山というんですけども、当時は新長瀞って言ったんですね。

武蔵嵐山と命名したのは有名な本多静六博士ですね。大変有名で菖蒲町出身ですね。今、菖蒲町では本多静六博士の顕彰をやってまして、今年は静六先生の没後五〇年にあたるのかなあ。本も町を挙げて出されました。私も取り寄せました。まだ読んでないんですけど、立派な本が出来ました。

その本多静六博士が、たまたま新長瀞に来まして、これは京都の嵐山に似てるってんで嵐山ってことになったんですね。小柳先生は関根茂章先生宅の脇を通って、帰りがけお世話になったらしいです。その頃、関根先生のお父さん茂良さんが当時二十八歳だったらしいですけども、東京に行く機会があって小柳先生の所に泊まったらしいんですね。いや、あそこの菅谷館はすごい、畠山重忠の像でも建てようじゃないかと、こういうことを話し合ったらしいんですね。

そこで小柳先生が中心になって、勿論、地元の人達と、土地を提供したのは山岸さんという方です。それでもって碑を建てたんですね。

小柳先生は易学の大家なんですが、ここは人道の起点だと言うんですね。この畠山重忠の生涯、私が言うまでもなく坂東武者の鑑と言われてまして、彼も北条にやられました。比企が滅ぼされたのが、今から八百年前の一二〇三年ですが、その二年後の一二〇五年に畠山重忠も北条の謀略にかかって、一三〇何騎で二股川で結局殺されちゃう訳ですが、坂東武士の鑑として文武両道に秀でた畠山重忠公ということで、小柳先生はあそこに像を、村の衆の力を頂きながら建てられたということです。彼は、只単に畠山重忠の功績ということだけではなくて、易学的見地からも、この土地は正に人道の起点なんだと、ここに、世界の人々が、やがて集い来る時があろう、ということをおっしゃっていたらしいです。

関根先生にもお聞きしたと思うんですが、当時、東方という退役将校が仰せつかって、安岡先生の日本農士学校を作るということで土地を探しておりまして、この辺の東上線に乗ったり、青梅の方に行ったりしていて、たまたま東上線に乗って東松山にも来たらしいですね。又、菅谷に行ったら、ひらひらと私を招くように見えるものがあったので吹っ飛んで行ったら、畠山重忠公の像の除幕でかぶせてあった布が、はためいておったんですね。ああ、ここだということで、あそこに日本農士学校を作ったんですね。

安岡先生がきまして、正に、我々が今言っているような、地域の社稷を担うということ、新封建って言ってますね。正に地域主義ですよ。それを担うような人材を育成して、いい言葉ですね、有力にして無名、有力なんだ、無名でいいんだ、こういう人間を作ることが、日本の本当の力になるんだ、それで以て安岡先生は日本農士学校を指導した訳ですね。それでまあ、敗戦になってしまった訳ですけども、その後、あそこに婦人教育会館が出来ましたね。

私は比企能員の死というものを、それは、お前さんの贔屓の引き倒しだと、言われてしまえばそれまでなんですが、やはり私は、彼が何で丸腰で北条邸へ行ったかというのは、正に畠山と同じような深い意味があったんではないかと思うんですね。やはり、折角新しい武家の時代が来たのに、同じような力がある北条と争って、折角頼朝を中心として成立した武家の世がおかしくなって来ることは、これは忍びえないというような、何か意味合いがあって、あえて丸腰で行ったんだというような解釈をしました。「滅びざるもの」の中では、そういうものにスポットを当てて、脚本を書かせてもらったこともあり、比企一族顕彰会の会報3号に書きました。

この土地柄はですね、敗北してるんです。負けたんです。戦争では。だけれどもそうじゃない、もっともっと高い理想を追求していたんじゃないか。畠山しかり、比企にもあったんじゃないか。こういうものを掘り起こすことによって、比企は自然に恵まれている、歴史風土も立派、それから、東京にアクセスがいい、ということだけではなくて、正に人道の起点というに足るだけの歴史的な蓄積があるんではないかと思う訳ですね。

ですから、今言ったように比企市というものが出来れば、安岡先生の言う新自治主義も、小柳先生の人道の起点の顕彰も充分に出来て、これは日本はおろか世界に堂々と発信できるんじゃないかと思う訳です。この自然を活かして生きる日本民族、日本国であれば、正にアインシュタインが言うような日本を描いて行くことが、我々日本が世界に評価され、生かされ生きていける道ではないか、というようなことを思っておる訳ですね。それでこれを書かせてもらったということであります。

呉善花の脱亜超欧

それから、呉善花さんという方なのですが、この方は、私が代表をしている文明論講座で二度ほど呼んでおります。韓国の済州島出身の女性で、『スカートの風』の著者ですが、最近大分著名人になりまして、渡部昇一さんと対談した本も出しております。「善花さん貴女は清少納言だ」なんて渡部さんが言ってんですが非常に才女です。彼女はたまたま日本に来たんですが、日本語を学ぶため大東文化大学に来てんですね。高坂も知ってるそうです。

彼女が言ってるのは、韓国では李承晩以来、全て日本がみんな悪い、ですからね。日帝の三六年ですからね。しかし、日本に来て、彼女は自分が如何に間違っているかと驚いたそうです。又、こんなに高い文明国でありながら、何で日本人は自然と話をするんだろうと、信じられないって言うんですね。何故かというと、日本人を見ると例えば、農家の方々が田圃に行って、たわわに実ったものを見て、オオッてさすったり、或いはお年寄りが花と会話していると言うんですね。私らにとっては何でもないことですが、彼女はこの民族は何だって、ビックリしたって言うんですね。

というのは、日本は、遠の昔に失ってしまった本当に素朴な人類の心を失わずに、しかも古いアジアにないものがあると言ってます。彼女は古いアジアからは展望は拓けないって言うんですよ。中国だとか、ああいう所から新しいものは出来ないですよ、と言ってるんですね。やはり、中国なんかも、言いたくないけどちょっとおかしいですよね。纏足とか宦官とか、どう思いますかね。遊牧民といっても、ちょっと人工的ですよね。日本は良かったですよ。あんな変なものを入れないでね。

それで日本はアジアの古いものとおさらばして、しかも、ヨーロッパも超えている、脱亜超欧、アジアも欧州も超える。言うなれば、日本の持っている、正に古神道、かんながらの道なんですね。山川草木と語り合い共生出来る自然の姿、これこそ人類の宝であると言ってます。

彼女は韓国では評判が悪いんだと思いますが、非常に魅力的な女性でございまして、稲原さんは、文明論講座に彼女が来ると、出席するという困ったものなんですけど。まあ、それだけ彼女に魅力があるということなんでしょう。

角田忠信先生の学説

いずれにしても、何故日本人が素朴かというと、僕がお世話になっている角田忠信先生が仰るには、右脳左脳が巧く使い分けられる日本語にあるらしいです。アメリカ人でもドイツ人でもアフリカ人でも、日本語を喋らせると、日本人と同じような右脳左脳の構造になるそうです。つまり、左脳でもって、雨音、滴、或いは虫の音、角田先生が発見したのはコオロギなんですね。自分の書斎で研究されていたのはコオロギなんです。何とまあうるさいなあ、気になってしょうがないと、そこで、たまたま波長を調べたら、何のことはない、左脳が反応しちゃってんですね。つまり、日本人は意味あるものと感じちゃうんですね。他の民族はみんな雑音なんです。ところが日本人は、例えばヒグラシの鳴き声に、来た、そろそろ夏休みの宿題をやらないと、ってもんですね。そういうように本当に自然に反応出来るんですね。それは何だ、日本語なんだと。日本語を喋っちゃいますというと、そういうようなものになるんですね。

だから、人類が本当に平和を志向していくためには日本語を普及するといいんですね。英語じゃなくてね。喧嘩をやるには英語はいいですね。日本語ってのは穏やかなんですね。韓国人は言い方が激しいらしいですね。日本語なんですって、結論は。

こういうのを母音構造っていうんですけども。こんなものを持っているのは、唯一、ミクロネシアの方にいる原住民ですね。日本人と同じ母音型の言語を使っているらしいですよ。日本語は韓国語と近いっていうけど言語学的に全然違うらしいですね。むしろ、源流というのはあっちの方らしいです。まあ日本列島は、南からも北からもで、あっちこっちから来たと思いますよ。来たと思うんですが、どうも、日本の根本的な、基礎を作っているのは、今、言ったような言語構造っていうのは、簡単には変わらないようですね。

そうすると、日本人のもっとも底の方にあるのは、縄文時代っていうんですけども、あれは一万年続きますから、何とも言いようがないんですけども、南太平洋の方の、あの辺の連中と共通するものをもっているんですね。ああいう連中は、未開って言っちゃ失礼ですけども、日本人に限っては、堂々とですね、アジアの文化を入れ、西洋の文化を入れ、尚かつ、日本人のこういうものを失わずにいることは、正にこれは世界の奇跡だと、世界で一番の秘境、それは日本列島だと言ってましたから。まあそんなことを言ってますんで、最後に付け加えておきます。

比企桃源郷構想試論

映像『比企讃歌』

私の知人がこの「春蘭忌」のことを元環境庁長官の志賀節先生にお話したところ先生曰く「政治家の冥利に尽きる」と。

さて、小林君が浄土に旅立たれて先日十三回忌を迎えました。そして、この「春蘭忌」も今回で十回とのことです。茂雄君もさぞかし喜ばれ、同志の皆様に感謝していることと思います。

ところで、本日のテーマは比企地方の市町村合併の問題と関連があります。小林君が県議選に出馬された時「チャレンジ8」として八つのテーマを掲げましたが、その第一は「自立した比企広域都市を創造しよう」ということでした。小林君にとって比企市町村の合併は最大のテーマであったのだと思います。そうした意味で私も小林君の志を私なりに継承させていただいております。

さて、本日ははじめにビデオ「比企讃歌」をご高覧いただきたいと思います。このビデオは五年ほど前の二〇〇二年に制作いたしました。この年は比企一族が北条氏の謀略によって滅ぼされたのが一二〇三年ですので八〇〇年遠忌にあたります。八〇〇年に因んで、いわば比企氏の供養のために制作したのがこのビデオです。内容的には比企氏を中心に郷土の歴史や伝統芸能、さらに比企の山河をコンパクトにまとめたものですが、それと同時に現在当地方で進行している市町村合併の問題をからませております。もっと正確に申し上げますと現在当地方で進行している市町村合併の問題を歴史を踏まえて未来を展望するという視点から考えてもらうために制作したわけです。第一回の「春蘭忌」の講師をされた関根茂章先生のご高著『師父列傳』の跋文に次のような言葉があります。

真の郷土の振興は、先人の遺風、業績を新たに掘り起こすことから始まる。過去を継承せずして健全な未来の創造はあり得ない。

この言葉は市町村合併を考える基本的視点ではないかと思います。さて、ビデオのスタッフですが演出は映画「男はつらいよ」等のプロデューサーであり、現在は㈱社会計画研究所代表の斉藤次男氏、撮影は日本テレビ「素晴らしい世界旅行」のカメラマン朝田健治氏、ナレーションは元ＮＨＫのアナウンサー和田篤氏で上映時間は三十五分です。

ビデオ「比企讃歌」はいかがでしたか。比企の山河を空撮する為に川島町にあるホンダのエアポートからカメラマンとセスナ機に搭乗しました。空から眺める比企の山河は又格別のものがありました。ところで、このビデオの中にでてくる演劇「滅びざるもの」は郷土史のルーツともいうべき比企一族をテーマとした歴史劇ですが、この劇は私がお世話になりました東松山松葉町郵便局開局十周年の記念事業として平成五年に企画、上演されたものであります。坂東武者として熊谷直実や畠山重忠はそのドラマ性の故もあって今なお人口に膾炙し、民謡にまでなって慕われております。それに比して比企氏のことは余り知られておりません。比企氏は源頼朝の乳母の家系で鎌倉武家政権の樹立に果した役割は直実や重忠よりもはるかに偉大であったにも拘わらず北条氏に滅ぼされたということもあって当市に根拠地があったといわれながらその館跡等は今なお不明であります。私はかねてよりこのことを残念に思い、何とかして比企氏を世に出したいと願っておりました。そこで思いついたのがドラマ、演劇という手法です。これならフィクションでいいわけです。幸い知人に鎌倉在住の劇作家湯山浩二氏（文化庁舞台芸術創作奨励特別賞受賞）がおり、彼に脚本を依頼しました。又、上演は地元で長らく演劇活動を続けている東松山市民劇場にお願いしました。こうして生まれたのが郷土史劇「滅びざるもの」（三幕、上演時間二時間）であります。この劇は平成五年十月当市の文化会館（当時）で二日間にわたり、二回上演され、二千人の観客に多大な感銘を与え、一大センセーションを巻き起こしたのでした。その後、思いがけないことが起きました。ご案内のように当地方最大のイベントとしてウオーキングの祭典日本スリーデーマーチがございます。たまたま同劇を観劇されていた日本歩け歩け協会（現日本ウオーキング協会）の金子智一会長（当時）の要請で同協会発足三十周年の記念公演として東京の日比谷公会堂で上演してほしいというのです。華のお江戸での興業ということで我々はさらに技を磨き、情熱を傾けました。平成六年六月の日比谷公会堂では薩摩琵琶の弾奏も入り、歴史物にふさわしい荘厳なものとなり、満場割れんばかりの喝采を博すことができました。これを機に私は比企氏とゆかり深い扇谷山宗悟寺に比企一族顕彰碑の建設を提案したところ七〇〇名からの賛同者を得ることができました。この顕彰碑こそこの地が比企氏の里であることを内外に示す金字塔であり、当地方の街おこしの起点であると確信しています。

我が郷土比企の里

ところで、このビデオを川越在住の知人にお見せしたところ彼曰く「川越は比企にかなわない、山がないから」と言っておりました。比企の第一の特色は山があり、丘陵、台地、そして平地、川と自然の景観がそのまま郡下に展開していることです。こうした地形を人間の舌のようにせりだしているので舌状台地というそうです。舌状台地は背後の山の資産（木材、鳥獣肉、キノコ、山菜等）、前面の豊かな耕地（麦、蕎麦、米、野菜等）、川の資産（魚、砂鉄、水上運送等）、そして牛や馬の放牧であり、さらに背後の敵、前面の敵からの攻撃を山と川で防ぐという天然の要害なのです。舌状台地は人間が古来から住みやすい理想的な居住条件としてきたものでした。それ故、比企には縄文、弥生の時代から数多くの遺跡が発掘されています。比企のように舌状台地が幾重にも重なるところを大舌状台地といいますが、首都圏では丹沢山塊の麓にある秦野市（比企氏の出身地）に見出されるくらいです。比企の地理的条件、自然環境は大舌状台地という理想的な土地柄なのでした。

次に当地方の歴史風土を考えてみたいと思います。当地方が歴史の脚光を浴び、日本史の檜舞台に踊り出たのは今からおよそ八〇〇年ほど前の源平合戦であり、鎌倉時代の草創期でありました。比企の地名を名乗った比企氏は源頼朝の乳母の家系で比企能員は二代将軍頼家の外戚になっています。又、嵐山に館を構えた畠山重忠は坂東武士の亀鑑として名声を博しました。党と称する中小武士団もこの変革の時代に大いに活躍しています。鎌倉武家政権を樹立した武蔵武士の根拠地、それが比企であったわけです。そして、鎌倉時代こそ日本が文字通り日本になった時代でありました。それまでの奈良、平安の社会は中国輸入の律令国家であり、平城京、平安京といった都城も唐の都長安を模したものでありました。朝廷や公家に対して新興勢力である武士団は開拓農場主であり、日本の大地から簇生した種族です。そこで、政治の中心は京都でなく坂東の草深い田舎の鎌倉に置かれ、朝廷＝権威、幕府＝権力という二権分立ともいうべき我国独特の全く新しい統治形態が生まれたわけです。そして、それは明治維新まで続きました。又、宗教も鎌倉仏教が誕生することによって一般民衆のものとなりました。奈良、平安の社会は先進文明中国の亜流、衛星であったわけですが、中国の影響とは関係なく文字通り国内の変革として源平合戦が闘われ、その結果日本の大地に根ざした政治、文化、宗教が誕生したわけです。文明論的にいえばここに日本文明が確立したのです。それ故、鎌倉武家政権の誕生は日本の歴史にあって時代を画する最大の事件であったことがわかります。比企氏や畠山氏を代表格として我が郷土の先達は新時代を切り開く原動力として活躍したわけです。これが誇りでなくて何でありましょうか。比企こそ武蔵武士の故郷として由緒ある土地といわねばなりません。

ところで、自然環境や生態系、あるいは歴史風土といったものはお金で買うわけにはまいりません。真に価値あるものは先人の努力、血と汗の結晶であり、お金を超越したものといえます。幸い比企にはこうした真に価値のあるものがあるわけです。現在首都圏を中心に大震災の恐怖がありますが比企の土壌は堅固であるといわれております。私の知人の証言によれば企業のソフトや政府の機密事項、あるいは貴重品を保管する施設が嵐山町にあると言っておりました。さらに当地方は都心より五〇～六〇キロ圏にあり、高速道路等のアクセスもいいわけです。首都圏にあってこうした自然の豊かさ、歴史風土、安心、安全の地が他にあるでしょうか。私が比企地方を桃源境と呼ぶ所以であります。

ここで桃源郷という言葉が出たのでこの語の由来である陶淵明の桃花源詩を紹介しておきます。

相命じて農耕を肆し、日入りて憩う処に従う
桑竹余蔭を垂れ、菽稷時に随って芸う
春蚕長糸を取り、秋塾するも王税靡し
荒路曖として交通し、鶏犬互いに鳴吠す。

（人々は桃の花の真っ盛りの下で畑を耕し、作物の手入れに余念がない。日が暮れれば仕事をやめて休む。桑の葉や竹が豊かに茂って緑の蔭を落とし、作物は季節に応じて適切に栽培される。春は蚕の糸をとり、秋には収穫物が一斉に実り、熟する。しかし、収穫に応じて国へ税金を納める必要は無い。騒がしい街に通ずる道はどこにあるかわからず、どこかでのんびりと、鶏と犬が、互いに鳴いたり、吠えあったりしている。）

地方分権と市町村の合併

二〇〇〇年四月一日に地方分権一括法が施行され、分権の受け皿としての市町村の合併が推進されるようになりました。この時の合併は合併特例債という多額な補助金の特典があり、当比企地方でも様々な動きがありましたが最終的には都幾川村と玉川村が合併して昨年の二月一日にときがわ町が誕生するにとどまりました。市町村の合併については地域住民の意識の高まりが前提とされますが、一般の住民にとっては夕張市のように財政破綻して生活を直撃しない限りはそんなに切実な問題ではありません。そこで合併について大切なのは財政状態をはじめとして現在の自治体の置かれた状況を知悉している首長や議会人などの見識や情熱が決定的ではないかということです。私の所属する「比企はひとつの会」では去る六月二十四日に会発足二周年の記念講話会を開催しました。講師に総務省の丸山淑夫合併推進課長をお招きしました。又、首長や議会代表にもご参加いただき各自治体の取り組みや今後の展望について話していただきました。丸山課長によれば平成十七年四月一日から五年間施行される合併新法の期間内に合併することが望ましいこと、又合併に至るまでに諸準備として二年間を要すること、従って合併について話し合うことができるのはこの一年間であるというご指摘をいただきました。我々としては首長や議員という地域のリーダーが集合したこの会が比企地方の合併に向けての力強い一歩であってほしいと願っています。

ところで、具体的に比企市町村の合併について申し上げますと「比企は一つの会」では当初比企市町一市七町に東秩父村を加え

た一市七町一村を考えておりました。合併新法に基づく県市町村合併推進審議会の試案では川島、鳩山を除く比企市町に東秩父をくわえたものになっています。我々としては比企郡である川島、鳩山の二町を加えたいわけですが現実の問題として川島町は川越市との合併を強く望んでいます。又、鳩山町も越生町や毛呂山町、坂戸市といった入間地区との関係が深く難しいようです。そこで、比企はひとつの会でも二町は止むを得ないと考え、一市五町一村による比企広域都市の実現を考えています。東松山市、小川町、嵐山町、吉見町、滑川町、ときがわ町、東秩父村、それぞれ風土が違い個性があります。こうした市町村の本来持っている個性、魅力、多様性を十二分に生かすこと、そしてそれを一つに束ね、統合すること、これが比企広域都市の果すべき役割です。ダイヤの価値は大きさだけでなく光沢を放つカットにあるそうです。比企も一市五町一村のカットによって燦然と輝くのではないでしょうか。しかも、二十万人余の特例市の誕生となります。行政効率の一番いいのはこの程度の規模の自治体であると丸山課長もおっしゃっておりました。

市町村合併は時代の要請であるといいながら挫折する例も多々あります。その一因は合併することによってどんな街ができるのか、あるいはどんな街にしようとしているかのヴィジョンが欠如しているからではないでしょうか。未来に対する明るい展望ではなく、合併による市町村の利害得失、損得勘定だけでは人は燃えません。やはり合併を意義あるものとするには夢やロマンが必要だと思います。比企の市町村合併でもこうした話は全くでなかったように聞いております。これでは挫折しても不思議ではありません。市町村の合併が財政難に苦しむ自治体が手をとり合って何とかやっていこうとするだけでは寂しい限りです。そうではなく、これを奇貨として今までのように上からの押しつけではなく自らの街を自信と責任を以って自ら造り上げるという気概が大切ではないでしょうか。国の方も分権という地方の切り捨てではなく、地方の持つ力を信じて任せるという気持ちが肝要なのではないでしょうか。そこで、比企広域都市の実現の一助になれればと思い二十の提言をさせて頂きます。この提言自体深く考えたものではなく思いつきに過ぎません。比企の将来にとって何かお役に立てばと思い、恥をしのんで披露させて頂きます。

比企の将来に向けて二十の提言

(一) 治山、治水について

古今東西を問わず治山、治水は人間生活の基礎、土台である。現在山や川は荒れ放題になっているが、その因は山や川で生活できなくなったからである。木材についていえば廉価の外材がいくらでも手に入り、国産は一部を除けば経済的に成り立たないわけである。だからといって山や川を保全しないわけにはいかない。幸い比企にあっては山も川も比企の地で完結している。新たな公共事業の対象として治山、治水を考えるべき時にきていると思う。公共事業として年度末道路の整備が恒例になっているがこれは不要である。その金を治山、治水に回すべきである。ここで治水という時、河川敷の清掃や工場排水等の規制を含む川の清流化であり、又治山も広葉樹等の植樹による植生の豊かさを意味している。自然に恵まれた比企ではあるが、先ず第一に一大清掃を提案したい。何事も人手が入らねば駄目である。ボランティアで参加してくれる可能性もあると思う。

(二) 独立自尊から自立、扶助へ

現在の我国には確固とした生き方、考えが存在しない。敗戦による御仕着せの民主主義や自由主義、個人主義等は現に見る通り心もとない限りである。そこで、私は個々人の生き方として自立、扶助の考え、精神を提唱したい。人が信頼され、尊敬されるにはその人なりの地位、立場にあって存在価値を発揮せねばならない。人にとって自信や誇りがないほど惨めなことはない。それには先ず自ら拠って立つ自立の精神を涵養することである。そして、自立した個人はできる範囲で仲間に援助の手を差し伸べることである。すなわち、扶助である。この考えは宇宙、自然の姿を見ても首肯できると思う。動植物は皆それなりに独立して生きており、その深い根の部分で助け合って自然の生態系を維持している。ダーウィン流の弱肉強食や植物連鎖は自然界の表相部分に過ぎない。むしろ相互に助け合って生きているのが真実である。それ故、生態系や種の多様性が存するわけである。

ところで、近代日本のイデオローグともいうべき福沢諭吉は「独立自尊」をモットーとしたが、この言葉には福沢の育った環境が反映していると思う。「門閥制度は親の仇」と喝破した福沢にとって旧体制の桎梏からの解放と近代的自我の目覚めがこの「独立自尊」という言葉に集約されたと考えられる。しかし、現在はこの近代的自我、個人主義こそ、克服すべき対象となっている。これからの時代は「脱亜入欧米」ではなく「脱亜超欧米」ということである。新時代のモットーは「自立、扶助」でなければならないと考える。大正十一年に来日されたアインシュタインは日本の家族制度を称賛し、欧米の個人主義を批判している。曰く「日本の家族制度ほど尊いものはない。欧米の教育は個人が生存競争に勝つためのもので極端な個人主義となり、あたり構わぬ闘争が行われ、働く目的は金と享楽の追求のみとなった。家族の絆はゆるみ、芸術や道徳の深さは生活から離れている。激しい生存競争によって共存への安らぎは奪われ、唯物主義の考え方が支配的となり、人々の心を孤独にしている。日本は個人主義はごく僅かで、法律保護は薄いが世代にわたる家族の絆は固く、互いの助け合いによって人間本来の善良な姿と優しい心が保たれている。この尊い日本の精神が地球上に残されていたことを神に感謝する。」

時にニートと称される引き籠もりの青年が少なくなく社会問題となっているが、こうした人達こそ社会支援により自立、更生させねばならない。この世に生を享けて世の中の役に立たないほど気の毒なことはない。今生に生を享けた以上誰しも唯一無二のかけがえのない存在であるはずである。ニートに対しても「自立、扶助」の精神で立ち直すことである。

(三) 一灯行の実践

この比企の地（菅谷）に昭和六年安岡正篤によって日本農士学校が創設された。安岡は日本陽明学の泰斗であり、歴代総理の指南役、平成元号の提唱者として夙に高名であり、著書はベストセラーになっている。「春蘭忌」第一回は関根茂章先生による「安岡正篤の世界」であった。

ところで、安岡教学のスローガンは「一灯照隅、万灯照国」である。これは読んで字のごとくであるが実践してこそ意味があるわけである。そこで、比企の住民に提唱したいのは一灯行の実践である。

一灯行はその人の能力、資質、立場に応じて努力すれば可能である。比企の人達が皆一灯を点ずれば比企の地が燦然と光り輝くこと間違いなしである。自分のできることで一灯を点じ社会参加するほど尊いものはないと思う。「一灯照隅、万灯照国」の持つ意味と意義、重さをかみしめるべきである。

(四) 比企自治大学校の創設

安岡正篤によって創設された日本農士学校は敗戦によって解散させられたが、その後幾多の変遷を経て現在は郷学研修所がその衣鉢を継いでいる。安岡の日本農士学校の理念は農業を営みながら地域発展の礎となる有力にして無名の人材を養成することであった。日本農士学校の出身者は安岡の意を体してそれぞれの地で汗を流し、地域発展の柱石となったのである。そして、平成の大合併による地域の自立と地方分権が唱導される今こそ往時にも増して地域に生きる人材の育成が急務となっている時はないと思う。私は日本農士学校の現代版ともいうべき比企自治大学校の創設を提唱するものである。又、文明の中心が西洋（欧米）から東洋へ移行する中で（村山節『文明の研究』参照）、安岡記念館を含めて同校を東洋学のメッカとすべきと考える。

(五) 人道の起点と道義国家への道

嵐山町を流れる都幾川の清流に沿って二キロメートルも桜並木が続いている。その一角に「人道振興の地」と大書された碑が立っている。これは何の謂であろうか。市井の大儒小柳通義（一八七〇〜一九四五）は坂東武者の亀鑑と謳われた畠山重忠に深く傾倒し、地元の方の協力を得て菅谷館跡に畠山重忠の像を建立した。その折、易学の大家でもあった小柳は「ここは人道の起点である。日本の人々も、世界の人々もきっと集まって来る」と話したという。事実、この地にはその後日本農士学校が創設され、又県立資料館、そして全国で唯一の女性教育会館が建設されたのである。殊に日本農士学校は畠山重忠の像が招いたと伝えられている。いずれにせよ、菅谷館跡は比企における文化の一大拠点であり、現に内外の人を集めているわけである。

ところで、我国の将来のあるべき姿を考えた時、横井小楠（一八〇九〜一八六九）の人口に膾炙した次の言葉がある。

明堯舜孔子之道　　堯舜孔子の道を明らかにし
尽西洋器械之術　　西洋器械の術を尽くさば
何止富国　　　　　なんぞ富国に止まらん
何止強兵　　　　　なんぞ強兵に止まらん
布大義於四海而已　大義を四海に布かんのみ

我国の戦前は軍事大国の道であり、戦後は経済大国の道を歩んだが、日本が世界の人々から信頼され、評価されているとは必ずしもいえないと思う。我国が名実ともに諸外国から尊敬されるには東亜王道の理念を掲げて道義国家への道を歩むことではあるまいか。西洋列強の支配する幕末にあって小楠は道義国家という我国の進むべき道をいち早く指し示したわけである。こうした未来に対する展望を得た時、この比企の地こそ人道の起点として道義国家建設の第一歩を記したわけである。小柳道義のいう人道の起点は正に千鈞の重みがあるといわねばならないだろう。

（六）比企神社の創建

比企広域都市誕生の暁には住民の心のより所として、又広域都市誕生の画龍点睛として比企禅尼をご神格とする比企神社を創建すべきと考える。比企禅尼の偉大さについては改めて説明する必要はないであろう。源頼朝が天下の草創と呼んだ鎌倉武家政権の樹立は禅尼の存在なくしてはあり得なかったわけである。

（七）小京都サミット、万葉の里

比企地方の西部に位置する小川町は武蔵の小京都といわれる景勝の地である。そして、京都のように和紙、織物、酒など地場産業が盛んであり、七夕も有名である。小川町に隣接した嵐山町の槻川渓谷は京都の嵐山に似ているということで本多静六博士によって武蔵嵐山と命名された。いわば比企地方の中庭に小京都が存在するわけである。日本全国で小京都といわれる所は五〇ほどあるというが首都圏ではここだけではないだろうか。一大財産であると思う。そして、伝教大師最澄も学んだという都幾山慈光寺は比叡山延暦寺に見たてることができるだろう。又、京都の夏の風物である貴船の床を槻川渓谷に作ることはできないであろうか。そして、比企広域都市が誕生した暁には全国の小京都に呼びかけ、小京都サミットを開催すべきと考える。又、小川町は近年比企能員の遺児といわれる仙覚律師を顕彰している。仙覚律師は万葉集の研究に不滅の足跡を残し、同町の陣屋台に昭和三年巨大な記念碑が建立された。今回は七〇の万葉歌碑（木製のモニュメント）が市街地にお目見えした。同町は目下万葉の里として売出中である。

（八）日本スリーデーマーチについて

十一月の文化の日前後に三日間にわたって開催される日本スリーデーマーチは当比企地方最大のイベントである。十キロ、二十キロ、三十キロ、五十キロの各コースがあり、秋の武蔵野の自然を満喫しながらウオーカーは各自好みのコースを歩いている。国の内外から参加者は十万人ほどであり、開催回数も二十九回を数え、文字通り日本一のウオーキングの祭典である。しかし、このスリーデーマーチも各地でウオーキングが開催されるようになり、より魅力ある祭典にするには一工夫する必要に迫られているといえよう。現在コースはキロ数によって作られているが、もう少しコースに変化を持たせてより多くの人に参加して頂くよう呼びかけるべきではないだろうか。

一例として、歴史街道コース、文学散歩コース、中世山城めぐりコース、寺社めぐりコース（比企西国三十三札所あり）等々である。

私は一昨年、昨年とウォーキング協会より依頼されて比企氏ゆかりの地の案内をさせていただいたが、参加者は二〇～三〇名と少なかったものの参加者から大変好評をいただくことができた。私がスリーデーマーチに期待するものは武蔵野の自然を散策しながら「日本の心」を求めての比企巡礼の旅にすることである。又、歩くことがいかに健康にプラスしているか、ウォーキングの町比企にあっては老人医療にいかに反映しているか調査してみるべきである。そして、還暦を迎えた住民に万歩計を進呈すべきと考える。

（九）郷土の作家　打木村治から子育てのメッセージ

打木は子供になくてはならないものとして美しい自然、お袋の愛情、そして程よい貧乏の三つを挙げている。

打木村治は大阪の生まれであるが、かなりの年齢になってから少年期を過ごした唐子村（現東松山市）での小学校六年間の生活と思い出を『天の園』全六巻に綴った。この『天の園』は山本有三の『路傍の石』、下村湖人の『次郎物語』と並び称される児童文学の傑作であり、打木は同著で芸術選奨文部大臣賞やサンケイ児童出版文化賞を受賞している。そして、平成十二年には『天の園』ゆかりの地に有志による天の園碑が建設された。そこには「景色でおなかのくちくなるような子どもに育てます」という母親の言葉が刻まれている。

ところで、平成十七年にこの『天の園』は『雲の学校』のタイトルでアニメーション映画となり、当市で初公開され、近隣の市町村で上映されている。上映とともに打木のメッセージを伝えていきたい。なお、この映画は三部作が計画されており、第二部は主人公の小学校時代、第三部は旧制川中時代の『大地の園』である。監督は『フランダースの犬』等で高名な黒田昌郎である。黒田によれば子供の成長する様を描きたいという。

（十）政治の要諦

「小人に夢を　大人に職場を　老人に安心を」　政治はこの三つをしなければならない。

右記の言葉は地方自治体の長として二十年間尽瘁された元嵐山町長、元県教育委員長、現嵐山町名誉町民の関根茂章先生より直接ご教授頂いたものである。

この中で小人に夢をに限っていうと郷土の歴史や人物伝を小学校のカリキュラムに入れてはどうであろうか。子供の時に郷土のことや郷土の生んだ偉人等について学ぶことは子供の夢や志を育む上で大切なことと思う。

（十一）表彰について

各分野で活動した人を讃え励まし、さらに活躍して頂くために表彰状を授与する。

一例として、比企文化賞、比企体育賞、比企ボランティア賞、比企美術・工芸賞、文学に関しては打木村治賞等々。

昨年訪れた鶴岡市では高山樗牛賞が、又酒田市では土門拳賞があった。

（十二）特殊能力、異能者による村づくり

一例として芸術村、工芸村、スポーツ村（プロ野球のキャンプ場等）　時代はハードの物づくりから芸術、文化等のソフトへシフトしつつある。殊に先進国にあっては付加価値を高めることが必要である。日頃から芸術や工芸に親しむことが大切ではないだろうか。イタリアのファッションや工芸などは参考になる。又、スポーツはその土地が元気になるのに有効である。

（十三）美の里　比企

人間は真、善、美を求めるといわれている。その中にあって比企は美を追求すべきと思う。美こそ真、善の核心をなすと考えられる。当市では花いっぱい運動を展開しているし、嵐山町や小川町では国蝶のオオムラサキを飼育している。花と蝶は美の代名詞であるが、この花と蝶こそ比企のシンボルとすべきではないだろうか。又、花と蝶の存在は良好な自然環境なくしてはありえない。花と蝶、そして自然環境は正に三位一体なのである。

（十四）成人式について

現在各地で成人式が行われているが着飾った女性のファッションショーのような観を呈している。成人式とは本来自らの属する共同体に一人前の大人として仲間入りする通過儀礼である。そこで求められるのは共同体、地域社会を支える人間の一人になったという自覚である。

私は成人式として共同体の基礎、土台である治山、治水にボランティアとして一週間から十日程度勤労奉仕をするのがいいと思う。又、共同体のお年寄の面倒をみること、即ち老人介護に挺身することである。こうした奉仕活動こそ共同体の一員としての自覚を高めるのに効果があると考える。比企郡下の玉川村（現ときがわ町）では消防の青年団組織が健在であり、郷土愛や団員相互の親睦をはかるなど教育効果を上げている。

（十五）比企の山間部にセカンドハウスを

大都市に住むサラリーマンの間で田舎にセカンドハウスを持つことが流行っているという。通勤の関係で大都市に住まねばならないわけだが、週末や休日を広々とした空気のいい田舎で過ごしたいというのも肯ける。人間は緑なくしては生きられない。そこで思うのであるが東京とのアクセスも良く、又地震に強い比企地方の山間部にこうした都会人を受入れる農園つきの施設を考えたらいかがであろうか。彼らは日曜大工ならぬ日曜農民であり、土と親しむことはストレスの解消に役立つ。又、彼らが定年を迎えた時、そこに定住することも考えられる。そして、新住民と旧住民との間で交流が深まればそこに思いがけない文化の発展や展開が期待できるのではないかと思う。

（十六）戦国期山城の復元

小田原北条氏の支城として吉見町の松山城がある。この松山城を起点として東松山市の青鳥城、嵐山町の菅谷城、杉山城、ときがわ町の小倉城、小川町の中城、腰越城、東秩父村の安戸城がある。これらの中には保存状態の良好なものがあり、復元できないであろうか。殊に松山城、菅谷城、杉山城、小倉城は今度国の指定文化財になった。観光資源にもなると思うがいかがであろうか。

（十七）比企一族の発掘、顕彰

郷土史のルーツともいうべき比企氏については専門家の間でも不明な点が多いという。いわば謎につつまれた一族ともいえよう。そこで比企広域都市が誕生した暁には市の教育委員会が中心になって比企氏の発掘、顕彰をすべきと考える。金剛寺の系図によれば比企氏は相模の波多野氏の出ということになっているが、この波多野氏が土着していた秦野市では市の課題として全国に散った波多野氏の追跡、調査をしている。比企氏は波多野氏にゆかりがあるというので二泊三日で市のスタッフが当地を訪れたことがある。この秦野市の例を見習うべきと考える。

（十八）松山陣屋商店街の創設

現在の松葉町商店街はかつて前橋藩の松山陣屋のあったところである。もう少し正確にいえば内陣屋と外陣屋の境界が道になっており、旧二五四である。

前橋藩松山陣屋は松平大和守家が慶応三年川越から前橋へ転封になった時、比企郡を中心に武蔵国の飛び地六万石余を管理する為に置かれたもので江戸期最後にして最大規模の陣屋であった。そして、転封の翌年の慶応四年は明治元年であり、明治二年は版籍奉還、明治四年は廃藩置県であるから陣屋の機能をどこまで果たしたか疑問であるが東松山市が比企地方の政治、文化、行政の中心になったのは一つにここに陣屋が置かれたことによる。現在の市役所や松山第一小学校は陣屋の敷地内である。市役所の一隅に昭和五四年「前橋藩松山陣屋跡」の碑が有志によって建設された。

ところで、この松平大和守家は徳川家康の二男結城秀康の家系で、秀康の五男直基が結城家を継承して越前勝山の領主になってから江戸期最多の十三回も転封し、引越大名の異名をとった。さて、この松平大和守家であるがその宝物、遺品の類いは東京大空襲でことごとく灰燼に帰した。又、引越大名のゴールとなった前橋も大空襲に遭い市街地の大半が被災した。それ故、関東の雄藩でありながら松平大和守家の遺品は僅少で川越に一〇〇年居住し小江戸川越を建設しながら同市の博物館で松平大和守展を開催できないわけである。しかし、陣屋の置かれた当市には戦災を免ぬかれたせいかある程度遺品が残されている。そこで、昭和五四年に地元有志により『前橋藩松山陣屋』が発行され、平成十六年には松平大和守家の全貌を記した『松平大和守家の研究』が発行された。すなわち、東松山市には研究家や研究書もあり、遺品、資料も現存するわけである。そこで、松山陣屋商店街には大和守関係の資料館を作ることも可能である。又、当時の唯一の建造物が残っている。最近の研究によれば、その建物は藩校博諭堂ではないかといわれている。現在の松葉町商店街に当時の面影は全くないが、この地に資料館を建設し、江戸情緒を演出してはいかがであろうか。この商店街には若い後継者が多数いるし、又こだわりの逸品を制作するノウハウを持っている方が多い。松山陣屋商店街として再生することができるのではないだろうか。街づくりへの提案である。

（十九）姉妹都市の締結—鎌倉市や鹿児島市

二十万余の人口を有する比企広域都市が誕生した際、国内に姉妹都市を求めるとすればいかなる都市が適当であろうか。鎌倉には異論がないであろう。比企は鎌倉武家政権を樹立した武蔵武士の故郷である。地名にも共通するものが多く、ともに中世という共通項を持っている。比企氏の伝承を伝える東松山市の大谷には大谷は九九谷といわれ、もう一つ谷があれば幕府は鎌倉ではなく大谷に開かれたという。

鹿児島市は意外と思うかもしれないが、薩摩、大隅、日向三州の守護となった島津忠久は比企禅尼の長女丹後局と頼朝との間に生まれたご落胤とされている。戦国の雄であり、明治維新の原動力となった島津氏は比企系なのである。それ故、比企氏が比企の乱によって滅ぼされた時島津忠久も連座し、三州の守護職を没収されている。又、日置郡（比企郡と同じ）郡山町（現鹿児島市）には丹後局と頼朝を祭った花尾神社がある。又、忠久に従って鹿児島に下向した武士団の中枢は本田氏をはじめ当地方の出身者であった。歴史を辿れば鹿児島市も有力な候補でないだろうか。

（二十）新文明揺籃の地　比企

現在の文明社会は大量生産、大量消費、大量廃棄という言葉に象徴されるように西洋の科学技術文明万能となっている。しかし、こうした在り方は環境や生態系の破壊、あるいは資源の枯渇などその限界が明らかになってきた。現代社会最大の課題はいかにして環境や生態系と調和した循環系社会を構築できるかである。日本の文化は本来自然と調和し、共存するものであった。そしてその体質、遺伝子は今なお我々の血の中に脈打っている。日本文化の人類文明への貢献はその本来持っている特質を生かして持続可能な循環系社会を構築することにあると思う。比企地方は生態系的にも恵まれた大舌状大地である。森林資源も豊かであり、食料の自給も可能である。そこで、これらの諸条件を生かしてこの比企の地に持続可能な文化、文明を興すこと、これこそ比企地方最大の課題とすべきことではあるまいか。

以上、文字通り私の独断と偏見によって二十の提言をさせていただきました。どれもおいそれと実現できるものではありません。しかし、棒ほど願って針ほどかなうという言葉がありますから大いに願ってみました。あの世で小林君が苦笑しているのがわかります。このところ体調が悪く準備不足で大変失礼いたしました。

扁額　比企総研名誉顧問　島津家三十二代当主島津修久《のぶひさ》氏（天皇陛下の再従兄《はとこ》弟）揮毫
右　行田邦子　比企総研顧問　参議院議員
中　比企総研代表の私
左　王明理　台湾独立建国聯盟日本本部委員長
生花　鈴木俊江比企総研参与

於　比企総合研究センター（平成二十七年四月四日）

比企学事始

第一号　地域主義の実践

発刊にあたって

去る四月七日、二十名余の同志が集い、比企総合研究センターのオープニングセレモニーが開催された。春の宵であり、価千金の一時を満喫することができた。四月三十日には超党派の議員十名を含む二十数名の勉強会が同所で開かれ、私は請われて郷土の名族比企氏について講じた。

それに先んじて、嵐山町にある郷学研修所（荒井 桂所長）が公益財団法人として認定され、同研修所発行の季刊「郷学」がリニューアルし、私も編集委員を仰せつかったのである。そして、同誌の「一隅を照らす人々」の中で『地域主義の実践』として不肖が三回にわたって連載する機会を得たのであった。因みに、第八十号（平成二十四年七月一日）、第八十一号（平成二十四年十月一日）、第八十二号（平成二十五年一月一日）である。

私は今度この三回をほとんど手を加えずに『比企学事始』として発行することにした。私の地域に対する考え、実践の入門書として読んで頂ければ望外の喜びであり、さらに拙著『日本文明論と地域主義』に目を通して頂ければ幸いである。

平成二十五年五月吉日

「震災以前」「震災以後」という時代区分

「戦前」「戦後」という時代区分はごく一般化されているが、昨年の三月十一日我が国を襲った未曾有の東日本大震災と原発事故をもって「震災以前」「以後」という言葉も一般化されるのではないだろうか。

明治の天皇制国家は、日清・日露戦争に勝利して列強の仲間入りを果たしたが、二十世紀最大の事件と言われる米軍による原爆投下、二発の閃光、炸裂によって消滅した。戦後の復興、平和、経済成長を遂げた日本の繁栄は、今度の震災により終焉したといえるであろう。

ここでも原子力である。核のエネルギーに戦争も平和もなく、原子力エネルギーそのものが反自然の存在なのだ。このようなエネルギーを開発してしまった西洋近代科学の限界、さらには西洋文明そのものの反自然性、悪魔的性格が図らずも露呈したものであろう。人知には限りがあるのだ。そして、西洋文明とは対照的な文明を築いてきた我が国を、核は二度襲って戦前、戦後の体制を終焉せしめたのである。このことは、我が国に対する一大警鐘、天譴《てんけん》ではなかったか。すなわち、みずからの文化、文明に目覚めよということである。

比企一族の面影

脚下照顧という言葉があるが、私は文明論的視点に立脚して我が郷土比企の里を再発見、再認識した。

比企は県央に位置し、山あり、川あり、丘あり、平野ありと、人間にとって最も生活しやすいとされる大舌状台地を形成している。歴史的にみれば鎌倉武家政権、私に言わせれば日本文明の確立を告げる政治形態であるが、この鎌倉幕府誕生の原動力となった武蔵武士の根拠地、それが比企である。

比企には比企の地名を名乗った比企氏がいた。比企氏は源頼朝の乳母の家系で、頼朝の乳母比企禅尼は平治の乱に敗れて蛭ヶ小島に流された頼朝を二十年の長きにわたって支え、一族を挙げて源家の嫡男を庇護し、頼朝が天下の草創と呼んだ幕府成立の陰の立役者となった。

また、頼朝の信任が厚く坂東武者の亀鑑として今なお人口に膾炙している畠山重忠も、比企郡の現嵐山町に館を構えていた。鎌倉幕府成立の火蓋を切った旭将軍木曾義仲は同町が出生の地であり、今なお義仲が産湯をつかったという清水が湧き出ている。

比企一族顕彰碑

平安時代末期から鎌倉時代初期に亘る約百年の間郡司として比企地方一帯を支配し、一族をあげて源頼朝公を援け鎌倉武家政権創立の原動力として大きな役割を果した比企氏の足跡は、その広さと歴史的意義において正に私達の郷土の歴史の原点であります。

今やこの比企一族滅んで八百年、その遠忌に当る二〇〇二年を目前にして、このたび東松山松葉町郵便局開局十周年フェスティバルとして行なわれた歴史劇、湯山浩二作・東松山市民劇場制作『滅びざるもの―乱世に燃ゆる比企一族の記』は、多くの人々に深い感銘を与えこの偉大な先人の姿を甦らせました。

こゝに郷土を愛し比企一族を愛する私達有志が相計り、日本歴史の一大変革に果した郷土の先人の偉業を讃え永く後世に伝えるため多くの方々の協賛を得て、若狭局が持ち帰ったと伝えられる二代将軍頼家公の位牌を安置するゆかり深い扇谷山宗悟寺にその顕彰碑を建設することとしました。

平成六年十一月吉日

比企一族顕彰碑建設委員会

清水　清　撰文

吉田鷹村　書

遠心から求心への回帰

世は挙げてグローバリズムである。運輸、通信手段、技術の飛躍的発達が世界を一つにしつつあるのは事実である。情報はインターネットで瞬時に世界を駆け巡る。空間は征服されたかに見える。

とはいえ、我々人類は、いや、いかなる生物も空気を吸い、水を飲み、食料を摂取しなければ生きていけない。この掟は生物である限り変わらないだろう。生物は神ならぬ被造物であるからだ。グローバリズムは単純にいえば拡大化、他の地域への進出、侵略であるだろう。そして、それは不確かなものになりつつある。我々が、現代の地球生態系の危機に代表される人類開闢《かいびゃく》以来の危機を思うとき、やはり自分の足元、生きる基盤、基礎を再確認、再認識することが大切ではないだろうか。遠心から求心、地球から地域への回帰こそ人類が存続する上での至上命令と考えられる。そして、西洋文明が遠心的であるのに対し、日本文明には求心的性向がある。

「時代」が比企にやってきた

ところで、我が郷土比企の地は標高一、〇〇〇米近い山波、大地をうるおす河川、広大な沃野が広がっている。歴史的旧蹟ともいうべき坂東札所のうち慈光寺（九番）、正法寺（十番）、安楽寺（十一番）がある。この数は鎌倉に次いでいる。親鸞聖人の最初の夫人玉日姫（関白九条兼実の子女）は比企郡滑川町の月輪で出生したという。その根拠に福正寺境内に勢至堂が祀られている。また、親鸞聖人の母堂吉光御前は源義賢の子女であるとされる。駒王丸、後の木曾義仲は異母弟ということになる。

時代は天変地異、異常気象の様相を深めてきた。天下大乱の兆候であろう。目下、首都を襲うかもしれない大震災に皆がおびえている。だが比企の地はこの種の震災にも堅牢といわれている。首都圏が被災した場合、八高線沿い、すなわち八王子界隈と比企地方が安全であるという情報を耳にしたことがある。坂東武者が簇生《そうせい》したところである。

事実、比企郡の小川町や嵐山町には企業のソフトや国家機密、貴重品を収納できる施設があるという。このたびの東日本大震災を機に、我が国の国家中枢機能の緊急避難所としてにわかにクローズアップされたのが小川町であると、信頼できる友人から聞き一驚した。東京からのアクセスがよいというのも評価されたのだろう。

我々の地に「時代」がやってきたのだ。比企の里はその自然生態、歴史風土、都心からのアクセスと多くの点で恵まれながら、なぜか忘れ去られた土地である。文明の八〇〇年周期説（村山節主唱）ではないが、八〇〇年ぶりに比企の地が歴史に再登場する

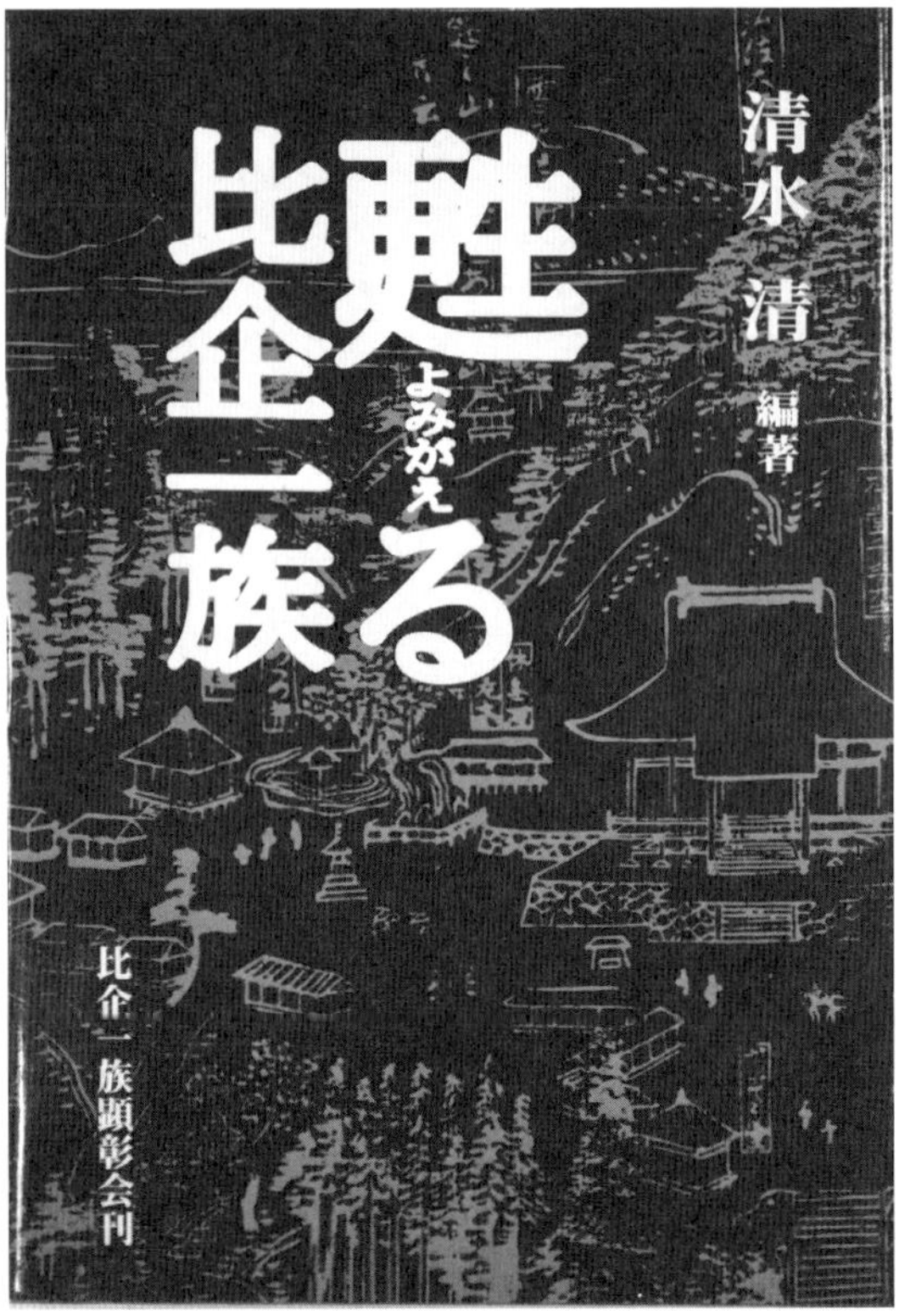

比企一族ゆかりの本と酒もプロデュースした

ときが到来したのであろう。それには地域主義の実践である。

地域主義と郷学

欧米を範とするいわゆる近代化路線は、戦前は軍事的拡大化として、そして戦後は経済的拡大化を達成して今日に至った。しかし、この拡大化は我々のよって立つ地域社会を破壊する歴史でもあった。我が国の繁栄も砂上の楼閣となる恐れがある。

我が国の健全な発展は、地域社会の再建と創造を通じて可能になるものであろう。明治以降の近代日本のスローガンは「脱亜入欧」であるが、地域社会の再建と創造、すなわち地域主義は「脱亜超欧」といえる。「脱亜超欧」とは『スカートの風』の著者 呉善花女史の造語である。すなわち、西洋文明を超克する新たな文明の創出であり、これこそ現代日本の課題であり、人類史的使命であるという。

そして、それは地域でスタートさせるしかない。これが地域主義の実践であり、安岡正篤先生のいわれる郷学の精神であると思う。

昭和六年、比企郡の菅谷荘に日本農士学校が創設されたのは、偶然ではなく、比企の地が招来したのだ。

日本農士学校開設

郷学研修所前所長の関根茂章先生（故人、元嵐山町長、県教育委員長、名誉町民）から次のような話を伺った。

東方《ひがしかた》籌《はかる》という退役将校が依頼を受けて、日本農士学校創設の土地を探していた。青梅の方や私の居住する松山町（当時）の方にも足を伸ばしたらしい。偶々菅谷村（現嵐山町）の遠山あたりから見下ろすと、あたかも自分を招くかのようにはためくものがあった。何かと思って山を下って行くと、それは畠山重忠公像の除幕を待つ白布である。東方氏は坂東武者の亀鑑と謳われた畠山重忠が招いたものと直覚、感激し、畠山重忠公館跡とされる同地に日本農士学校を開設するに至ったという。

畠山重忠公像

この重忠像の建立を企図したのは畠山重忠に傾倒された市井の大儒小柳通義先生、関根茂章先生の父君茂良氏、土地を提供したのは当時地元の郵便局長をされていた山岸徳太郎氏等であり、里人の重忠公に寄せる熱い思いが結晶、結実したものであった。その折、易学の大家であった小柳先生は「ここは人道の起点である、日本はおろか世界の人々がここに集うであろう」といった主旨の紙片「人道の起点菅谷城」を参列した人達に披露されたという（詳細については関根茂章著『師父列傳』邑心文庫を参照されたい）。小柳先生の言を裏づけるかの如く同地にはその後日本農士学校が開校、又県立歴史資料館（現嵐山史跡の博物館）や国立婦人教育会館（現女性教育会館）が誘致され国際会議等が開催されている。

田舎《カントリー》紳士《ジェントルマン》

私は京都大学名誉教授の岸根卓郎先生に御教授いただいたのであるが、遺伝には目に見える遺伝子と目に見えない遺伝子があるという。これは近年の説であって大いに注目されている（シェルドレイクの「形態共鳴論」）。目に見える遺伝子とは誰もが知っているＤＮＡのことである。目に見えない遺伝子とはその土地、風土の遺伝子である。畠山重忠公を育んだ同地は南宋の朱子の一句

「好人或いは荒山中より出でん」の事例でもあったろうか。いずれにせよ、同地にはその後日本農士学校が設立され、地域の社稷を担う有力にして無名な人士を輩出した。独立自治の精神の涵養であり、安岡正篤先生の言を借りれば半封建ということであろう。目指すところは現代の畠山重忠を再生産することであったろうか。

『西洋の没落』の著者オスヴァルト・シュペングラーは同著の中で田舎《カントリー》紳士《ジェントルマン》を人類の最高形態としている。何代にも亘ってその土地に根を下ろし、その土地と一体となって恒産、恒心を有し、独立自治の気概を持って地域のコミュニティーを死守する高貴な人物、これが田舎紳士である。大都会の浮薄、喧噪、華美とは無縁な大地の息づかいと生死を共にする生き方である。そして、こうした人間の存在が地域の自立、自治に不可欠であり、勝海舟の言を俟つまでもなく国家の柱石なのである。一国がどの程度健全か否かは、こうした人物がいるか否かに決せられるだろう。安岡先生が我が郷土比企の地に日本農士学校を創設されたのは正に炯眼であった。先生自ら、日本農士学校は我が生涯における最高の傑作と述懐されている。

日本文化の可能性

平成二十四年八月十八日、郷学研修所主催による「第六十回地方人材と郷学作興の研修会」が開催された。私は昭和史の第一人者保阪正康先生の御講話を拝聴する機会を得た。先生はノンフィクション作家、第五十二回菊池寛賞受賞、縁あって私と同じ東松山にお住まいである。保阪先生は戦後も六十七年経過し、戦争の体験者、被害者等も大半鬼籍に入りつつある。後世の人間は、そうした人達の体験から学ぶと共に、同時代的判断・政治的判断から脱却して、歴史的判断へと変貌を遂げて行くべきではないか。同時代を歴史として把握、認識し、今後の我国の指針、方針として生かすべきという御指摘である。私は戦後間もなく生を享けたが、昭和という時代を超えて明治開国以来の近代日本を歴史として総括すべき時点に至っていると考える。

我国の戦前は一言でいえば軍事的拡大化、そして戦後は経済的拡大化である。戦前は敗戦、無条件降伏を以って終結した。そして、政治的混迷の中で戦後の経済成長、発展も終焉するであろう。それでは我国は次に何を目指すべきか。私は今後の我国の在り方を示唆する二人の人物を挙げたい。一人は横井小楠（一八〇九―一八六九）である。横井は幕末の欧米列強による日本侵略に対して儒教の精神で対峙したほとんど唯一の人物、思想家であった。横井が米国に留学する甥に餞として贈った左記のような人口に膾炙した言葉がある。

明堯舜孔子之道

堯舜孔子の道を明らかにし

尽西洋器械之術
　西洋器械の術を尽くさば
何止富国
　なんぞ富国に止まらん
何止強兵
　なんぞ強兵に止まらん
布大義於四海而已
　大義を四海に布かんのみ

もう一人はアインシュタイン（一八七九―一九五五）である。アインシュタインが大正十一年来日した時遺されたという我国に対する有名なメッセージがある。曰く、

　世界の将来は進むだけ進み、その間、いくたびか争いが繰り返され、最後に疲れるときがくるだろう。その時、世界の人類は真の平和を求めて世界的盟主を上げねばならないときがくる。この世界の盟主となるものは、武力や金力ではなく、あらゆる国の歴史を超越する、最も古く、かつ尊い国柄でなくてはならぬ。世界の文化はアジアに始まってアジアに返り、それはアジアの高峰、日本に戻らねばならぬ。我々は神に感謝する。天がわれわれのために日本という尊い国を作ってくれたことを。

小楠、アインシュタインのいずれも軍事や経済ではなくそれを超えた、いわば卒業した人倫、人道の世界、そして日本文化の可能性を予感させているわけである。人類は現在大きな転換期を迎えていると思う。有限の地球にあくなき欲望を持つ人類が挑戦し、増殖し続けている。人類に生存し続けていこうとする健全な良識、いや本能があるならば一大飛躍、脱皮は不可欠であろう。

　陸軍の英傑、奇才であった石原莞爾（一八八六―一九四九）は軍事史の研究と日蓮宗の信者として破天荒の「世界最終戦争論」を構想した。軍事力で事を決する未曾有の破壊的大戦争を経て人類は戦争なき時代、石原の言を借りれば人類後史を迎える。人類後史にあっては生活レベルの高さ、文化の質を競う時代に入るとされる。石原の予言は結果的には的中せず、殺傷力という点では不完全燃焼で終えた第二次世界大戦は、その不完全燃焼部分を経済、科学技術戦争で目下闘っているといえよう。そして、この後半戦も早晩終わるのではないか。新たなる人類の地平、光は東方からである。西の自然対決的、闘争的な文明から東の自然調和、共生型の文明への移行であろう。八〇〇年ぶりに訪れた東西両文明の主役交代である。そして、人道はその転換を告げるキーワードとなるだろう。

人道振興の地

　比企随一の景勝地といえば嵐山町を流れる槻川と都幾川の合流する都幾川堤一帯であろう。ここの桜並木は二キロ余の見事なも

のである。この桜並木からは比企の山並み、外秩父連峰が望まれる。桜並木が途絶える処、木曾義仲ゆかりの鎌形八幡神社や班渓寺へと続く史蹟の地である。このコースは私にとって定番の散歩コースである。山河の眺望、大地の豊かさ、史蹟巡りと申し分のないところである。そして、この散歩道に嵐山町のシンボルともいうべき「人道振興の地」の大きな碑が立っている（平成六年四月二十九日建設）。撰文は郷学研修所長（当時）の関根茂章先生である。そこには先生の故郷の山河に対する感謝の念、郷土の歴史に対する誇り、そして里人に対する愛と敬虔な祈りが込められている。撰文は次の句で結ばれている。

この郷に光あれ
この里に幸あれ

蛇足であるが私は先月末『日本文明論と地域主義』を自費出版したが、先生を追慕する一章「郷土の師父関根茂章先生」を認めた。

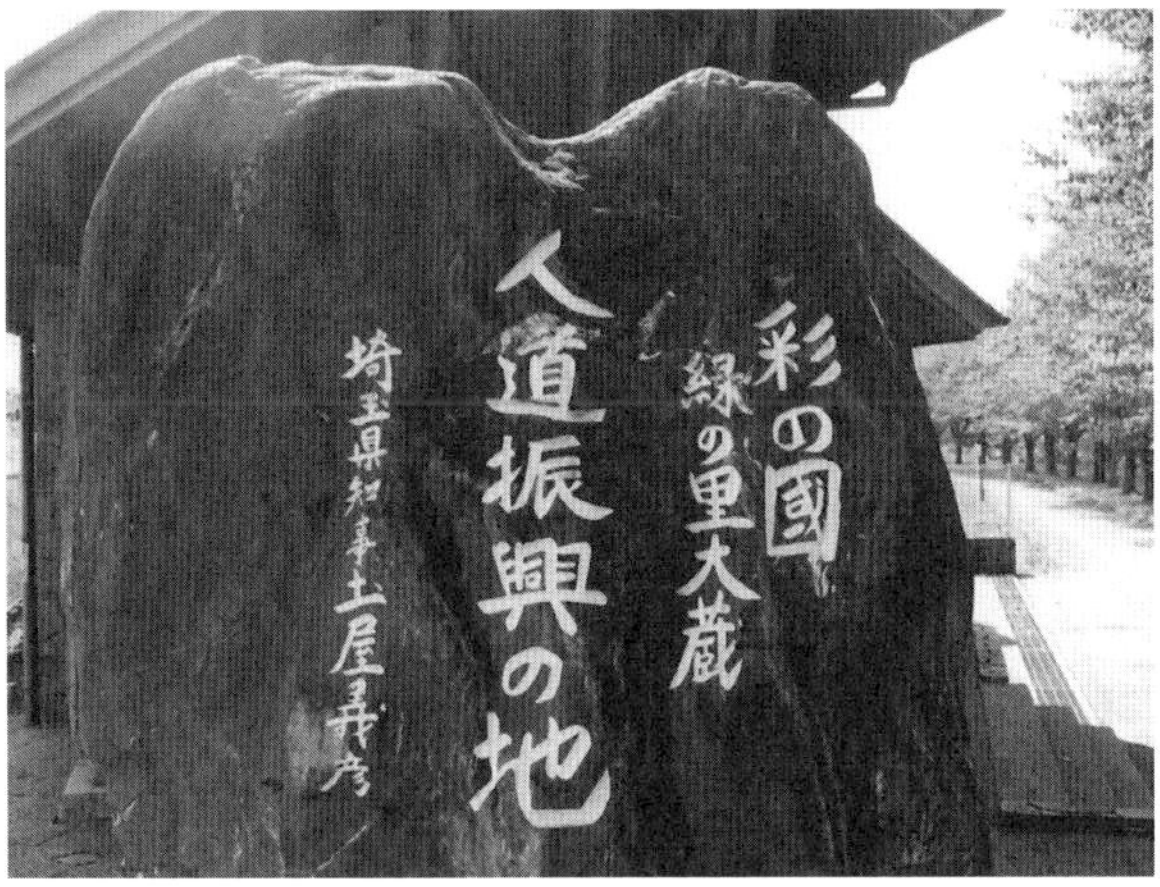

郷土の名族、比企一族の発掘、顕彰

紺碧の空の下に今年も日本スリーデーマーチが開催された。（十一月二、三、四日）日本スリーデーマーチとは日本一の規模を誇るウオーキングの祭典で国内各地は勿論海外からも訪れる。東松山市立松山第一小学校の校庭（前橋藩松山陣屋跡）を中央会場として五キロ、十キロ、二十キロ、三十キロ、五十キロの各コースが設定され、晩秋の比企路を散策、謳歌する。今年は三十五回を数え、参加者は十二万余と過去最大であった。

私は毎年このウオーカーを対象に、比企氏ゆかりの扇谷山宗悟寺境内に建設された「比企一族顕彰碑」の前で郷土の名族比企氏についてガイドさせて頂いている。比企氏が日本史の檜舞台に踊り出たのは比企禅尼と称される女性が頼朝の乳母となり、平治の乱に敗れた流人頼朝が旗上げするまで二十年の長きにわたって頼朝を援けた一族だったからである。頼朝の長男、二代将軍頼家の夫人になったのは禅尼の養子とされる比企能員《よしかず》の息女若狭局《わかさのつぼね》であった。そして、若狭局は頼家との間に渓子《よしこ》（後の竹ノ御所）と一《いち》萬《まん》を儲けた。これをよしとしなかったのは頼朝夫人の政子であり、政子の実家北条氏であった。北条氏はお得意の謀略によって比企一族を亡ぼした。歴史上「比企の乱」（一二〇三年）と呼ばれるものである。

日本歩け歩け協会発足30周年記念公演　演劇「滅びざるもの」の上演
（平成６年６月５日）　於：日比谷公会堂

比企氏ゆかりの土地の古老は「大谷は九十九谷といわれ、もう一つ谷があれば幕府はこの地に開かれた」と伝えている。伊豆の修禅寺で北条の手によって殺害された頼家の位牌は宗悟寺に祀られている。しかし、比企氏は滅ぼされた一族であり、土地に口伝、伝承の類はあるもののその館跡も定かでなく、一族の存在を立証するものは皆無に等しい。そこで、比企氏は里人の口の端にさえ上らず朽ち果てていた。私はこのことをかねてより残念に思い、平成五年、私が勤務していた東松山松葉町郵便局開局十周年の記念事業として、比企一族をテーマとした演劇「滅びざるもの」を企画、上演したのである。演劇であればフィクションでいいわけである。同劇は当市の文化会館（当時）の大ホールを二日間埋めつくし、当市始って以来のイベントと高い

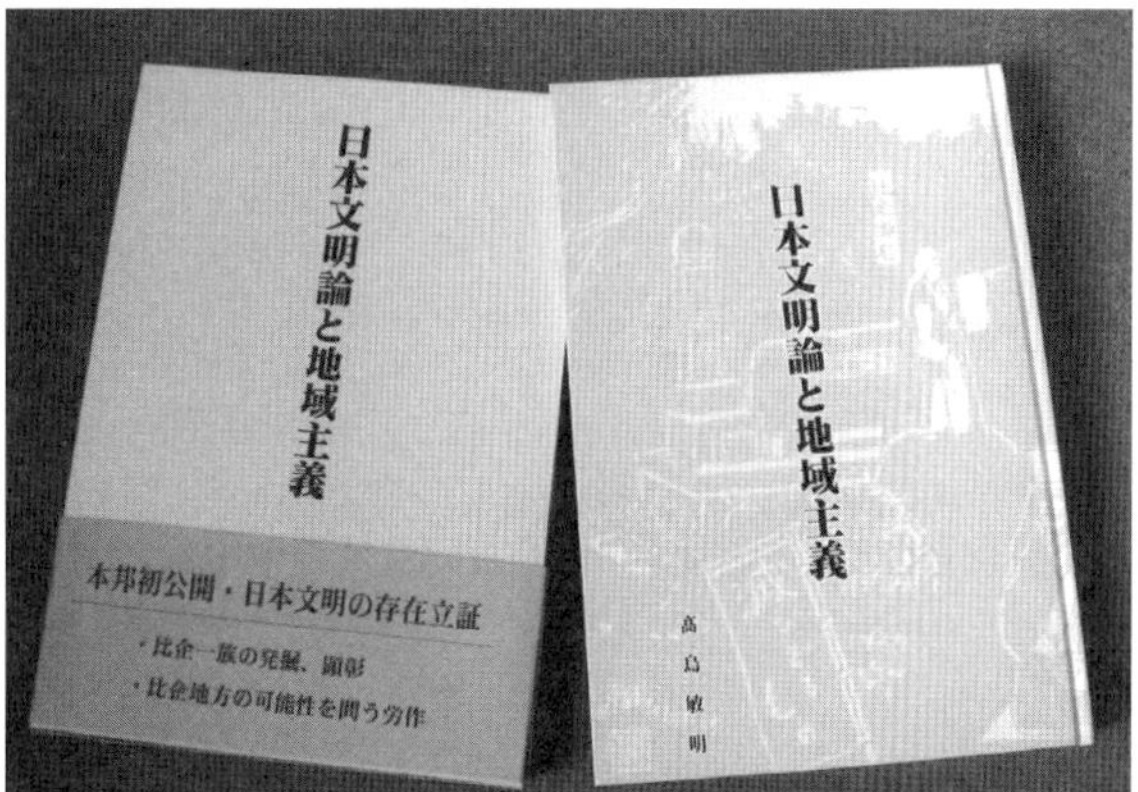

日本文明論と地域主義
（自費出版　非売品）

評価を頂くことができた。そして、その翌年思いがけず日本歩け歩け協会（当時）発足三十周年の記念公演として、東京の日比谷公会堂で再演されたのである。これを機に当郵便局の地域活動を誌した碑が七〇〇名からの浄財を得て建立された。「比企一族顕彰碑」がそれである。比企一族の発掘、顕彰はその歴史的意義と拡がり（因みに鹿児島の名族島津氏は比企氏の裔）において当地方覚醒の狼煙《のろし》となるだろう。ここで私は敬愛する関根茂章先生（故人、郷学研修所前所長）の後世へのメッセージを伝えたい。

（関根茂章著『師父列傳』跋文より）

「真の郷土の振興は先人の遺風、業績を新たに掘り起こすことから始まる。過去を継承せずして健全な未来の創造はあり得ない。」

比企総合研究センターの設立

私のいう地域とは郷学研修所の存する埼玉県央の比企地方のことである。同地は千米《メートル》近い山波を尾根として丘陵、山林、沃野、田園と連なり、幾つもの河川が大地を潤している。自然生態系から見て一つのまとまりを有する地域である。そして、多くの歴史遺産があり、都心へのアクセスも良い。しかも人道の起点という輝かしい足跡がある。しかし、何故かこれまで封印されたように脚光を浴びることがなかった。昨年の大震災・原発事故を機に時代は遷《うつ》り、この比企の地にも出番が訪れようとしているのではないか。

　ところで私はこの度自宅に隣接して「比企総合研究センター」を立ち上げた。場所は前橋藩松山陣屋跡で東松山市の中心に位置する。不用になった倉庫をリフォームした施設に過ぎないが、私は同センターが当地方の地域主義を実現する一助になればと願っている。地域主義と地方分権とは異なる。地域主義とは地域が主役である。地域主義をイメージすれば江戸期の三百諸侯ということになろうか。地域主義は地域の生態系を基礎に据えた新たなる共同体の創出であり、新文明の創造を意味する。それは明治以降の中央集権的な上からの欧米化に対し、日本の大地・土着からの反撃、超欧米化である。地域主義は呉善花拓殖大学教授の造語を借りれば「脱亜超欧」ということになる。

　近代国民国家の国益中心主義、拡大志向は地球の有限性の中で破綻を来すだろう。長らく限られた空間、日本列島の中で生きる術を学んだ日本文化に可能性があるのではないか。花鳥風月を友とすれば環境負荷はゼロに近いだろう。目下進行しつつある地球的規模での生態系の危機・環境破壊は、国境の壁を超えて世界を

島津家初代忠久公の生母である丹後局を祀る花尾神社
（日置郡郡山町、現鹿児島市）丹後局は比企尼の長女である

史跡　前橋藩松山陣屋（切り絵　後藤伸行）

比企総研　髙島敏明代表　出版感謝の集い（平成 24 年 9 月 30 日）　於：紫雲閣

一つにする契機となる。地域主義が地球主義であることの謂《いい》である。私は安岡正篤先生の唱える郷学を地域主義と理解している。郷学の実践は豈《あに》日本にとどまらず世界的課題と言えよう。

比企総合研究センターの初仕事は拙著『日本文明論と地域主義』（平成二十四年七月二十八日付）の発行であった。同著は青年時代の文明論の論考、特定郵便局長時代の地域活動、そして半生を省みての「想い出の記」の三部構成であるが、文明論的視点に立って比企地方の可能性を問うたものでもある。自費出版、非売品であるが希望者には進呈させて頂いている。同センターが次に計画しているのは、作家の篠綾子氏による、比企一族をテーマとした本邦初となる小説の書下ろしである。又、比企地方を多方面から論ずる「比企学事始」を開講できればと願っている。

第二号

前橋藩　松山陣屋の概要

発刊にあたって

当市が近世比企地方の政治・行政の中心になったのは一つに幕末の慶応三年に前橋藩の松山陣屋が置かれたことに起因する。同陣屋は前橋藩十七万石の中、比企地方を中心に武蔵国の飛び地、分領六万石余を管理・運営する為に創設された。幕末の風雲急を告げる秋である。

現在の東松山市役所は松山陣屋の一部であり、市役所の一隅に「前橋藩　松山陣屋跡」の碑が立っている。この碑は有志八十九名によって昭和五十四年六月三日に建立された。歳月が経過して案内板の文字も不鮮明になっていたが、幸いリフォームされ同所を訪れる方にガイダンスすることができるようになった。そこで私はこの機会に『比企学事始』第二号「前橋藩　松山陣屋の概要」を発行することにした。

なお、本書の刊行に当たって『前橋藩　松山陣屋』、『松平大和守家の研究』の二冊を参考・引用したことを付記する。

平成二十六年四月吉日

「前橋藩松山陣屋跡」碑　建立の経緯

昭和五十二年の初冬であった。当市の文化会館で「郷土と文学をつなぐ総合文芸誌」『回転扉』（昭和五十二年十一月二十一日発行）の創刊を祝す盛大な宴が開催された。同誌は当市在住の詩人金子恵美子氏（故人）が中心になって発行されたものであった。同誌は翌年金子氏が他界され、二号は追悼号になり廃刊になってしまったが、その宴席でのことである。隣席の原光甫比企文化会会長（故人）から父のことを尋ねられた。父は退職し、目下家系や陣屋について調べているようですと申し上げたら、是非松山陣屋を偲ぶ会をしたいので父に伝えてほしいという。臨席の田村宗順氏（故人・名誉市民）や松山陣屋に造詣の深い中島昭次氏も口を揃えて是非・是非といわれる。ここから全てが始まった。『前橋藩 松山陣屋』の中で原氏が「ふとした一言」としてその時のことを述べている。

瓢箪から駒というか機が熟したというべきか年明けの昭和五十三年一月八日陣屋に関心を抱く縁者、郷土史家十名余が拙宅離れの書斎に集い「松山陣屋研究会」が発足したのである。そして、月一回の会合を二ヶ年ほど継続して『前橋藩 松山陣屋』というタイトルの一書に纏めたのであった。昭和五十四年十二月二十日の発行である。同著は松山陣屋を記録した唯一の書として高く評価されたが、残部はなく図書館で閲覧するしかない。ここで話は一気に四半世紀後になるが、私は先人の意思を継いで同好の士の協力を得て前橋藩の全貌を記した『松平大和守家の研究』（平成十六年十二月三十日発行）を世に問うことができた。同著の中で松山陣屋に相当のスペースを割いた所以（ゆえん）である。ご執筆は陣屋一筋の中島昭次氏にお願いした。

『前橋藩 松山陣屋』の刊行に先立って「前橋藩 松山陣屋跡」碑が建立された。ご揮毫頂いたのは父の埼玉師範の恩師である勲三等服部北蓮先生である。碑の裏面には親戚の歌人濱梨花枝（榎本久喜市長夫人）の献歌が刻まれている。近世比企地方の礎となった前橋藩 松山陣屋はここに不滅の足跡を遺したわけである。敬愛する関根茂章先生（故人・五期嵐山町町長、県教育委員長、初

前橋藩松山陣屋跡碑

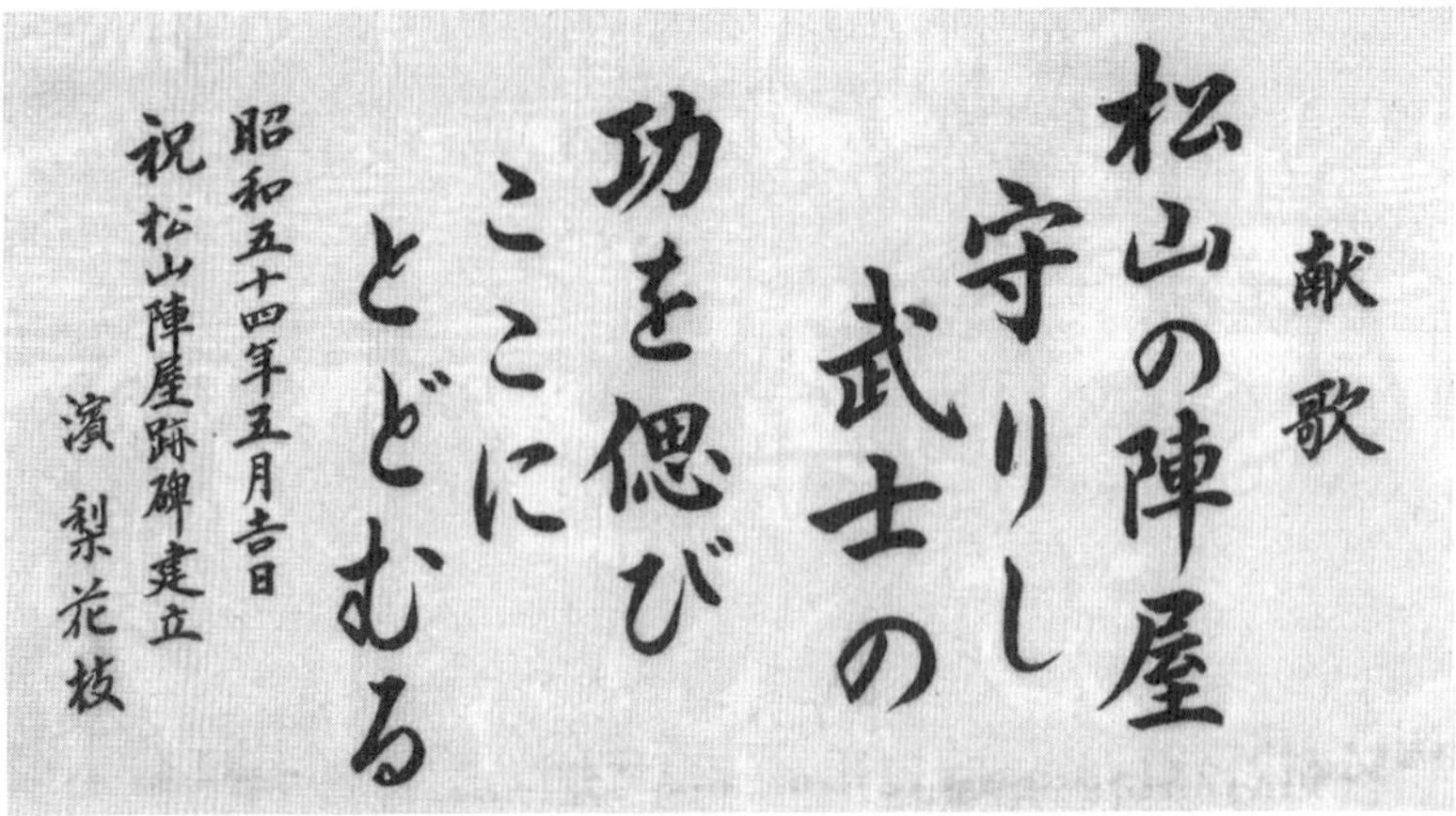

碑の裏面　濱梨花枝の献歌　書父建夫

代名誉町民）は父の功績を理解されていたのであろう。先生は父の弔辞の中に五首挽歌を捧げて下さった。その中の一つは左記の通りである。

命に燃え　陣屋の歴史をまとめあげ
世にしらしめし　あつき志《こころ》よ

松平大和守家

松山陣屋は前橋藩のいわば支社である。そこで本社のことに触れておきたい。同藩は通称松平大和守家といわれる。戦国の覇者徳川家康を祖とする親藩大名である。

徳川家康の長男信康は織田信長に謀反の疑いありとされ自刃を余儀なくされた。二男の幼名於義丸を家康は実子として長らく認めなかったが、兄信康のはからいで正式に二男として認知された。この秀康は戦国の乱世に翻弄された人生を歩んだ。秀吉と家康が雌雄を決した小牧・長久手の戦いは家康の勝利であったが、時の勢いは秀吉に味方した。家康は二男秀康を秀吉の養子

黒船来航と川越藩（切り絵　後藤伸行）

にしたのである。こうして秀康は秀吉側の一大名羽柴秀康を名乗った。秀康は勇武の士であった。馬場で騎乗していた時、その側を追い抜こうとする武士を無礼者と一刀両断したという。秀吉も秀康の豪毅、果断には驚いたし、内心恐れを抱いたであろう。秀康は日本の項羽と評された人物である。能力もあり、意欲満々な秀康は歌舞伎の創始者出雲の阿《お》国が女ながら人前で人気を博しているのを眺めて自らの不甲斐なさに涙をこぼしたと伝えられている。

ところで、この秀康は一転して結城合戦で高名な関東の名族結城家の養子となった。秀吉の傘下に入った結城家の主晴朝に嗣子がなかったので、秀吉より秀康を貰い受け世嗣としたのである。結城秀康の誕生である。ここで秀康は関八州を制する実父家康の麾下となる。秀康は関ヶ原の合戦の折、会津の上杉氏への備えとして坂東の地を離れることができなかった。これ又無念であったろう。とはいえ合戦に功ありとして、越前六十七万石の大守に封ぜられたわけである。越前松平家の誕生である。ここで秀康は松平秀康となる。徳川家に関しては凡庸といわれる三男秀忠が二代将軍になり、弟たちが御三家を興すことになる。ここに家康二男越前家のいわばトラウマが発生するわけである。それはさておき、秀康は松平家を名乗ることになったが、関東八名家の一つである名門結城の家名が絶えることを憂えた養父晴朝は大御所家康・将軍秀忠に家名の存続を願った。そこで五男直基を越前勝山三万石の主として結城を継承させたのである。同家が結城松平氏とも称される所以であった。そんなわけで同家は豊臣家の桐、結城家の邑、徳川家の葵を家紋として使用している。

なお、現当主直泰氏（前橋市在住）は十七代、結城朝光から数えると三十五代である。初代朝光は源頼朝の乳母寒河尼（小山政光妻）の子息で頼朝のご落胤という説がある。もしこれが正しければ九州の島津家初代忠久は異母弟ということになる。

引越し大名

松平大和守家は引越し大名の異名を持つ。同家の転封の数は前後十三回にも及ぶ江戸期最多であり、二代直矩《のり》の時には五十四年の生涯で何と八回もの封地換を命じられている。作家の杉本苑子にこの直矩を主人公にした『引越し大名の笑い』という小作品があるが、同作の『引越し大名』というタイトルで平成三年東宝で公演された。一藩を挙げての移動はその経費といい、当時の運輸・交通手段を考えると言語に絶するものがあったであろう。しかし、三万石でスタートした同家も次第に石高を増し、武蔵川越の時には十七万石の大藩となった。川越在城は幕末まで七代百年と長く今日の小江戸川越の礎となった。この川越時代に特筆すべきことは異国船の来航である。同地に領地を有した同藩の相州沿岸防備は長く寛政期から始まっていた。この経費は自藩持ちであったから莫大な出費を要したであろう。曾祖父克己は浦賀にて沢庵禅師の書を筆写している。黒船も間近に見たに相違ない。

徳川家康を祖父とし、結城秀康を父とする松平大和守家、結城松平氏は有力な親藩大名として出羽山形・播磨姫路・陸奥白河・上野前橋・武蔵川越と要衝の地に封ぜられ、徳川幕府の藩屛となった。同家が前橋から川越へ移城したのは理由があった。利根川の氾濫・浸水によって城が使用不能になったからである。その後百年横浜開港以来生糸のブームで沸騰する同地では城を再建し、大和守家の帰城を待ち望んだ。かくして幕末の慶応三年に大和守家の前橋還城が実現したの

中央御殿　市総合会館建設により平成元年頃解体、消滅した

陣屋藩士が崇敬した八幡神社

である。そして、前橋藩十七万石の中六万石余（正確には六一、八二二石）の分領を管理・運営するために前橋藩 松山陣屋が置かれたのであった。

前橋藩 松山陣屋

松山陣屋の石高は武蔵国一六三ヶ村、その中比企郡内六八ヶ村、六万石余（巻末一参照）である。石高でいえば中クラスの大名領である。松山陣屋は江戸期最後の、そして最大規模の陣屋であったといえよう。陣屋に松山の地が選ばれたのは領地が近辺に集中していたということであろうが、江戸に対する戦略的意味合いもあったであろう。時代は切迫していた。川越藩は相州の警護を通じて外敵、外圧の力をひしひしと感じていたに相違ないからである。

松山陣屋の面積は二六、五二四坪、八・七ヘクタールと広大で現松葉町一丁目である。陣屋の構図は内陣屋と外陣屋に大別される。内陣屋は南北二二〇メートル、東西二三〇メートルで堀や土塁に囲まれていた。私の子供の頃には未だその一部が残存していた。内陣屋には御殿と称される葵の紋の入った建造物や役所、役宅などが配置された。外陣屋は南北一一〇メートル、東西二三〇メートルである。長屋は軒を連ねたわけだが、それぞれ銃隊、散兵隊等に編成されている。時代を反映してかさながら兵舎であっ

川越城主松平大和守が崇敬した箭弓稲荷神社

た（巻末二参照）。陣屋付士族は二五八名、家族を含めると一〇〇〇名余になろう。当時の松山は日光裏街道（現四〇七号）に商家を中心に街並みが拡がっていた。農家も点在していたわけだが、人口は一六〇〇余名、四一五戸と推測されている。陣屋は町の中心街から離れた広大な土地に忽然と出現したわけであり、一大偉観を呈したことは間違いない。武士は消費者であるから一大需要が発生したであろう。しかも知識層であるから当地方への文化的インパクトも大きかったと思われる。幕末維新の混乱期にあって当地方は打ち壊しや流血の惨事もなく新時代にスムーズに移行できたのは陣屋という武士団、治安・警察力の存在が大きかったと推測している。松山陣屋は砲台を備えていた。ドラマにならないということは民にとって平和であり、幸せということだ。英雄がいないのは悲劇であるが、英雄の存在はさらなる悲劇であるといった態の言葉を想起する。

松山陣屋は慶応三年に建設されたが翌年は明治元年、明治二年は藩籍奉還、明治四年は廃藩置県であるから陣屋として機能したのは短期間であった。しかし、その後も役所は比企横見の郡役所として使用されたし、明治三十五年陣屋に隣接して比企郡の郡役所（後の松山町役場）が創設された。引き続き同地は比企広域の中心的役割を担ったといえる。陣屋跡には明治六年松山第一小学校が開校した。現在その一部が市役所になっている。

現在往時を偲ぶものは区割や道路といったものを除けばほとんど存在しないが、藩士が姫路城時代から崇敬していた八幡神社が存在している。同社は地元の鎮守様といった感じである。境内には「松山陣屋鉄砲場跡」碑が立っている。ただ一軒奇蹟的に残った建造物がある。瓦葺きの粗末な建物である。陣屋の配置図で年寄とあるから役宅であろう。ここは明治初年の古地図によれば藩校博喩堂の分校となっている。松山第一小学校発祥の地ということになろうか。現在松山第一小学校の校長室には「博喩堂」の額がかかっている。これは藩校を偲ぶ貴重なもので川越市立博物館にはこのレプリカが展示されている。なお、蛇足であるが第一小学校の教職員の会を博喩会という。

ところで、川越城主松平大和守家は当市に鎮座する箭弓稲荷神社を深く信仰された。同社の幣殿、及び拝殿は領主松平大和守、及び信徒によって建造されたものである。同社本殿の「箭弓祠」の献額は中興の英主八代斉典《なりつね》が揮毫したものである。又、同社が大正十二年県社に昇格した時十二代伯爵松平直之は立派な石灯籠を奉納されている。松平大和守家は維新後、東京の麹町や大久保に広壮な邸宅を構えたが敷地内に箭弓稲荷神社を祀った。お祭りには商人や奇麗所も集まって大変賑やかであったと拙宅に見えられた十六代直正氏（故人）より伺った記憶がある。

歴史の中に消え去りつつあった前橋藩 松山陣屋であるが、父

第１回松山陣屋まつり記念撮影

の代に『前橋藩 松山陣屋』の発行と陣屋跡の碑を建立することができた。四半世紀後の私の代に『松平大和守家の研究』を発行し、松平大和守家の全貌を誌すことができた。同書の残部は目下私が保管している。そして、数年後の平成二十二年四月三日に川越藩火縄銃鉄砲隊の協力を得て、第一回松山陣屋まつりが開催されたのである。甲冑をつけた武士二十余名が市内の目抜き通りを行進し、かつての陣屋跡である第一小学校校庭で火縄銃の演武が行なわれ、外敵に備えた川越藩の勇姿を再現したのであった。

あとがき

戦国の覇者、東照神君家康を祖父とし、結城秀康を父とする結城松平家、松平大和守家は有力な親藩大名として要衝の地に君臨した。幕末維新時の藩主は十一代直克で本家筋の松平春嶽の後を受けて政事総裁職の要職を歴任し、前橋藩知事となった。廃藩置県後東京に移り、華族令によって伯爵に任じられた。松平伯爵家は有価証券をはじめとして家産も豊かであり、多くの宝物、貴重な資料を有していたが、昭和二十年五月の東京大空襲によって五つの土蔵は文字通り灰燼に帰した。その中には黒田家の日本号、本多忠勝の蜻蛉《とんぼ》切りと並ぶ本朝三名槍の一つ、結城晴朝の手杵《てきね》の槍や名刀式部正宗、洛陽の紙価を高らしめた頼山陽『日本外史』の版木もあった。同書はロングランのベストセラーであるが川越城主松平大和守家で発行、販売していたのである。しかしながら空襲によって松平大和守家の宝物の類はことごとく焼失してしまったわけである。引越し大名のゴールとなった前橋も八月五日大空襲に遭い、市街地の大半が被災した。それ故、関東の雄藩でありながら松平大和守家の遺品、資料は僅少である。川越に百年居城しながら未だ同市の博物館で松平大和守展を開催できない所以《ゆえん》である。ただ前橋藩十七万石の中、比企郡を中心とする飛び地、分領六万石余を管理するために前橋藩 松山陣屋が置かれた。松山陣屋は江戸期最後の、そして最大規模の陣屋であるが、松山町は戦災を免れたおかげか士族を中心にある程度遺品が残っている。そんなわけで、昭和五十四年に地元有志により『前橋藩 松山陣屋』が発行され、陣屋跡である東松山市役所の一隅に「前橋藩 松山陣屋」の碑が建立されたのであった。とはいえ、一時代を画した松山陣屋も歳月の経過の中で遺品・資料も死滅、退蔵、散逸してしまう恐れが多分にある。憂慮に堪えないところである。

ところで、歴史を繙く意味はどこにあるのだろうか。我々の今日あるは多くの先人の努力の賜に他ならない。我々は歴史の流れの中に生きている。過去を継承し、それに新たなものを付加して次代へと引き継いで行くこと、これである。

本稿を擱筆するに当たって、坐右の銘とする郷土の師父 関根茂章先生の次のメッセージを伝えたい。

真の郷土の振興は先人の遺風、業績を新たに掘り起こすことから始まる。過去を継承せずして健全な未来の創造はあり得ない。

関根茂章著『師父列傳』跋文より

松山陣屋遺品（一部）

藩士所有の鎧と陣羽織
書 遠藤三郎元陸軍中将揮毫

藩主使用の徳利、盃など

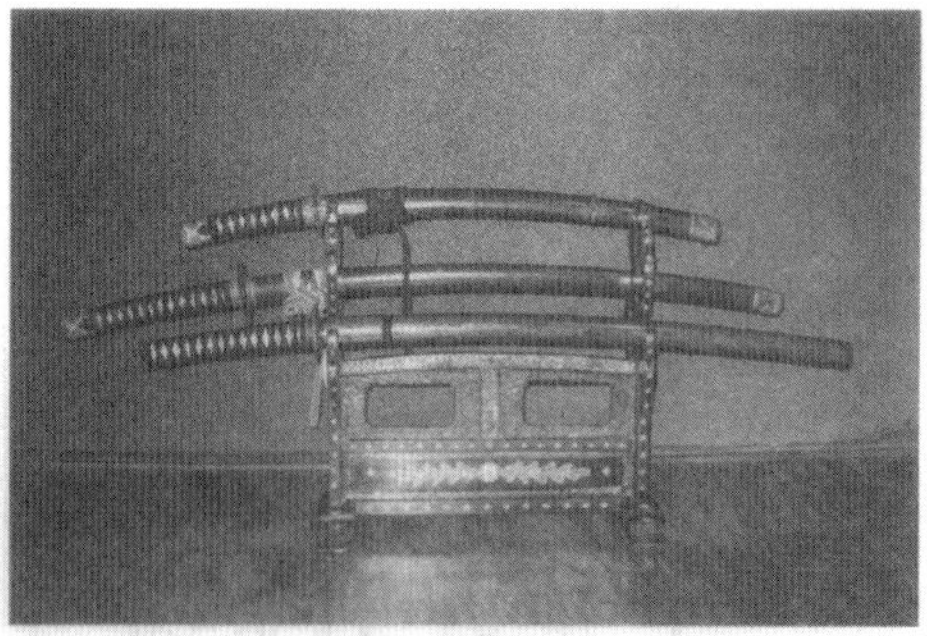

藩士所有の日本刀、一振りは葵の家紋入り

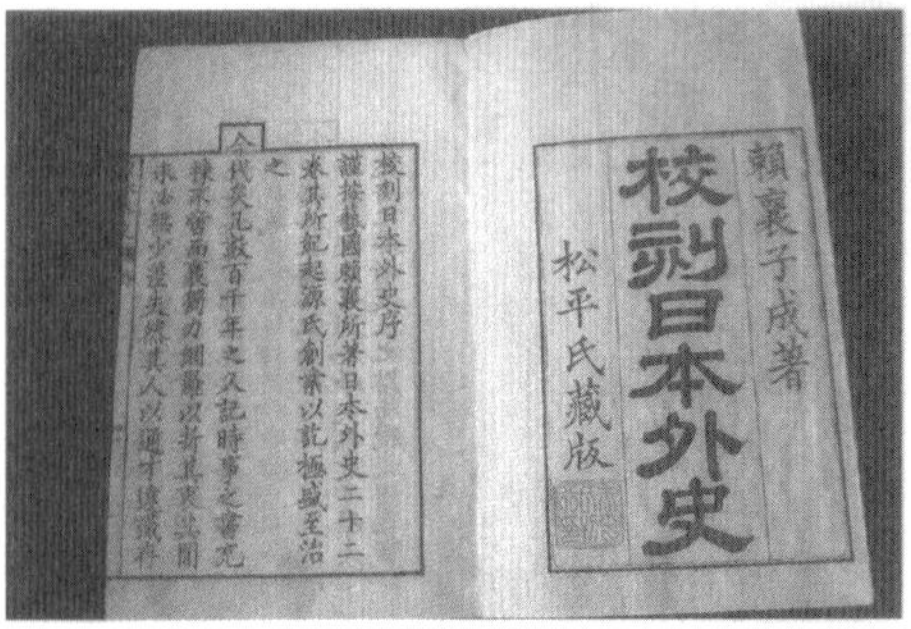

松平氏蔵版（川越版）校刻頼山陽日本外史

葵の家紋入り御殿の瓦

第二代　松平直矩の画

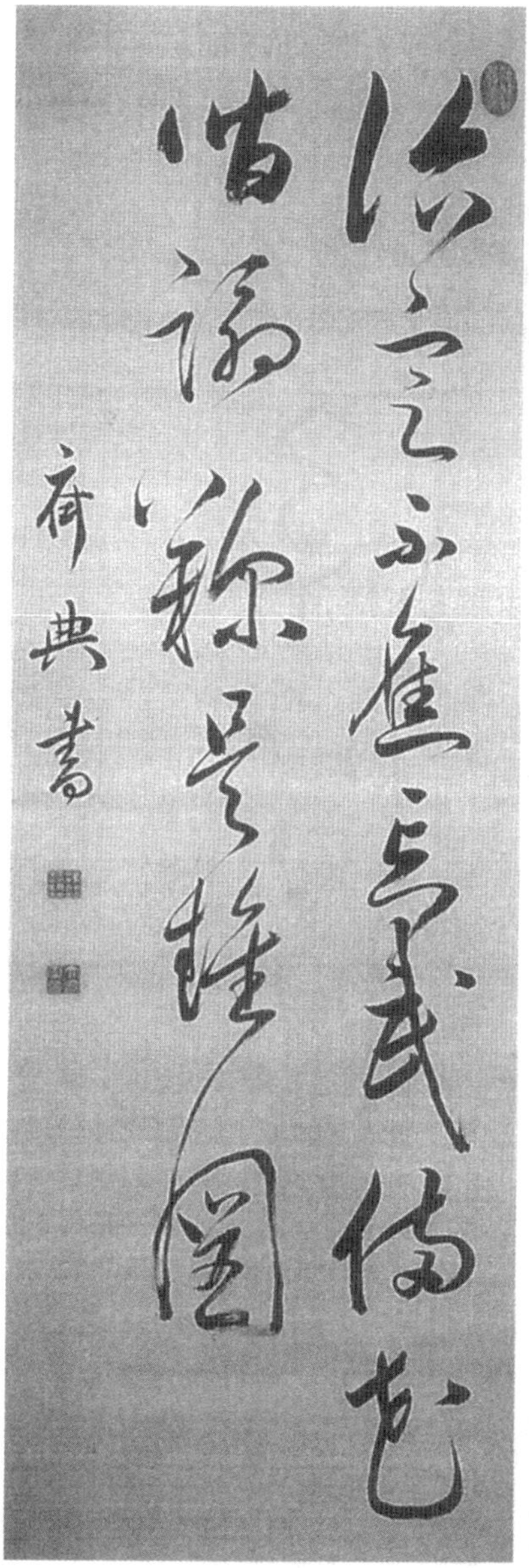

第八代　松平斉典の書

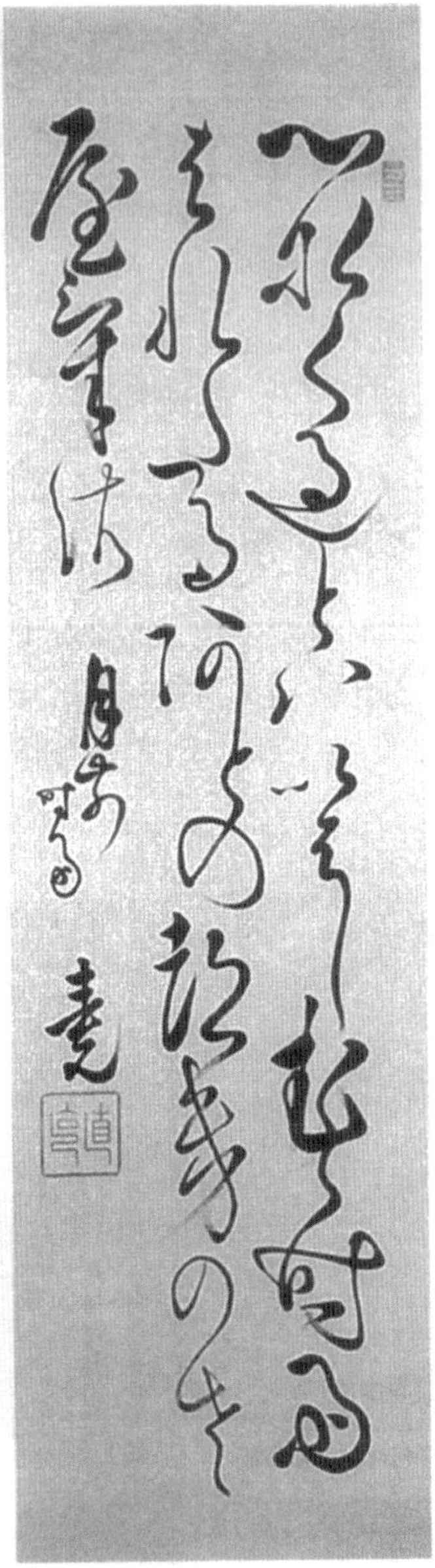

第十一代　松平直克の書

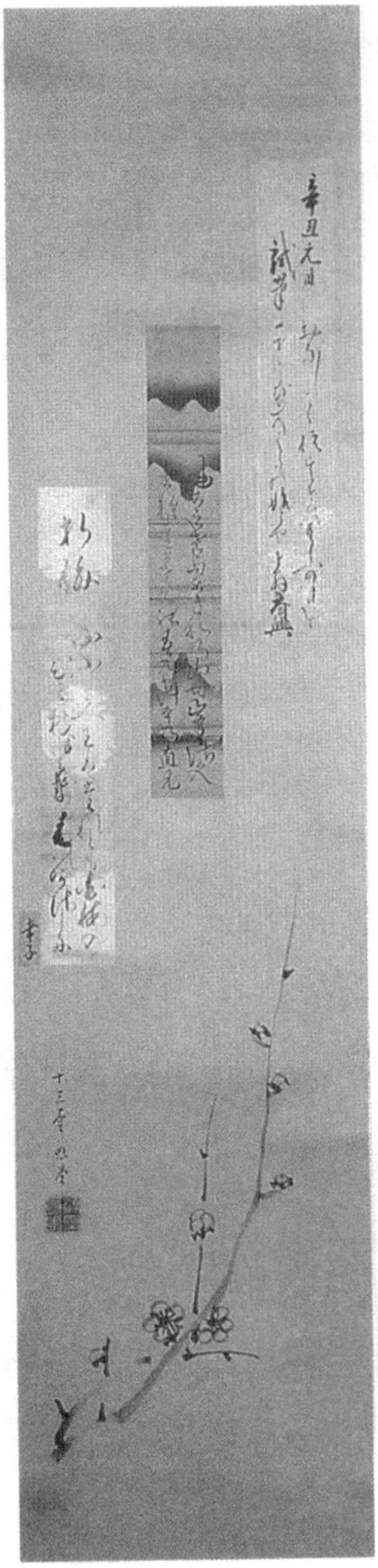

短冊（斉典、直克・同夫人幸子）
梅の画（直方）

松山陣屋付領地と石高

慶応四年三月「松山御陣屋付御領分図」と明治五年頃の資料で発刊された「旧高旧領取調帳、近藤出版社」により表に纏めたのであるが、多少相違がある。

<石　高　表>

比　企　郡（68ケ村）

	石
中郷	
三保谷	448.3330
表	
大塚	135.6130
山谷戸	320.8350 245.3970
鳥羽井新田	334.0060
鳥羽井	307.9890
松永	155.8580
加古	75.0740
下小見野	887.8510
上小見野	844.3390

	石
梅ノ木	99.2820
吹塚	601.6610
北園部	
正直	313.0750
戸守	473.0890
中山	1365.9090
虫塚	183.5820
一本木	295.4960
谷中	186.6690
八ツ林	上689.3040 下497.9800
畑中	452.2250
上新堀	126.4830
下新堀	
牛ケ谷戸	339.3870
紫竹	144.3990
白井沼	482.1600
平沼	911.1260
上伊草	866.4980
伊草宿	602.0290
宮前	264.4870
上貉	400.8150
下貉	384.8150
安塚	44.1600
飯島	234.9400
下伊草	289.7500
角泉	386.6000
釘無	177.7890
曲師	
西ケ谷	

	石
(戸守村持添	37.0000)
(吉原	150.5150)

入間郡（18）

成願寺	60.6010
○石井	
○塚越	
○今泉	
○大仙波	
○藤金	
宗岡	
水子	1340.4110
下鶴間（馬）	233.4570
針ケ谷	113.6220
○入間川	
高倉	198.2460
三ツ木	
寺竹	258.4090
峯	213.3030
堂山	
木蓮寺	
上谷	74.1790 344.3200
(津久根	53.1363)
(黒山	105.5860)

高麗郡（19）

平塚新田	60.0500
平塚	273.8200
下小坂	404.7600

	石
○長楽	441.3910
柏崎	866.8370
松山 松山新田	2000.4550
市ノ川	246.9500
月輪	367.5360
石橋	715.3440
上唐子	169.7690
○下唐子	194.5000
鹿（志賀）	432.4600
平沢	235.8440
遠山	79.0130
千手堂	114.0240
下里	615.3750
小川	485.4240
将軍沢	164.1030
根岸	72.0110
神戸	1069.9000
大蔵	
鎌形	685.3990
須江	306.3030 280.1800
高坂	1353.4680
宮花（鼻）	508.1900
○平村	174.6280
岡郷	571.3000
野田	200.5500
水房	146.1600
○福田	
(南園部	226.5490)

	石
○万吉	
○大麻生	5.6610
（相上	436.50813）
（楊井	103.7290）

多摩郡（15）

○藤橋	149.03403
南小曽木	138.59158
塩舟	102.1170
下師岡	207.76809
上師岡	121.58941
乗願寺	
沢井	405.2860
小丹波	196.7600
上・下長渕	334.4130
養沢	141.2340
下分	
上分	
下村	181.42285
○今井	328.0310
（野上	274.6750）
（勝沼	128.2580）

那賀郡（3）

秋山	810.9120
広木	
駒衣	
（小平	269.17915）
（木部	183.08045）

	石
鯨井	1186.0890
小堤	214.6170
五味ケ谷	331.3729
広谷	上285.09555 下545.52055
吉田	235.2600
上戸	127.9510
天沼新田	59.5700
的場	743.0200
安比奈	80.3600
笠幡	1514.3600
柏原	1278.0950
上広瀬	999.3990
下広瀬	172.2100 53.8580
○笹井	
野田	
（戸宮	103.8200）
（雙柳	406.4730）

大里郡（11）

玉作	
向谷	336.7310
津田	344.81903
屈戸	218.4520
小泉	688.0550
沼黒	373.95627
手島	377.3460
村岡	562.5560 443.2480
和田	

秩父郡（8）

北川	244.1290
坂本（元）	297.3650
坂石	167.89264
坂石町	56.98633
藤沢渕	
贄川	408.8380
皆谷	150.0000
安戸	102.73433

○印は相給地といってその村に幾人かの領地が入り組んでいる所

榛沢郡（4）

後榛沢	
今泉	
用土	596.0080
永田	60.7470

児玉郡（3）

都島	28.9180
栗崎	
沼和田	
（関	323.0910）
（山王堂	185.0436）

埼玉郡（14）

佐波	198.5550
正能	556.1500 855.7246
日出安	
下崎 上分 下分	1258.0300
騎西	733.7560
西谷	247.7900
外川	286.7100 1776.3560
根小屋	352.2440
○牛重	940.55266
鴻茎	
芋茎	583.0460
今井	
下須戸	897.56164

松山御陣屋高　覚　（大里村沼黒　大河原好一氏蔵）

によれば、慶応三年三月、松山陣屋構築の普請に際し、領地内一六三ケ村を一〇組合に編成し、その組合の石高に応じて人足を出したものと思われる。

それで次のように記録されている。

高　三千二百九十四石四斗　宗岡組
〃　六千二百二十五石七斗　的場組
〃　一万五千九百三十一石五斗　川島組
〃　四千百三十二石五斗　広瀬組
〃　九千九十二石二斗　松山組
〃　八千九百四十七石四斗　騎西組
〃　三千百四十六石八斗　沼黒組
〃　五千五百九十一石五斗　鎌形組
〃　二千七百九石一斗　長渕組
〃　二千七百五十石九斗　永田組
〆　六万千八百二十二石

当初、陣屋付領地の石高は三万石余ということが通説であったが、この文献により約二倍の六万石余ということが確認されたことは一大発見である。更にこの裏付けとして石井家の文書「御陣屋御普請土居其外出来形帳」の末尾に「人足合三万千五拾六人九分、此割合高千石ニ付、人足五百二人三分六厘」とあり、これにより計算すると六万千八百二十二石という数字が奇麗に出て来るのである。

これによっても松山陣屋付領地は中クラスの大名領に匹適することになるので松山陣屋創設が如何に重要で意義があったかが推測出来る。

図１　　松山陣屋の配置図

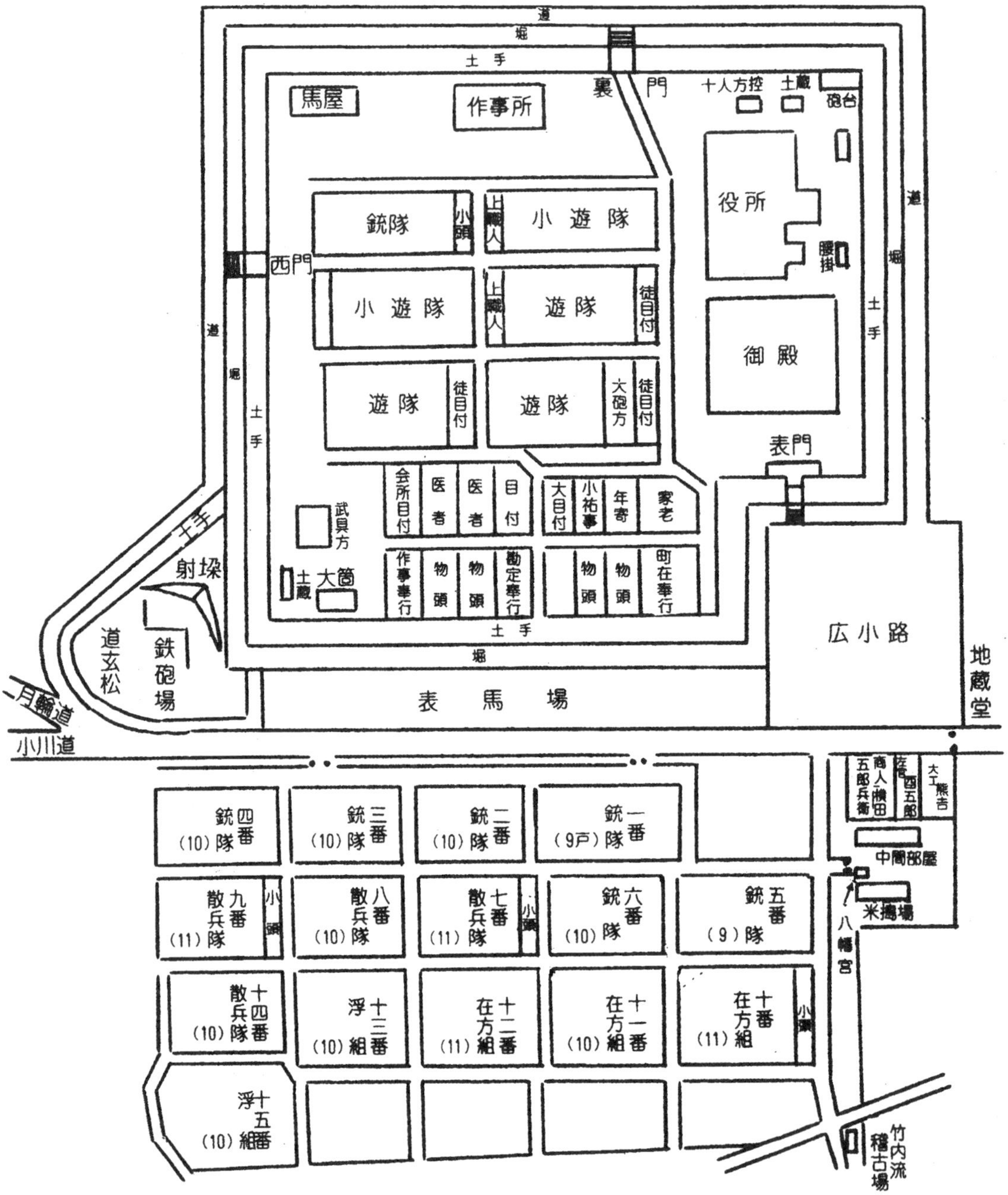

道
堀
土手
裏門
十人方控
土蔵
砲台
馬屋
作事所
役所
銃隊
小頭
上職人
小遊隊
西門
小遊隊
上職人
遊隊
徒目付
腰掛
御殿
遊隊
徒目付
遊隊
大砲方
徒目付
表門
会所目付
医者
医者
目付
大目付
小祐事
年寄
家老
武具方
射垜
作事奉行
物頭
物頭
勘定奉行
物頭
物頭
町在奉行
土蔵
大筒
広小路
道玄松
鉄砲場
地蔵堂
表馬場
月輪道
小川道
四番銃隊（10）
三番銃隊（10）
二番銃隊（10）
一番銃隊（9戸）
商人横田五郎兵衛
在宅西五郎
大工熊吉
中間部屋
九番散兵隊（11）
小頭
八番散兵隊（10）
七番散兵隊（11）
小頭
六番銃隊（10）
五番銃隊（9）
米搗場
八幡宮
十四番散兵隊（10）
十三番浮組（10）
十二番在方組（11）
十一番在方組（10）
十番在方組（11）
小頭
十五番浮組（10）
竹内流稽古場

図2　松山陣屋跡（点線内）

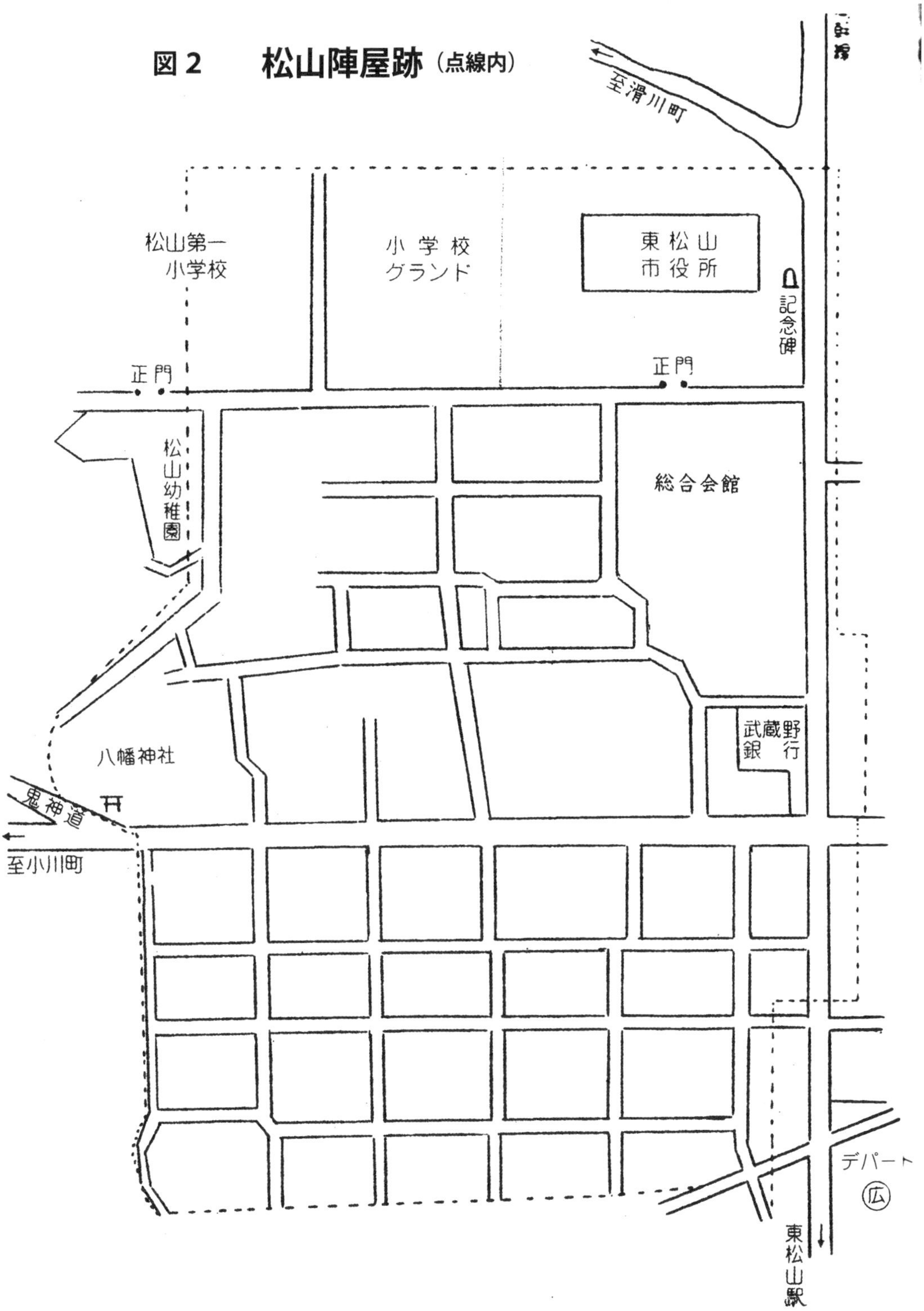
至滑川町
松山第一小学校
小学校グランド
東松山市役所
記念碑
正門
正門
松山幼稚園
総合会館
武蔵野銀行
八幡神社
鬼神道
至小川町
デパート
広
東松山駅

第三号

新都比企市　構想試論

―時代が比企にやってきた―

序に代えて

時代区分に戦前戦後という言葉があり、一般化している。しかし、それ以上に時代を画するのは二〇一一年の東日本大震災ではないだろうか。つまり、震災以前、以後という時代区分である。

明治開国以来殖産興業、富国強兵をスローガンに近代国民国家を形成した我国は、戦前は軍事的拡大化、そして戦後は経済的発展と、敗戦という一大エポックをはさみながらも一貫して右肩上がりの成長、発展、繁栄を遂げてきたように思われる。それに対して、東日本大震災は自然災害もさることながら原発事故というとんでもない人災を引き起こしてしまった。事故が発生してから四年余が経過したが未だ収束のメドもついていないようである。現代の技術では放射能をコントロールすることは不可能ということだろう。近代社会のいわば宗教ともいうべき合理主義、科学技術文明に対する大いなる不信、危惧であり、近代科学文明を推進しつつある全人類に対する一大警鐘、未来に対する不安と恐怖の念を惹起した。

ところで、現在進行しつつある天変地異、自然災害、異常気象は文明交代に付随する現象なのだろうか。文明論の分野に法則史学という一派がある。その学派によれば、人類文明は東の文明と西の文明に大別される。そして、八〇〇年の周期を以って主役が交代する。一二〇〇年ごろ成立した西の西洋文明の役割は終焉し、これから東の文明が抬頭する。この文明交代はほぼ百年を要し、この間天変地異、異常気象、食料難、民族大移動といった天下大乱が続く。人類文明発生以来五〇〇〇年この繰り返しであるとされている。こうしたマクロ的な視野は我々に示唆するところ大であり、我々に生きる覚悟を迫っているといえよう。

それはさておき、時代は我々が現に見る通り、天変地異、異常気象の時代に突入した感がある。今最も恐れられているのは首都直下地震の発生である。三十年以内に七〇%といわれている。首都壊滅ともなればその被害は想像を絶するものになるであろう。こうした時代を反映して学童ならぬ企業の本社機能が疎開を開始しつつある。疎開先のナンバーワンは本県である。本県の立地、首都圏でアクセスが良く、海や火山がなく、平地が広がり、安心、安全の地というイメージがあるからである。だ埼玉も震災を機にイメージがグーンと上がったわけである。殊に当比企地方は県央に位置している。歴史、文化遺産も多く、地勢は大舌状台地であり、古来より人間が最も生活しやすいところとしてきた。山沿いには堅固な岩盤が拡がっている。田園地帯であるから食料が確保できる。里山は新たなエネルギー源として注目されてきた。余り開発の進まなかった比企地方は一周遅れで時代のトップランナーになりつつあるのかもしれない。すなわち、首都東京の緊急避難先として最適の地ではないかということである。鎌倉初頭以来栄えの遠く過ぎ去ったこの比企の地に時代がやってきたのだ。

平成二十七年十二月

比企地方の地勢的特色大舌状台地

比企地方の地勢的特色は山があり、丘陵、台地、そして平地、川と自然の景観がそのまま郡下に展開していることである。こうした地形を人間の舌のようにせりだしているので舌状台地という。舌状台地は背後の山の資産（木材、鳥獣肉、キノコ、山菜等）、前面の豊かな耕地（麦、蕎麦、米、野菜、果樹等）、川の資産（魚、砂鉄、水上運送等）、そして牛や馬の放牧であり、さらに背後の敵、前面の敵からの攻撃を山と川で防ぐという天然の要害でもある。舌状台地は人間が古来から住みやすい理想的な居住条件としたものであった。それ故、比企地方には縄文、弥生の時代から数多くの遺跡が発掘されている。因みに、当市に限っていうと我家には亡父が旧制松山中学校の校庭で採取した黒曜石の鏃《やじり》があった。同校の近辺には当時の遺跡が確認されている。今から四十年ほど前になろうか、「東松山市民の会」発足の折顧問の利根川惣平氏（故人）から失敗談として自動車機器（当時）を建設するために登呂遺跡に比肩する弥生時代の遺跡を破壊してしまったと後進にアドバイスをされた。さらに三千塚古墳、反町遺跡、五領遺跡、県下第二位の規模を誇る前方後円墳の将軍塚古墳等がある。又、平成二十三年十月に本県では初めてとなる三角縁神獣鏡が高坂神社付近で発見された。卑弥呼《ひみこ》の時代のものという。

比企丘陵遠望　遠藤幸男 画

ところで、比企地方のように舌状台地が幾重にも重なるところを大舌状台地という。首都圏では丹沢山塊の麓にある秦野市に見出されるくらいであろう。同市は平安末期から鎌倉期にかけて活躍した波多野氏の本貫地である。比企郡川島町中山にある金剛寺の系譜によれば比企氏は波多野氏の流れをくむという。同市の田原公園より眺望した時、比企の笠山、堂平と瓜二つの山波を眺めることができた。しかし、秦野市と比企とはスケールが全然違う。丹沢の麓にある秦野市は戦前日本一の煙草の産地であった。畑作である。それに対して比企には広大な沃野、田園が拡がっている。私は比企氏の八〇〇年遠忌（二〇〇二年）に映像「比企讃歌」を企画、制作した。その折、セスナ機に搭乗して比企の山河、沃野を空撮したが一大パノラマという言葉が適切であり、大舌状台地を理解することができた。巻末奥付に比企総合研究センターのホームページアドレスが記載されている。同ホームページで映像「比企讃歌」（三十五分）を見ることができる。この機会に是非ご高覧賜りたい。

比企の文化遺産、歴史寸描

比企地方の文化遺産、あるいは歴史は畢竟《ひっきょう》するにこの大舌状台地で繰り広げられた人々の生活の営み、ドラマと理解される。思いつくままに二、三述べてみよう。先ずは神社、仏閣である。『延喜式』に登載されている古社は横見郡（現吉見町）三、比企一である。奈良時代初頭の古代律令制国家成立期の比企郡は現在の行政区分でいえば東松山市と滑川町である。横見郡に三座祀られたのは同地に朝廷の直轄地屯倉《みやけ》が設置されたことに関係していよう。比企唯一の神社は伊古乃速御玉比売《イコノハヤミタマヒメ》神社であり、滑川町に現存している。同社には勝海舟の墨痕鮮やかな大きな幟がある。当市には当地方では圧倒的な規模を誇る箭弓稲荷神社が鎮座する。三年ほど前に御鎮座一三〇〇年を迎え、リニューアルされた。同社には多くの講が結成され、江戸時代には賑わった。現在も初詣の参拝者は県下四位である。

次に仏閣であるが、坂東三十三観音霊場を挙げねばならない。因みに九番の都幾山慈光寺（ときがわ町）、十番の岩殿山正法寺（東松山市）、十一番岩殿山安楽寺（吉見町）である。この数は鎌倉に次ぐものであり、当時当地方が隆盛を極めたことを物語っているだろう。県下では他に慈恩寺（さいたま市岩槻区）があるのみである。そして、慈光寺は源頼朝、正法寺は比企能員や北条政子、安楽寺は源範頼と縁が深い。又、本県には四点の国宝があるが、その中二点は比企地方と関係している。一つは慈光寺にある極彩色の写経であり、もう一つは東秩父村を本貫地とする大河原氏が播磨の地頭になった時銘刀長船の太刀を故郷の秩父神社に奉納したものである。同村には古刹浄蓮寺があるが、同寺が日蓮宗であるのは大河原氏が比企能員の遺児能本と親交が厚かったからである。日蓮の書簡に「比企能本は我が師であり、我が大旦那であり、我が弟子」とある。日蓮宗最古の寺は能本開基、日蓮開山の長興山妙本寺である。同寺は鎌倉の比企ヶ谷にあった比企氏館跡を能本が日蓮に寄進したものであった。

ここで郷土の歴史を繙《ひもと》いてみたい。比企地方が歴史の脚光を浴びたのは源平合戦であり、鎌倉時代初頭である。郷土の先達は突然日本史の檜舞台に躍り出た観があった。代表格は比企の地名を名乗った名族比企氏であり、坂東武士の亀鑑と謳われた畠山重忠である。源頼朝が「天下の草創」と称した鎌倉武家政権の成立は乳母の家系である比企氏の存在なくしては語れないだろう。私は当時活躍した当地方の英雄、豪族を地元の人達に知って貰い、後世に伝えてほしいという思いから旧知の作家篠綾子先生に書き下ろして頂いた。比企総合研究センターより昨年十一月に発行した『比企・畠山・河越氏の興亡　武蔵野燃ゆ』がそれである（発売元　まつやま書房）。さらに、当地方の武蔵武士の生き様、悲哀、美学を満天下に知らしめたいと考え、ＮＨＫの大河ドラマに挑戦した。去る三月五日ＮＨＫを訪問、担当理事以下お三方に同書を進呈、内容を説明させて頂くことができた。

ところで、武蔵武士が登場する前に当然ながら前史がある。遠祖を尋ねれば蝦夷討伐や防人《さきもり》に徴用された先人の姿がある。当地方の古墳には朝鮮半島と類似のものが多い。先進文明を携えた渡来人がフロンティアである東国に入植したのであろう。比企氏の遠祖は波多野氏というから渡来系の秦氏がルーツかもしれない。比企郡に隣接して高麗郡がある。高句麗人が入植したもので来年建郡一三〇〇年を迎える。いずれにせよ、中国伝来の古代律令国家が崩壊し、治安が悪化する中で武装した兵《つわもの》が現われる。又、皇孫である源平二氏や中央貴族の摂関家も土地の有力者、貴種として土着したであろう。こうした歴史の展開の中から一族、郎党を擬制家族の原理で統率した武士団が発生したものと思われる。

それはともかく、鎌倉幕府が滅びると南北朝の動乱を経て戦国時代に突入する。当地方は小田原の北条氏、さらに越後の上杉謙信、甲斐の武田信玄両雄の争うところとなったが、最終的には北条氏の軍門に下った。北条氏の関東支配は支城制といわれる。比企地方は吉見町の松山城を起点に当市の青鳥城、嵐山町の菅谷城、杉山城、ときがわ町の小倉城、小川町の中城、腰越城、東秩父村の安戸城と東から西へ横一線に並んでいる。殊に松山城、菅谷城、杉山城、小倉城は保存状態が良好で平成二十年国の文化財に指定された（比企城館跡群）。核をなすのは松山城であるが、当時の松山領は松山城を東端とする現在の比企地方とオーバーラップしていたと考えられる。松山城主上田氏の本貫地は東秩父村である。この松山城は西国を平定した天下人豊臣秀吉の小田原攻めによって落城、その後徳川家康の入府、天下分け目の関ヶ原の合戦を経て徳川幕府の成立（一六〇三年）、太平の世が招来されたわけである。当地方の旧家、名主クラスは松山城の落人とされる家が多い。兵農分離で土着したのであろう。

江戸時代は平和と安寧、秩序の中で城下町を中心に商工業が発達、貨幣の支配する世の中となった。当市では八王子と日光を結ぶ日光裏街道が幹線道路であった。現在の四〇七号である。宿場が発達、街道沿いに街並が拡がった。小川町付近では地場産業である酒造や織物業、殊に「ぴっかり千両」という和紙の生産は隆盛を極めた。昨年石州半紙、本美濃紙とともに当地の細川紙もユネスコの世界無形文化遺産に登録されたが正に快挙である。小川和紙のルーツは渡来系の種族が伝えたものであり、慈光寺（六七三年開山）の僧侶の需要に応えたものであったろう。農産物や林業に恵まれた当地方は大消費地江戸を控えてそれなりに豊かな土地であったと思う。地主、名主クラスを中心に地域文化が開花した。当時の人々の世相の一端を知るには渡辺京二氏の『逝きし世の面影』他一連の作品が参考になろう。現代の我々から見ると誠に夢のような世界である。そして、この夢を打破ったのが黒船に象徴される西洋列強の日本侵攻であった。当地にあっても幕末の風雲急を告げる慶応三年に前橋藩の松山陣屋が創設された。同陣屋には砲台が備えられていた。領地は前橋藩十七万石の分領六万二千石である。松山陣屋は当市松葉町一丁目、二万六千五百余坪、八・七ヘクタールの地に領民三万人を動員して昼夜兼行、突貫作業で建設された。御殿、役所、藩士居住の建物等四十余棟が忽然と姿を現わしたわけである。松山陣屋の創設は当地方にとって松山城落城（一五九〇年）以来の大騒動であったことは間違いない。なお、同陣屋については『比企学事始』第二号「前橋藩松山陣屋の概要」を参照されたい。

里山「脱」資本主義

人類の生存にとって必要不可欠なものは何であろうか。云うまでもなく清浄な空気や水であり、安心・安全な食料、そしてエネルギーであるだろう。人間の自由と独立、つまり人の尊厳が守られるには個人のレベルであれ、地域・国家のレベルであれ、こうしたものが確保されねばならない。法外な贅沢を求めて拡大化を志向し、足下の必要不可欠なものを見失ったとしたら本末転倒であり、我々は本来あるべき姿、状態に復帰することを余儀なくされるであろう。それは宇宙の意思、掟だからである。人類といえどもこの理法に反して存続することは許されない。

ところで、最近『里山資本主義』（藻谷浩介ＮＨＫ広島取材班角川書店）という本が注目されている。安価な外材の輸入により国内の森林は一部を除けば人手が入らず荒放題のようであるが、この森林を木材としてではなく発電に使用するという。つまり、エネルギー源である。又、木材に加工を施せば鉄筋以上に強靱になるという。この種の建材は既に高層建築に使用されている。詳しくは同書を参照されたいが、目から鱗の事例が多く山陰の山間部で地域資源を生かした環境にマッチする新しい生活スタイルが生まれつつあるわけである。同書の眼目は雇用を含めて地域の自立の模索であり、市場経済や貨幣の支配から一歩距離を置いたいわば脱資本主義を目指したものといえよう。

翻って当比企地方も里山や丘陵地帯を有している。こうした地域資源を活用してエネルギーの自給率を高めることは可能であるだろう。井上ひさしの著『吉里吉里人』では地熱がエネルギー源になっている。その土地の資源活用ということだろう。食料はどうであろうか。吉見町や川島町には肥沃な穀倉地帯が拡がっている。小川町は有機農業が盛んで昨年天皇、皇后両陛下が見学された。当比企地方は食料という点も恵まれているといえよう。二十世紀はエネルギーである石油争奪の歴史といわれる。そして、二十一世紀は水であるという。当地方には都幾川、槻川、市の川、滑川等の河川がある。こうした河川で水泳をし、釣を楽しんだ我々は幸せであったと改めて思う。田園山河が荒れれば人心もすさんだものとなる。治山・治水は時代を越えて為政者が最大課題とした所以である。いずれにせよ、比企地方は自然の生態系を基礎に

坂東九番　都幾山慈光寺（切り絵　戸田幸子）

まとまりを有する小世界を形成してきたといえる。大舌状台地という豊かな土地柄、森林資源と肥沃な大地、この土地に育まれ開花した多くの文化遺産や歴史の数々、そして人々の生活の営み、これこそ世界遺産に値すると知人が言ったが当たらずとも遠からずであろう。

地域主義と地球主義

『里山資本主義』で提起された地域の自立とは地域主義と言い換えていいだろう。地域が主体になるということである。この地域主義は特段新奇なものではない。一昔前の江戸時代は俗に三〇〇諸侯といわれるように多くの小国家＝藩で形成されていた。藩は経営主体であるから地域主義なのである。

江戸時代は脱宗教、世俗化された時代であった。近世の到来と云っていいだろう。江戸時代は外来の影響を排した日本人本来の考えや感情、生活理念をストレートに反映した社会といえる。当時の社会は都市と農村のバランスがとれており、生態系を基礎に据えた持続可能な循環系社会をこの日本列島に実現したものであった。現代社会の都市の異常な膨張、環境破壊と生態系の危機を考えた時、江戸時代は未来を照らす道標足りうるであろう。江戸時代は総体的に再評価が必要であり、人類文明の到達した一つの頂点、日本が真に世界に誇りうるものであったことが理解されてくる。

このユートピア社会は西洋列強による日本侵攻によって瓦解した。諸地域の時代は終焉し、日本全体を打って一丸とした中央集権的な明治国家が出現したわけである。欧米先進国という範があり、その後を追うには中央集権国家は効率が良く、成果が上がったといえる。そして、戦後は戦勝国アメリカを範とした国づくりに邁進した。すなわち、明治以降の文明開化、欧米化の近代化路線は踏襲されたわけである。そして、今や世界全体がこのレースに参画し、優劣、大小を競っている。その果ては我々が現に見る通り、地球それ自体が危殆に瀕している。狂瀾《きょうらん》を既倒《きとう》に廻《めぐ》らすことはできないであろうか。遠心から求心への回帰、地域・地球環境との共生、調和すなわち地域主義は一つの解答足りうるであろう。新たな技術体系に立脚する地域主義はかつてのような閉鎖社会を意味しない。それは世界全体に開かれた地球主義であり、国益中心主義、ナショナリズムを超克する原理であろう。

西洋近代文明の終焉

現代社会混迷の因は何であろうか。結論からいえば、功罪を別にしてここ数世紀来世界をリードしてきた西洋近代文明が終焉の時を迎えたということだろう。西洋近代社会を特長づけるのは国民国家であり、科学的合理主義や個人主義、資本主義といったところであろう。国民国家は十七世紀半ばのイギリスの市民革命を以って生誕したとされる。国家は国益を目指して拡大、膨張し、他国と利を競う。戦争の規模は国力の伸長により拡大、第一次、第二次世界大戦は正に全世界を戦場と化し、総力戦となった。しかし、我国に投下された原子爆弾を以って大国間の全面戦争は終結したと考えられる。戦後も米ソ超大国の代理戦争ともいうべき朝鮮戦争、ベトナム戦争があったが核兵器は使用されなかった。これからも死の商人の暗躍による紛争の火種はつきないだろうが、大国間での国際紛争を解決する手段としての戦争、暴力は止揚されたというべきだろう。言い換えれば、国家の存立基盤が危うくなったということである。デカルト（一五九六～一六五〇）は近代合理主義の祖とされるが、やがて科学万能の世を招来し、諸技術を開発した。科学技術の進歩は大量生産、大量消費といわれるように物的豊かさをもたらしたが、その弊害も最近顕著になってきた。物と心、物質と精神は背反するのであろうか。物と心を組み合わせて惣の字がある。真の豊かさは物心のバランスにある意なのだろう。科学技術は人類に多くの福音をもたらしたが、一方核兵器を開発、人類は存亡の危機に立たされた。最近の分子生物学や遺伝子工学は悠久の時を経て環境に適応すべく進化、変化したものを実験室で作ろうという正に天人ともに許さざる所業ではないだろうか。この種のものは科学の進歩というより劣化、退歩

坂東十番　岩殿山正法寺と大銀杏（切り絵　戸田幸子）

なのであろう。西洋近代の個人主義も封建制社会の桎梏からの解放なのであろうが、人間は読んで字のごとく社会的動物であり、孤島に独居するロビンソンクルーソーではないのだ。近世資本主義の起源はイギリスの東インド会社の創立（一六〇〇年）に求められるという。蒸気機関の発明や産業革命、内燃機関の発明や化学工業の隆盛の中で資本主義は成熟していくが貧富の差が拡大、搾取される労働者の解放を大義名分とする社会主義の思潮が抬頭した。こうした中で社会主義のイデオロギーを掲げたロシア革命が勃発、史上初の社会主義国が誕生したわけである。ソ連邦を皮切りに次々と社会主義国が誕生、資本主義対社会主義というイデオロギー上の対立は東西冷戦となったが、米国の経済的優位によりソ連邦は崩壊した。冷戦を制した資本主義はグローバリゼーションの名のもとに今や全世界を席巻しつつあるといえよう。ところで、資本主義とは資本の自己増殖のことらしい。であるとすれば、現今の金利ほぼゼロは資本主義の臨終を告げるものではないか。

余りに雑駁な論であるが、ここ数世紀来世界をリードしてきた西洋近代文明が終焉しつつあるということである。西洋文明は十字軍の頃に成立したとされる。年表の表記によれば十字軍の時代は一〇九六年から一二九一年である。西洋は自らの文明に覚醒し、イスラム教徒に対して聖地エルサレムの奪回をはかるべく前後数回にわたる十字軍の遠征を決行した。爾来およそ八〇〇年が経過した。我国の村山節先生が提唱された法則史学によれば八〇〇年の周期を以って東西文明の主役が交代するという。西洋文明の歴史の檜舞台からの退場である。しかし、一つの文明の終焉、パラダイムの変遷は安楽死というわけにはいかないだろう。世界を奈落の底に沈める断末魔の時が近づいているということだ。

脱亜超欧

「脱亜超欧」とは『スカートの風』の著者呉善花女史の造語である。彼女は韓国済州島の出身で来日して久しい。同女史の日本発見はこの四文字に集約されると思う。彼女によれば日本にはアジアの国々が既に失ってしまった太古の人間の自然との共生、アニミズムが今なおお生きている。しかも日本は世界のトップを行く先進文明の国である。この自然との共生という始源感情、エネルギーを持っている日本こそこれからの人類文明の地平を切り拓く可能性を秘めているという。恐らくその通りであろう。

日本の歴史はこの日本列島とともに古いといえる。大陸と隔絶したおよそ一万年ほど前に遡及できよう。その大半が縄文時代という大自然と共生する世であった。この縄文文化の上に水稲稲作を特色とする弥生文化が開花した。その後、古墳時代を経て中国の文化、文物を移入して中国文明の周辺国家として歴史に登場する。奈良時代のことである。そして、純然たる内乱であった源平合戦を経て日本文明が確立したと考えられる。（拙著『日本文明論と地域主義』参照）その後の日本は明治の御一新に至るまで自律的な展開を遂げている。この間、インド起源の仏教や中国の儒教を日本流に咀嚼・吸収した。そして、明治以降は西洋近代文明を移入して自家薬籠中のものとした。正に我国は東西両洋文明の坩堝なのである。これからの世界文明、地球文明は人類文明の諸遺産を継承したこの日本からスタートするに違いない。それを可能とするのは日本列島の自然であり、言語であり、今なお我々の中に生きる文明化以前の太古の人間の持つ生々たる命であろう。「清・明・直」の古神道の世界である。西洋近代文明を超克する原理は「脱亜超欧」という四文字で表現されると思う。大正十一年に来日されたアインシュタイン博士の人口に膾炙《かいしゃ》した啓示とも符合する。

明治開国以来の脱亜入欧米は上からの改革であった。それに対して脱亜超欧は土着、下からの創造を意味する。それは成長、拡大ではなく持続可能な循環系社会の構築であり、新しいライフスタイル、文化、文明の創造である。言い換えれば新たなる共同体の再建、創造ということである。それは日本列島のどこかではじまるだろう。私は既に当比企地方は自己完結的な小世界を形成してきたと云った。有力な候補地足りうるだろう。私は偶々縁あってこの土地に生まれ育った。私はこの比企の地から「脱亜超欧」の狼煙を上げたい。新都の意味するところである。

むすび

マルクス・エンゲルスの『共産党宣言』をもじっていえば目下グローバリズムという妖怪が世界を徘徊している。その正体はといいえば国境を越える資本であり、多国籍企業、軍産複合体といったところであろう。目指すところは国際金融による世界支配、ワン・ワールドということらしい。これを透視すれば人間の生きた証ともいうべき文化や伝統、地域社会を破壊し、地表を更地と化し、その鉄火場で熾烈な競争、効率、損得を競う修羅場の現出である。思わず慄然とし、目をそむけたくなる。暗澹たる未来だ。チビクロサンボの寓話にカラフルなパラソルをサンボから奪った虎が互いに競い合い、はては溶けてバターになってしまう。サンボはしめしめといわんばかりにこのバターをちゃっかり瓶の中にいただいてしまう。この物語は現在の世界市場、国際金融に諭えられないであろうか。こうした現今の世界の潮流、趨勢に抗する術があるのだろうか。蟷螂《とうろう》の斧かもしれないが、私はあえて一灯行の実践といいたい。一灯行とはローソクが身を焦がして一灯を点ずる謂いと理解している。人間の自由と独立、尊厳のためにはこの種の市場や貨幣の支配から遠ざかるにしくはないだろう。古来からの「晴耕雨読」や「鼓腹撃壌《こふくげきじょう》」は人類究極の理想なのであろうか。

最後に本稿を擱筆するに当たって青年時代に傾倒したオスヴァルト・シュペングラーの浩瀚《こうかん》の書『西洋の没落』の冒頭に掲げられたゲーテの詩を紹介したい。

無限の中に　同じものが
幾度か繰り返されて、永久に流れる時、
数千の丸天井が
力強く入り交って閉される。
小さな星から、大きな星から
あらゆるものから、生きる喜びが流れ出る。
さて、すべての押し合い、全ての争いは
主である神の中なる永遠の休み。

村松正俊　訳

坂東十一番　岩殿山安楽寺の三重塔（切り絵　戸田幸子）

第四号
比企一族の発掘と顕彰
―NHK大河ドラマへの挑戦―

三十年間の回顧と展望
―第四刷への序に代えて―

平成五年の演劇「滅びざるもの―比企一族のために―」の上演でスタートした不肖の比企一族の発掘、顕彰は令和四年の大河ドラマ「鎌倉殿の13人」に比企氏が登場することを以て一応終結したと考える。八月十四日はお盆であったがこの日のドラマで比企一族は滅んだ。これで比企氏の登場も終わるだろう。

NHK大河ドラマ「鎌倉殿の13人」の主役は北条義時であるからドラマは北条よりに展開し、比企氏は北条氏の最大のライバルとして悪者扱いされている感がある。これは史実に反しており、同ドラマについては正直なところ不平、不満だらけである。しかし、大河ドラマということでようやく全国に比企氏の存在、あるいは比企エリアのことが知られる契機となるかもしれない。

私どもは、昨年半年間かけて比企氏の真実の姿を伝えたいとの思いから紙芝居「比企氏物語」を企画、制作した。文・比企総合研究センター（原作は代表の私、脚本は長谷部光子同参与）、絵・藤本四郎、制作・埼玉県比企郡滑川町である。絵の藤本四郎氏は嵐山町に居住、テレビで放映された人気番組「日本昔ばなし」の絵を描いたベテランである。同紙芝居はユーチューブ「滑川町紙芝居」でご覧になることができる。おかげさまで好評のようでアクセスは既に一万件を超えている。さらに紙芝居「比企氏物語」は同町から地元、県内図書館はもとより国立国会図書館、全国の県立図書館等に寄贈された。（発行部数六〇〇）

いずれにしても日本の歴史の中で真に時代を画する偉業であった鎌倉武家政権誕生の陰の立役者ともいうべき比企氏の存在が知られ、正当な評価が待たれるところである。不肖が微力ながら比企氏に取り組んだ三十年を回顧する時、当地方覚醒の一助になれば望外の喜びである。

令和四年　お盆

第三刷への序

来年のNHK大河ドラマ「鎌倉殿の13人」に郷土の名族比企氏が登場する。一月スタートであるから間もなくである。主役は伊豆の北条義時であるが、目下放映中の「青天を衝《つ》け」の次は私どもの番という思いがある。平成五年の演劇「滅びざるもの―比企一族のために―」の上演以来三十年の歳月が経過した。この間、主だった関係者は全員他界された。月日が経ったわけである。それはさて置き、昨年の十二月十九日（土）に大河ドラマ「鎌倉殿の13人」比企市町村推進協議会が発足した。そこで、これに関係する一章を最後に加えて第三刷を発行することにしたわけである。

ところで、同推進協議会は残念なことに遅々として進んでいない。私はキャリアから相談役を仰せつかったが一度も相談に与っていない。大河ドラマという地域覚醒の千載一遇のチャンスをみすみす見逃すのであろうか。残り時間の少ない現時点において未だ幟、チラシ、ポスターの類ができていないのである。私は一個人として長期間取り組んできたものであり、協議会とは関係なくこのチャンスを生かすべく微力ながら努力している。因みに絶版になっていた『甦る比企一族』（比企一族顕彰会刊、平成八年十月五日発行）を迎え盆の日である八月十三日に比企総研で復刻した。帯文の表は「二〇二二年NHK大河ドラマ　鎌倉殿の13人　郷土の名族比企氏登場」、裏面は以下の通りである。

「日本の歴史の中で真に時代を画する偉業とは何であったろうか。それは、いうまでもなく日本の大地に根を下ろした鎌倉武家政権の誕生である。そして、その最大の功労者はといえば、流人頼朝を二〇年の長きにわたって支え続けた比企尼を筆頭とする比企一族であった。」

又、私はこの機に「比企三姫」の記念切手を発行する。比企三姫とは私が名付け親で既に日本酒を販売している。因みに比企尼長女丹後局（島津家初代忠久生母）、姫ノ前（北条義時夫人）、若狭局（比企能員息女、二代将軍源頼家夫人）である。そして、こ

の第三刷を発行したのであった。（一〇〇〇部、累計三〇〇〇部）

私はこの三十年を回顧する時、極言すれば比企氏とともに歩んできたような気がする。郷土の先達である偉大な比企氏の存在を地域、地元の方々に身近に感じて頂くために様々な趣向を凝らしてきた。内容は本文にある通りである。私も高齢となり、比企氏について記すのはこの小文が最後となろう。この間、充実した楽しい日々であった。ご縁を頂いた比企一族に改めて感謝申し上げたい。

令和三年十月吉日

第二刷への序

去る一月八日、ＮＨＫは二〇二二年の大河ドラマを発表しました。

タイトルは「鎌倉殿の13人」で、脚本は三谷幸喜氏。「新撰組」「真田丸」につぐ大河ドラマ三作目となります。主役は小栗旬扮する北条義時のようですが、当然鎌倉幕府筆頭格の比企氏は登場します。二月二十一日、ＮＨＫの担当プロデューサーである吉岡和彦氏が当地にお見えになりました。

比企氏は源頼朝の乳母《めのと》の家系で、頼朝が平治の乱に敗れて蛭ヶ小島に流されると比企尼と称される乳母を中心に一族を挙げて二十年もの長きにわたって支援し続けました。比企の地名を名乗った郷土の名族比企氏は、鎌倉武家政権樹立の最大功労者であります。

比企氏は二代将軍源頼家の外戚として権勢を振るいましたが、比企氏の存在を目の敵《かたき》とする北条氏の謀略により、八〇〇年ほど前に滅ぼされてしまいました。世にいう「比企の乱」ですが、比企氏は北条氏の仕掛けた罠にまんまとはめられてしまったのです。比企氏の汚名挽回、その功績を正当に評価してほしいと三谷氏に期待しています。

なお、平成五年の東松山松葉町郵便局開局十周年の記念事業である演劇「滅びざるもの―比企一族のために―」の上演以来、不肖の活動をサポートして下さった最後にして最愛の同志鈴木俊江さん（比企総研参与）は、この吉報の直後の二月十六日に逝去されてしまいました（享年八十）。長年にわたる御支援・御協力に心から感謝申し上げ、お別れの言葉といたします。

合掌

令和二年　春彼岸

「比企学事始」第四号

比企一族の発掘と顕彰—ＮＨＫ大河ドラマへの挑戦—
発行に当たって

日本陽明学の泰斗、平成元号の提案者、天下の木鐸《ぼくたく》として一世を風靡した安岡正篤《まさひろ》先生（一八九八〜一九八三）ゆかりの金雞《きんけい》神社が嵐山町の郷学研修所内に鎮座いたしております。金雞神社が酒井伯爵邸から日本農士学校で祀られ、現在地（安岡正篤記念館前）に移設されたのは昭和五十九年十一月のことでした。爾来同社では春の祈年祭、及び秋の社稷《しゃしょくさい》祭を奉斎して五穀豊穣と家国の安寧を祈願されてきました。

秋の社稷祭には全国の有縁の方々からの奉納品があり、参列者に配付されます。又、この式典では記念講演が開催されます。昨年はからずも不肖が講師の大役を仰せつかりました（十一月二十三日）。講演の内容につきましては郷学研修所・安岡正篤記念館発行の季刊誌『郷学』の第九八号、第九九号、第一〇一号と三回にわたって連載されました。『比企学事始』第四号はそれを一冊にまとめたものでございます。（一部加筆）

私の講演の内容は歴史の中に埋もれた郷土の名族比企氏の発掘、顕彰に微力ながら取り組んだ四半世紀の足跡であり、そのリポートとなっております。この間、劇作家の湯山浩二先生（故人）、飯島正章東松山市民劇場会長（故人）、映像の斉藤次男（株）社会計画研究所代表（当時）、後藤伸行日本切り絵同好会会長、作家の篠綾子先生をはじめとして多くの方々に御支援、御協力をいただきました。ここに改めて深甚なる謝意を表する次第です。

なお、金雞神社は安岡正篤先生門下の高齢化に伴い川越市内の八幡神社に遷座されるとのことでございます。不肖の講話が最後の記念講演となってしまいました。移ろい行く時を感じてなりません。

平成二十九年　文化の日

私はお隣りの東松山市で生まれ育ちました。安岡正篤先生の謦咳に接することはできなかったのですが、前郷学研修所長の関根茂章先生から安岡先生について縷縷お話を伺う機会がありました。そんなわけで私も安岡先生を私なりに身近に感じさせて頂いております。

ところで、奈良時代初頭の律令国家が成立した頃、当地方は比企郡と言われ、比企氏の祖は比企郡司の家系と言われています。この比企氏が歴史の檜舞台に躍り出たのは、比企禅尼と称される一女性の存在です。比企尼は源頼朝の乳母でした。頼朝は平治の乱に敗れ、伊豆の蛭ヶ小島に流されました。この流人頼朝に二十年の長きにわたって手を差し伸べたのは、比企尼を筆頭に比企一族でありました。頼朝が晴れて鎌倉に幕府を開くと禅尼は、鎌倉の一等地に広大な土地を与えられました。同地は比企ヶ谷と呼ばれ、現在日蓮宗最古の寺長興山妙本寺となっています。

比企氏の口伝・伝承

ところで、頼朝の嫡男頼家は比企邸で生まれ、比企の女達が乳母になりました。次男の実朝は北条邸で生まれ、北条の女性が乳母になっています。頼朝は大恩のある乳母の家系比企氏と、夫人の政子の実家北条氏と微妙なバランスをとって政権維持を計ったのかも知れません。そして、頼朝の嫡男頼家は比企氏の娘若狭局と結ばれ、一幡、娍子《よしこ》（後の竹ノ御所、四代将軍頼経夫人）の一男一女をもうけました。相続が順調に推移すれば比企氏の天下となります。これを北条氏が黙って見逃すはずがありません。一計をめぐらしました。当時二代将軍頼家は重病でした。北条時政は将軍の平癒を願って薬師如来を造り、その落慶法要と偽って比企氏の棟梁能員を北条館に招き謀殺、北条勢は雲霞の如く比企氏館を襲い一族を殲滅してしまいました。世にいう「比企の乱」（一二〇三年）です。別に比企氏が乱を起こしたわけではありません。北条氏の謀略にしてやられたということです。

俗に勝てば官軍、敗れれば賊軍という言葉があります。正史とは時の勝者を正統化する為に記録されるのでしょう。それでは賊軍となった敗者には何が残るのでしょうか。口伝、伝承の類がそれであると思います。近代史学は実証主義といわれ、文書や物証がなければ相手にされないようですが、最近この種の口伝、伝承もそれなりに評価すべきという気運があります。勿論、尾鰭、背鰭がつき精査する必要はありますが、はなから無視するというは学問的態度とはいえないと思います。火のないところに煙はたたないのですから…。

そこで敗者である当地方比企の里にも比企氏の足跡をとどめる口伝、伝承の類がございます。二、三例を挙げますと「大谷（東松山市北方）は九九谷といわれ、もう一つ谷があれば幕府はこの

里に開かれた」と土地の古老は伝えています。又、地名に鎌倉や伊豆と類似したものがあります。扇谷、長谷、腰越、主膳寺等、又滑川は鎌倉唯一の川ですが当地ではなめがわ、鎌倉ではなめりがわとなっています。又、若狭局の悲話を伝える串引沼の伝承があります。若狭局は夫頼家から頂いた鎌倉彫りの櫛を眺めては往時を偲び涙にくれていました。その傷ましい姿を見るに見かねた祖母の比企禅尼から思いを断つようにといわれ、若狭は泣く泣く形見の櫛を沼に放ち捨てたというものです。この沼は串引沼といわれ、川越カントリー（東松山市大谷）の一角にあります。

そして唯一の物証は若狭局が伊豆の修禅寺から持ち帰ったと伝えられる頼家公の位牌です。若狭局は比丘尼山（串引沼の隣）の麓に草庵寿昌寺を結び、夫の菩提を弔ったといわれています。江戸初期同地（大岡村）は旗本森川金右衛門二二〇〇石の領地となり、森川氏は菩提寺宗悟寺の開基となりますが、寿昌寺を中興したともいわれ、頼家のお位牌は曹洞宗の古刹扇谷山宗悟寺に安置されています。随分年代もので一部破損しています。正確な年代測定をすれば鎌倉期のものか否か判断されると思いますが、これも火のないところに煙は立たない事例かと思います。

源平合戦の歴史的意義とは

私はこの比企一族の発掘、顕彰こそ当地方覚醒の狼煙になると

日本歩け歩け協会発足 30 周年記念公演　演劇『滅びざるもの』の上演
（平成６年６月５日）於：日比谷公会堂

確信しました。ここで皆様の注意を喚起したいのです。それは源平合戦の歴史的意義についてです。ＮＨＫの大河ドラマのテーマは大体源平合戦、戦国時代、幕末維新に大別されます。幕末維新は欧米先進国の日本侵攻という一大ショックを抜きに語れません。正に外圧の産物です。戦国時代も日本の植民地化を策する宣教師やポルトガル人、スペイン人の存在を看過できません。しかるに源平合戦は純然たる内乱でした。この戦いに源氏が勝利することによって古代国家成立以来の中国の影響を脱して、我国はその後自立的な展開を遂げるようになります。日本の歴史を画する最大の事件、偉業は鎌倉武家政権の成立でありました。

私流に言わせるとこの機に日本文明が確立されたのです。武家社会の成立であり、朝幕併立の体制、個人の内面を救済する鎌倉仏教の成立等々です。極東に位置する日本と極西に位置する西洋とは並行進化を遂げて今日に至っております。（詳しくは拙著『日本文明論と地域主義』参照）

天下の草創

日本の歴史を画する最大の事件、偉業は鎌倉武家政権の成立です。源頼朝はこのことを自覚していて自ら「天下の草創」と呼びました。そして、この天下の草創の陰の立役者が比企一族でありました。

比企氏の出自等は今なお不明で謎に包まれています。比企郡川島町中山の金剛寺に伝わる系譜によれば、相模の波多野氏に連なるようです。つまり、波多野遠光が比企郡の郡司となり比企氏を名乗ったというわけです。この比企氏が歴史の檜舞台に登場する契機となったのは、比企遠宗（遠光から三代目）夫人の比企尼が頼朝の乳母になったことによります。頼朝には数名の乳母がいたようですが、平治の乱に敗れ、蛭ヶ小島に流された頼朝を一族を挙げて二十年の長きにわたって援助し続けたのは、彼女一人でありました。長女の丹後局の夫安達盛長、次女の夫河越重頼、三女の夫伊東祐清とその土地の有力者に娘を嫁がせています。比企氏は美形が多かったようで、比企氏の美人外交ともいわれています。作家の永井路子氏も比企尼を「鎌倉の一原点」と評しております。いずれにせよ、比企氏の存在は頼朝を支え、頼朝の旗揚げの最大の支援者であったことは間違いありません。

演劇「滅びざるもの」の上演

このように偉大な比企氏であり、その本貫地が当地といわれながら地元にあっても比企氏を知る者は寥寥たるものでした。昭和二十九年に松山町と近隣の四ヶ村が合併して東松山市が誕生すると、比企という郡名は使われなくなり、比企という名前すら市民にとって縁遠くなっていたのです。しかも敗れた一族ですから歴史の痕跡と呼べるようなものもありません。比企氏の館跡すら今なお不明の状態です。しかし、日本の歴史に偉大な足跡を残した比企氏は、我が郷土の先達であります。この先達を顕彰する方法はないか思案いたしました。そこで思いついたのが演劇です。これならフィクションでいいわけです。

私の当時の職場である東松山松葉町郵便局開局十周年の記念事業として比企氏をテーマとした演劇を企画・上演することに決しました。制作は地元のアマチュア劇団である東松山市民劇場（飯島正章会長）にお願いしました。脚本は劇作家の湯山浩二先生に書き下ろして頂きました。先生は、私が東京で三十年間代表を仰せつかった社会人大学文明論講座（四年前閉講）の仲間です。脱サラで脚本家となり、昭和五十八年文化庁より「ジャングルの刻《とき》」で舞台芸術奨励特別賞を受賞されています。先生は鎌倉市にお住まいで、ライフワークは日本のハムレット源実朝を書くことでした。私が脚本を依頼すると、兄の頼家か、それなら兄貴の方から始めようと快く引受けて下さいました。

湯山先生には現地視察ということで当地方へご足労頂き、関根茂章先生や清水清先生等と御案内をさせて頂きました。頼家公のお位牌のある扇谷山宗悟寺、木曽義仲が産湯をつかったという鎌形八幡神社、あるいは大蔵合戦の舞台となった大蔵神社、又義仲、子息の義高とも縁の深い班渓寺等々を御案内したわけです。先生も史蹟の数々に驚かれ、何故未だ誰も手をつけていないのだろうと不思議そうに語っていたのが印象的でした。いずれにせよ、東松山松葉町郵便局開局十周年記念、湯山浩二作、東松山市民劇場制作による演劇「滅びざるもの―比企一族のために―」は、平成五年の十月二十三日、二十四日と二回当市の文化会館で上演され、二千名の観客に深い感動と感銘を与え、比企一族は劇的に甦った感がありました。おかげさまで当市始まって以来のイベントと高い評価を頂くことができました。

ここで余談になりますが、演劇「滅びざるもの」の上演に先立って平成の武蔵武士ともいうべき十数名の友人、仲間が上演の成功を祈って地元の畠山重忠館跡をスタートし、鎌倉の鶴ヶ岡八幡宮と比企氏館跡である長興山妙本寺を参詣して下さいました。上演の大成功はこうした友人達の応援の賜だったのでしょう。その距離およそ一〇〇キロ、鎌倉街道・上《かみ》ッ道を二日がかりで完歩されたのは三名、その中二人は既に他界されました。歳月が経ったのですね、合掌。この間のことは「東松山市民の会」会報「カルチャーリポート」№29号（平成五年九月一日発行）に記されております。なお、ポスターは当市在住の古川勝紀画伯（安井賞展、上野森美術館大賞他多数受賞）にお願いしました。歴史劇にふさわしいシルクスクリーンの見事な作品でした。このポスターは後ほど述べます篠綾子著『武蔵野燃ゆ』の表紙として再度使用させて頂きました。

ところで、今振り返ってみますと「滅びざるもの」の上演はその後延々と続く比企一族の発掘、顕彰の序曲でした。偶々この劇を日本歩け歩け協会（現日本ウオーキング協会）の金子智一会長がご覧になっていたのです。十一月三日の文化の日前後に当市の松山第一小学校を中央会場にして、ウオーキングの最大の祭典日本スリーデーマーチが開催されます。今年は三十九回でした。五キロ、十キロ、二十キロ、三十キロ、五十キロと幾つかのコースがあり、未だ武蔵野の面影を残す秋の比企路を踏破する当地方最大のイベントです。

そして、同協会の金子会長から、「来年日本歩け歩け協会発足三十周年を迎えるので、その記念にこの劇を東京の日比谷公会堂で上演して頂けないか」ということでした。思いもかけなかったことですが、私は市民劇場の仲間に発破をかけ、この要請を受けて立つことにしました。

平成六年六月五日、全国から集ったウオーカーで日比谷公会堂は満席、二千人の方に見て頂くことができました。比企一族の劇は地元でスタートしたのですが、およそ半年後に東京公演になったわけです。地元からもバス一台応援にかけつけました。祝賀会を松本楼で開催したのですが、感涙にむせぶ金子智一会長の謝辞が今なお脳裏に焼きついております。

比企一族顕彰碑

平安時代末期から鎌倉時代初期に亘る約百年の間郡司として比企地方一帯を支配し、一族をあげて源頼朝公を援け鎌倉武家政権創立の原動力として大きな役割を果した比企氏の足跡は、その広さと歴史的意義において正に私達の郷土の歴史の原点であります。

今やこの比企一族滅んで八百年、その遠忌に当る二〇〇二年を目前にして、このたび東松山松葉町郵便局開局十周年フェスティバルとして行なわれた歴史劇、湯山浩二作・東松山市民劇場制作『滅びざるもの―乱世に燃ゆる比企一族の記』は、多くの人々に深い感銘を与えこの偉大な先人の姿を甦らせました。

こゝに郷土を愛し比企一族を愛する私達有志が相計り、日本歴史の一大変革に果した郷土の先人の偉業を讃え永く後世に伝えるため多くの方々の協賛を得て、若狭局が持ち帰ったと伝えられる二代将軍頼家公の位牌を安置するゆかり深い扇谷山宗悟寺にその顕彰碑を建設することとしました。

平成六年十一月吉日

比企一族顕彰碑建設委員会

清水　清　撰文

吉田鷹村　書

比企一族顕彰会　丹後局を祀る花尾神社参拝（平成 11 年 12 月 3 日）
中央が島津修久氏

その後も平成八年十月五、六日、又ミレニアム記念フェスティバルとして平成十二年十二月九、十日。計七回上演、集客数は延八千名余になると思います。定員四名の特定郵便局（民営化後死語）が仕掛けたイベントとしては空前絶後ではないかと自負しております。

比企一族顕彰碑の建立

「運命の女神は前髪をつかめ（後頭部は禿げているから）」という箴言があります。私は日比谷公会堂での公演後、直ちに比企一族顕彰碑を建立することを提案しました。賛同を得、頼家公のお位牌の安置された扇谷山宗悟寺境内に碑を建立することになりました。協力者六七四名、浄財四〇五万円で立派な碑が平成六年十一月二十五日に建設されました。この顕彰碑こそ、この地が比企氏の里であることを内外に示す金字塔であります。当日、関根茂章先生は歌を二首詠んで下さいました。関根先生の和歌と「比企一族顕彰碑」をご紹介させて頂きます。

比企一族顕彰碑の建立

関根茂章

永久《とこしえ》に朽ちざるみ魂《たま》あかあかと
　このふるさとに生きておはすも
魂鎮《たましず》む誦《ず》経の声はふかぶかと
　み空にしみて響《な》りわたりゆく

比企一族顕彰会の発足と活動

比企一族顕彰碑の建立と前後して比企一族顕彰会が発足しました。顕彰会の活動で特筆すべきことは、比企氏について初めて纏められた著書、清水清編著『甦る比企一族』（平成八年十月五日）を発行したことです。この本は比企氏ゆかりの地当市大谷に生を享けた清水先生が、中学校の教師のかたわら郷土史の研究を集大成したもので、この本の発行によって現時点である程度了解される事跡が纏められたと思います。

同著は二千部発行したのですが、既に完売になっております。又、会員で比企氏ゆかりの伊豆や鎌倉の妙本寺等を歴訪しました。特に比企氏の流れを汲む鹿児島の名族島津氏への旅は有意義でした。島津家初代忠久公の生母は比企禅尼の長女丹後局です（鳥帽子親は畠山重忠）。比企氏は滅ぼされた一族とはいえその血脈、道統は島津氏に伝えられているわけです。

平成十一年十二月初頭、我々一行二十名は鹿児島を訪れましたが、丹後局を祀った花尾神社にご当主修久《のぶひさ》様がお出迎え下さいました。我々と島津氏との出会いは八百年ぶりの再会とでも形容すべきものでした。

現当主修久様は三十二代で、島津興業の会長や島津斉彬公を祀った照國神社、島津家累代を祀る鶴ヶ嶺神社等の宮司をされています。私は島津様と会話をする機会がありますが、天皇陛下のことが話題になると、天皇様とおっしゃいます。修久様と平成の天皇とは親族、はとこの関係におありなので身近に感じられるのかなと思いました。

若干補足しますと、薩摩の最後の殿様島津忠義公の息女が皇族久邇宮家に嫁がれ、その第一王女が昭和天皇妃香淳皇后様です。又、御分家の佐土原島津家に天皇の妹貴子様が嫁がれています。島津氏は日本を代表するご名家ですが、その源流に比企氏がいるわけです。

日置《ひおき》郡郡山《こおりやま》町（現鹿児島市、日置は比企に通じると思われます）に丹後局を祀った花尾神社がございます。薩摩日光といわれ、きらびやかな中にも荘厳さが漂っております。丹後局を輿に乗せた道中祭りが催行され、今なお土地の人に慕われています。同社の例大祭は九月二十三日で、私も二、三度参列させて頂きましたが、玉串奉奠は御当主の次で丹後局の実家の人として遇されているようです。

　島津忠久公は大阪の住吉大社で出産されました。五年ほど前御当主からお電話があり、忠久公生誕の記念祭をはじめて斎行するのでご出席頂きたいとのことでした。長女を連れて参列、翌年も参上しました。今年で四回目になりますが、娘は皆勤のようです。私は花尾神社の例大祭、住吉大社の誕生記念祭にも、後にお話ししますが、比企の地酒「丹後局」を御奉納させて頂いております。「丹後局」の銘柄は勿論島津修久様に御揮毫頂きました。歴史の取りもつ縁で島津修久様とは親しくして頂いております。そんなわけで、私は局退職後余生の道楽として、局の隣に比企総合研究センターを立ち上げましたが、御多用にも拘わらず名誉顧問に御就任頂くことができました。

　余談はさておき、顕彰会では「比企新報」という会報を三号まで発行しました。会の活動や研究内容を知ることができます。会発足時には二百名近い会員がいたのですが、高齢化が進み大半の方が他界されました。そこで平成二十五年十一月に同会を閉会したのですが、記念に頼家公位牌の御厨子を寄贈させて頂きました。これで一安心です。

　地元での比企氏の研究は裾野を拡げ、比企という地名も一般市民の間で身近な言葉になってきました。比企の名を冠した法人やサークルが多々あります。比企氏の研究に関していえば、私は二十年ほど当市の生涯教育機関である「きらめき市民大学」で講義をさせて頂きました。受講生が中心になって五年ほど前に比企一族歴史研究会が発足、昨年西村裕・木村誠編著『探訪比企一族』(まつやま書房)という立派な研究書が発行されました。売上げも上々とのことです。不肖の二十年余の努力が報われつつあるのかもしれません。比企氏の研究については後進にバトンを渡すことができました。

地酒「比企三姫」の発売

　郷土の名族、先達である比企一族を身近に感じて頂きたいとの思いから地酒「比企三姫」を発売することにしました。本県には全国的に著名な銘柄の酒は少ないように思われますが、生産量は全国四位を誇っています。殊に当比企地方は関東灘の異名があるように、現在小川町に三つの酒

島津修久氏に御揮毫いただいた
比企の銘酒「丹後局」

蔵があります。「比企三姫」はその一つである帝松の松岡醸造に制作して頂きました。比企三姫とは「姫ノ前」「若狭局」「丹後局」でそれぞれ吟醸酒、純米酒、大吟醸となっております。本日ご参考までに持参させて頂きました。後ほど直会の席で試飲して頂ければと思います。比企地方の酒を味わってみて下さい。

さて、「姫ノ前」は平成八年の演劇「滅びざるもの」の第三回目の上演の折に発売されました。姫ノ前という女性は比企朝宗の息女で絶世の美女と吾妻鏡に記されています。頼朝の信任が厚く権威無双の官女といわれました。北条義時に懸想されて室になりますが、その時離別をいたすべからずという起請文をとり我国の契約結婚第一号という栄誉を担っています。義時との間に高名な六波羅探題の主北条重時がおり、孫の長時は六代執権になりました。若狭局は比企氏の棟梁能員の息女であり、二代将軍源頼家夫人です。頼家との間に嫡男一幡、そして後に四代将軍頼経の夫人となる竹ノ御所がおります。

ところで、平成十二年のミレニアム記念フェスティバルとして第四回目になる演劇「滅びざるもの」の上演の折、当市大谷の串引沼（川越カントリー内）に伝わる若狭局の悲話を題材にした創作日本舞踊「若狭」を発表、上演いたしました。「若狭」の内容は概略次の通りです。

最後の丹後局は頼朝公乳母比企禅尼の長女です。二条院に仕え、無双の歌人といわれました。島津家初代忠久の生母であり、忠久には頼朝御落胤説があります。「丹後局」は「若狭局」と同じく平成十二年に発売されました。三姫は局（東松山松葉町）隣の「日の義酒店」で販売されています。私は三姫が揃ったところで化粧箱を製作し、当局のオリジナル商品、ユーパックとして販売し、街おこしに一役買うことができました。

化粧箱には下記のような私のメッセージが記されています。

映像「比企讃歌」の企画・制作

比企一族は建久三年（一二〇三）北条氏の謀略によって滅ぼされましたが、平成十四年（二〇〇二）は八〇〇年遠忌に当たり、一族の供養と顕彰、又こうした郷土の歴史を踏まえて当比企地方の将来、明日を考えるという視点で私は映像「比企讃歌」を企画・制作いたしました。丁度その頃地方分権一括法が施行（二〇〇〇年四月一日）され、分権の受け皿としての市町村の再編、合併が国策として提起されました。

ところで、比企地方は現在一市七町一村で人口はおよそ二十三万人、面積は三八四平方キロメートルで本県の中央に位置します。八〇〇メートル近い山波、丘陵、台地、広大な沃野に幾つかの河川と一大パノラマを形成しています。郡下に生態系がまとまった形でそのまま展開している稀有な例といっていいでしょう。比企

若　狭

作詞…比企一族顕彰会　作曲…今藤長龍郎

振り付け…花柳せいら

この武蔵野の比企の地に串引沼といいし小沼あり
この池に今なお伝わる哀《か》しき物語《はなし》
今を去る八〇〇年の古事ぞ
二代将軍源頼家公が御台所
みめ麗しく、佳人の誉れ高き若狭局その人なり
この若狭、己が黒髪くしけずる櫛を眺《み》ては思いやる
ああ、春の陽、桜花《おうか》吹りしきる風の中頼家様と八幡宮に
詣でしか
夏の朝ぼらけ、由比ケ浜に遊びしや
鎌倉山に出でし月を賞《ながめ》し秋の夜
木枯らし吹き抜ける寒き冬は手をとり合いて温《だん》をとる
ああ、この鎌倉彫りの櫛こそは
われ、一幡を生みし時、若狭でかしたよくやった、これ
で源氏の御代は安泰じゃと
はしゃぎにはしゃぎし頼家様、記念《しるし》に拝し品なりき
ああ、この世は我が為にあるかと思いきや、
流転、無常は世の定め、
この櫛こそわが胸を引き裂く刃《やいば》となりにけり
これぞ宿世、煩悩ぞ、この煩悩を断ちてこそと
遺品《かたみ》の櫛を池に放ち捨て、今はただ頼家様のご法名、
寿昌と名づけし草庵にて
後生、菩提を弔うばかりなり
南無阿弥陀仏、南無阿弥陀仏、南無……

切り絵「若狭局と串引沼の秘話」　後藤伸行（日本切り絵同好会会長）

地方の特色は正にこの自然にあります。そのためには空撮が必要となりますが、川島町にホンダのエアポートがあり、ここからセスナ機に搭乗して比企の山河を空撮することができました。本来三十五分でありますが、時間の都合で十五分に短縮したものをこれから皆様に見て頂きます。

　この映像の中には演劇「滅びざるもの」の場面や当地方の名所や旧蹟、伝統芸能、勿論安岡正篤記念館や日本農士学校跡碑も紹介させて頂きました。私には映像の知識がないものですから、山田洋次監督の「男はつらいよ」などのプロデューサーをされていた旧知の斉藤次男氏に応援して頂きました。カメラマンは「素晴らしい世界旅行」の朝田健治氏、ナレーターはＮＨＫの元アナウンサーの和田篤先生にお願いしました。それぞれの分野の第一人者にご協力頂くことができたので、比企氏の八〇〇年遠忌にふさわしい作品ができたと思っています。この映像は当初ビデオでしたが、好評で都合一二〇〇本ほどダビングいたしました。比企地方の歴史や文化がわかるということで、教職関係者や市町村議員（合併問題を扱っておりましたので）の方にも喜ばれました。平成十五年三月には、比企ＪＣ主催による比企地方の首長が勢揃いした「合併を考える集い、シンポジウム」が、当市の文化会館で開催されましたが、それに先立ってこの「比企讃歌」が上映されました。若干補足しますと、当比企地方の合併については都幾川

比企三姫《ひきのさんひめ》（若狭局　丹後局　姫ノ前）

当地方は鎌倉武家政権を樹立した武蔵武士の根拠地である。中でも当市を本拠とした比企氏は源頼朝の乳母の家系で比企能員の息女若狭局は二代将軍源頼家の室となった。

源頼朝の乳母比企尼の長女丹後局は九州島津家祖島津忠久の生母である。又、比企朝宗の息女姫ノ前は北条義時の室となり北条重時を生み、孫の長時は６代執権となった。

北条氏の謀略によって滅亡した比企一族は、平成５年に当局開局 10 周年の記念事業として上演された郷土史劇「滅びざるもの」によって 800 年ぶりに甦った。又、同劇は翌年日本歩け歩け協会発足 30 周年の記念公演として東京の日比谷公会堂で再演された。

これを機に比企氏ゆかりの扇谷山宗悟寺に比企一族顕彰碑が建立され、比企一族顕彰会が発足したのである。比企一族顕彰会では「甦る比企一族」の刊行、又比企三姫の名を冠した地酒を販売した。又、平成 12 年にはミレニアム記念フェスティバルとして通算で７回目になる「滅びざるもの」の上演と当市大谷の串引沼に伝わる若狭局の悲話を題材にした創作日本舞踊「若狭」を発表した。

この度、当局では郷土の歴史を広くアピールするために本品の他に比企三姫のレターセット、絵はがきを作成した。本品をお買い上げいただいたお礼に絵はがきを同封させていただいた。礼状にご利用されたい。

なお、銘柄の若狭局は岸根卓郎京都大学名誉教授、丹後局は島津家 32 代当主島津修久氏、姫ノ前は江原輝二前東松山箭弓郵便局長に御揮毫いただいた。

東松山松葉町郵便局長記

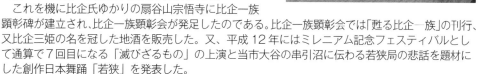

比企丘陵遠望　遠藤幸男画

村と玉川村が合併して、平成十八年二月一日にときがわ町が誕生しましたが、比企広域都市の実現には至っておりません。時代が縮小社会へと向かう現在、当地方にとって今後の課題であるといえます。

ビデオでスタートした「比企讃歌」ですが、その後ＤＶＤとなり、現在比企総合研究センターのホームページで他の動画（演劇「滅びざるもの」、創作日本舞踊「若狭」等）と同様ご覧になることができます、ご参考までにホームページのアドレスを記します。

URL：kttp//www.hikisouken.jp/

篠綾子著『比企・畠山・河越氏の興亡　武蔵野燃ゆ』の発行とＮＨＫ大河ドラマへの挑戦

「関八州は天下に敵し、武蔵の兵は関八州を征す」という人口に膾炙した言葉があります。そして、この比企地方は二代将軍源頼家の外戚となる名族比企氏の本貫地であり、又坂東武士の亀鑑と謳われた畠山重忠が館を構えていました。さらに武蔵七党と称される有力にして無名な中小武士団の存在であり、当地方は武蔵武士の根拠地と言っても過言ではないでしょう。又、後の旭将軍木曽義仲が生誕したのもこの地でありました。

ところで、比企氏の末裔と称する齊藤喜久江、齊藤和枝姉妹が『比企遠宗の館跡』（まつやま書房二〇一〇年十月五日）を発行されました。同書は同家の八〇〇年にも及ぶ口伝、伝承を集大成したものです。詳細は同著に譲りますが、源頼朝乳母比企遠宗夫妻は鎌倉を坂東支配の拠点とする源義朝の命を受けて、川田谷（現桶川市）から和泉（現比企郡滑川町）に館を構えたという。通称三門《みかど》館であり、その遺跡は今なお現存しています。当時、義朝と多胡（群馬県）から進出してきた弟の義賢《よしかた》は北武蔵の覇権を巡って激しく争っておりました。三門館は義賢打倒の最前線に位置します。義賢の居館、大蔵館とは指呼の間五キロほどです。そして、義朝側と義賢勢が干戈《かんか》を交えた大蔵《おおくら》合戦（一一五五年）は、武蔵武士のヒーローが全員集合した観がありました。因みに義朝の長男悪源太義平は正代《しょうだい》館（東松山市高坂）から叔父の義賢を襲い殺害、又武蔵国留守所惣検校職を巡って秩父平氏は骨肉の争いを展開していました。これが大蔵合戦の背景にあります。畠山重能《しげよし》（重忠の父）は、叔父の重隆（後の河越氏祖）を討ちました。そして、幡羅郡長井庄の斎藤別当実盛は義朝に与《くみ》しました。敗れた義賢の遺児駒王丸は畠山重能、斎藤実盛に救出され、乳母夫中原兼遠を頼って木曽谷に落ちのびたわけです。

　大蔵合戦は一般的には義朝、義賢兄弟による北武蔵争奪の局地戦と考えられておりますが、一知半解というべきでしょう。摂関家など中央勢力が相方をバックアップしていたのです。悪左府藤原頼長と義賢との男色関係は夙に著名です。大蔵合戦は翌年（一

比企一族と関係略系図

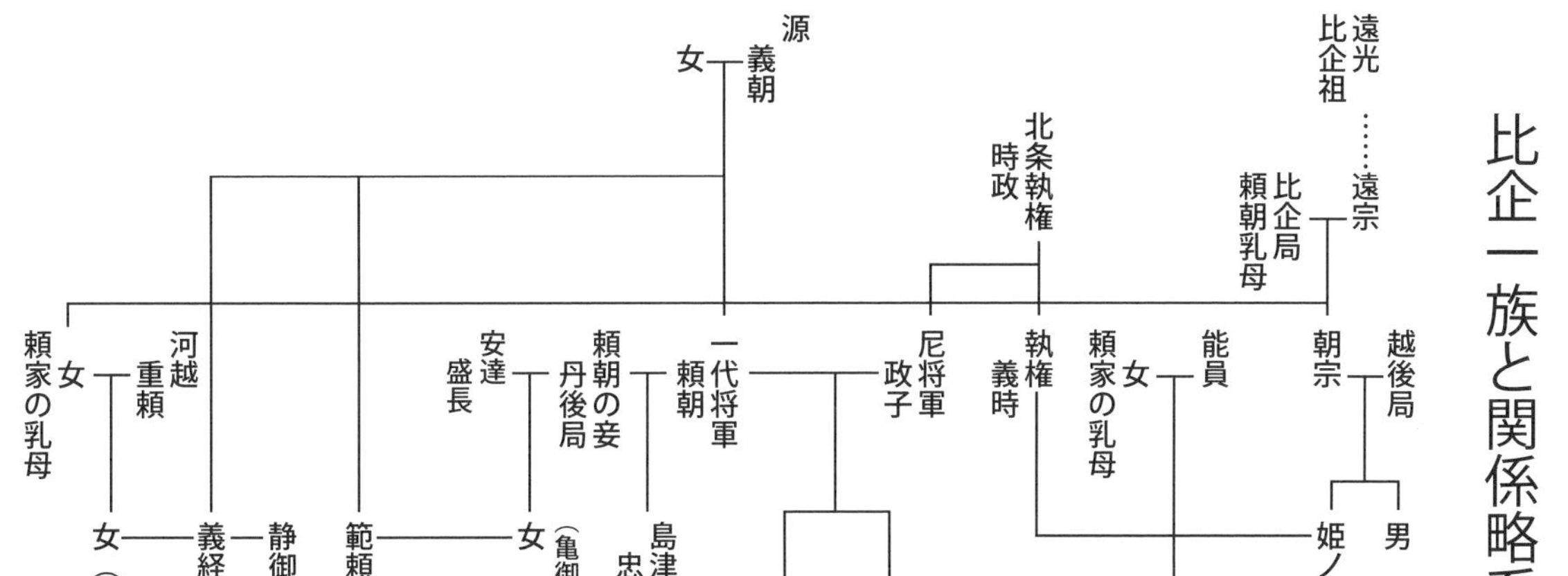

一五六）帝都で勃発した保元《ほうげん》の乱の前哨戦、代理戦争と考えるべきものです。天皇側、上皇側と朝廷勢力をも二分した保元の乱によって武家貴族ともいうべき源平二氏が歴史の表舞台に登場しました。大蔵合戦の火の粉は帝都に飛び火、帝都を炎上したのです。長らく続いた平安の世の終焉でした。そして、勝者平清盛の率いる平氏と源義朝の率いる源氏は、その三年後に雌雄を決することになる。平治の乱（一一五九年）がそれであります。頼朝はその平治の乱に敗れた義朝の嫡男です。清盛継母の池禅尼の必死の助命嘆願によって頼朝は一命を取りとめ、伊豆の蛭ヶ小島に流されたわけです。そして、この流人頼朝を二十年の長きにわたって物心ともに支援し続けたのが、乳母の比企禅尼を筆頭とする比企一族であったわけです。私は平安末期に勃発した当地方での大蔵合戦、そして帝都での保元の乱、平治の乱、頼朝流罪と郷土の比企氏を中心に大まかなストーリーを描くことが可能ではないかと考えました。そこで、旧知の女流作家の篠綾子先生に歴史小説の執筆を依頼したのでした。

篠綾子先生は埼玉県春日部市のご出身です。私が先生の存在を知ったのは、『義経と郷姫』（角川学芸出版、平成十七年四月十五日）という本を目にしたからです。平成十七年のＮＨＫ大河ドラマは「義経」でした。義経というと愛妾静御前が余りに有名ですが、正室は河越重頼の息女郷《さと》姫（又は京姫）です。比企禅尼の二女が重頼に嫁ぎ生まれたのが郷姫でした。義経は平泉の高館で悲壮な最期を遂げますが、この義経と運命をともにしたのは郷姫と四歳の愛娘でした。篠先生にはこの本が機縁となって比企一族顕彰会でご講演を頂くことができました。先生は四十代の半ばですが、教職の傍ら多くの作品を世に送っております。大河ドラマ関係だけでも『山内一豊と千代』（角川学芸出版）、『浅井三姉妹江姫繚乱』（ＮＨＫ出版）、平清盛を描いた『蒼龍の星』（文芸社文庫）は大作（上中下巻）で渾身の書き下ろしとなっています。

ここで余談になりますが、時代を三十年以上遡ります。関根茂章先生と郷土の歴史を語った折りに、先生が「郷土の生んだ歴史上の人物、英雄である畠山重忠や木曽義仲を主人公とする小説を誰か書いてくれないかな」と言われました。郷土の歴史を多くの地元住民に知ってもらいたい、そして後世に伝えてほしいという熱い想いがあったのでしょう。私も我が意を得た思いでしたが、徒らに歳月が流れてしまいました。しかし、今度はからずも篠綾子先生に『武蔵野燃ゆ』（発行…比企総合研究センター　発売元…まつやま書房）を書き下ろして頂くことができ、年来の想いが実現したわけです。発行日を平成二十六年十一月十一日にしたのは関根先生の七回忌にあたるからです。ただ先生との対話の中で比企氏のことは語られませんでした。比企氏の存在が地元民の口の端にのぼるようになったのは平成五年の演劇「滅びざるもの」

の上演以来のことです。

ところで、日本の歴史を画する最大の事件、偉業であった鎌倉武家政権の成立は精強果敢な坂東武士、就中武蔵武士によって達成されたわけですが、事の始まりは流人頼朝と北条政子とのラブロマンスからスタートするようです。テレビドラマでしたらそれもいいでしょうが、真実の歴史は頼朝の乳母の家系である比企一族の存在なくしては語れません。このような大業のある比企氏は北条氏の謀略によって、一二〇三年に滅ぼされてしまいました。そして、その二年後、これまた北条氏の謀略によって畠山重忠が二俣川で討たれてしまいました。重忠勢一三四騎、対する北条は三万という大軍です。河越重頼は義経の岳父ということで誅殺されました。有力な武蔵武士が一掃されてから八〇〇年の歳月が経過したのです。

私は作家の篠綾子先生に郷土を舞台にした歴史小説の執筆をお願いしたわけですが、内容は比企地方の比企、畠山両氏、お隣の河越氏、そして武蔵、相模へとスケールは大河ドラマにふさわしいものでした。先生は同著の「あとがきに代えて」の中で、「あえて言わせていただくならば、この時代の武蔵国はまさに『三国志』にも劣らぬ豪傑、勇将、悲劇の武将、美姫、賢女、烈女の宝庫なのだ」と記されております。地元向けの作品、小説として封印するには余りに惜しい、できれば満天下の人に当地方の歴史や

平成27年3月5日、NHK訪問。
左から
大塚基司（元滑川町教育長）　斉藤喜久江（比企氏末裔）
小西元子（畠山氏末裔）　髙島倫子（比企総研副代表）
鈴木俊江（比企総研参与）　髙島敏明（比企総研代表）
下川雅也（NHK 理事）　行田邦子（比企総研顧問・参議院議員）
若泉久朗（NHK 制作局制作主幹）　藤岡隆史（NHK 経営企画局副部長）（敬称略）

『比企・畠山・河越氏の興亡　武蔵野燃ゆ』篠 綾子 著

人物を伝えられたらと思い、ＮＨＫの大河ドラマに挑戦することに意を決しました。

昨年の三月五日、私どもの一行はＮＨＫを訪問、篠先生の作品を中心に今までの諸資料を持参、限られた時間でしたが、下川雅也理事にご説明させて頂きました。理事にも過分な御評価を頂くことができました。同理事はその後、間もなく退任されましたが、後任は前制作局長の安齋尚志氏でした。安齋理事は奇しくも地元（比企郡滑川町）の方で、菩提寺は比企一族顕彰碑のある扇谷山宗悟寺です。同碑建設には父君が寄付をされております。そんなわけで今年の六月二十四日、安齋理事を表敬訪問させて頂きました。ほぼゼロからスタートした比企一族の発掘、顕彰ですが、およそ四半世紀を経てＮＨＫドラマへの挑戦に至りました。仏縁を頂いて大河ドラマが実現するよう願っております。皆様にもご支援のほどよろしくお願いいたします。長時間にわたりご清聴ありがとうございました。

大河ドラマ「鎌倉殿の13人」比企市町村推進協議会の発足

昨年の十二月九日、滑川町のエコミュージアムセンターを会場として本会は発足した。若干組織に触れると会長は比企氏館跡があったとされる滑川町の吉田昇町長、比企町村の首長全員が副会長、名誉顧問に比企氏の流れを汲む鹿児島の名族島津家三十二代

当主修久《のぶひさ》氏（上皇陛下の再従兄弟《はとこ》）、顧問に森田光一市長、そして、私は相談役、さらに支援、協力団体として比企氏や源氏ゆかりの神社仏閣、ロータリークラブやライオンズクラブ等比企の総力を結集したものであった。大河ドラマの成功という一つの目的に向かって比企広域が一致団結するのは恐らく初めてであろう。会の発足は当地方百年の計のスタートであると考えられる。

ところで、当地方は山や丘陵、台地、河川、広大な沃野と自然の生態系がそのまま郡下に展開している稀有な例である。自然災害等にも強い安心、安全な地として、又歴史や文化の豊かさ、有機農法など夙に注目されている。首都圏に立地するというのも有利な条件であろう。比企の地は現代文明の喫緊の課題ともいうべき持続可能な社会の実現、構築に向けて又とない舞台を提供しているといえよう。「比企はひとつ」ということだ。そして、その先陣をきって八〇〇年の歳月を経て比企氏の登場であり、時代が比企にやってきたという思いである。

最後に郷土の師父と敬慕する関根茂章先生（五期嵐山町町長、県教育委員長、初代名誉町長、故人。拙著『日本文明論と地域主義』で同氏を紹介）の後世へのメッセージを披露して擱筆したい。

真の郷土の振興は、先人の遺風、業績を新たに掘り起こすことから始まる。過去を継承せずして健全は未来の創造はあり得ない。

紙芝居「比企氏物語《生きた　支えた　たたかった》」

文・比企総合研究センター

絵・藤本四郎

制作・埼玉県比企郡滑川町

発行・令和４年１月

ユーチューブ「滑川町紙芝居」で見ることができる

第五号

トポフィリア陣屋亭

―松山陣屋・松平大和守家遺品の展示―

トポフィリア陣屋亭の概要

トポフィリア陣屋亭とは我が家の母屋のことであり、私が名付け親である。トポフィリアとはギリシャ語で場所愛を意味するが私としては郷土の歴史や日本の文化について語り合う場であって欲しいという密かな願いを込めたものである。

　この建物は祖父良策（大正十五年～昭和九年松山町長）が昭和十年に建設した純和風建築で枯山水の庭を配した武家書院造りである。この種の日本建築がピークに達したのはこの頃であるようだ。既に日中戦争は始まっており、次第に戦時体制へ向かっていく小春日和の一時であったろうか。母良子《ながこ》は昭和十三年に父建夫に嫁した。新築はその準備でもあったろう。戦前の田舎町には現在のようなホテルはなかった。我が家の殿様である松平大和守家の当主（伯爵）が当地にお見えになると宿泊された。お宿を提供する家であったようだ。そこでそれ相応の格式が求められたのであろう。外見は御殿といった感じである。

　床の間は楓の一枚板という豪華なものであり、紫檀《したん》、黒檀《こくたん》、鉄刀木《たがやさん》という名木が使われている。違い棚も楓一色で光沢があり、木目が美しい。床の間では欄間や障子を通して谷崎潤一郎のいう「陰翳礼讃」を味わうことができる。又、吉野の南朝を描いた杉戸絵があるが、これはそれまで住んでいた武家屋敷にあったもの

トポフィリア陣屋亭 切り絵 後藤伸行（日本切り絵同好会 会長）

吉野の南朝を描いた杉戸絵

南側から母屋全景

枯山水の庭

トポフィリアの門

だろう。なお蛇足であるが、四十年ほど前テレビドラマのロケに使用されたことがある。乙羽《おとわ》信子さんや永井荷風を演じる佐藤慶氏等が来宅された。

　ところで、この建物を造った棟梁は地元の大工小坂傳九郎である。この人物にはおもしろいエピソードがある。弟子が応召され戦地に赴いたが親方と仕事しているより楽であったという。小坂大工は名人気質の職人で厳しかったのだろう。であればこそ八十五年余を経た今なおいわば矍鑠としているわけである。平成二十九年には行田市にある「ものつくり大学」から歴史的建造物の調査を依頼された。数名の方が何日か調査され、詳細なリポートを作成して下さった。

　トポフィリア陣屋亭は前橋藩松山陣屋のほぼ中央に位置している（巻末一地図参照）。敷地はおよそ二反、六〇〇坪ほどであろうか。建て坪は一階床面積一六七・七七㎡、二階床面積四四・六七㎡、延べ床面積二一二・三九㎡、建築面積一七一・〇七㎡（歴史的建造物

初代 克己 肖像画

調査票）である。松山陣屋は幕末の風雲急を告げる慶応三年に創設された。陣屋の規模は広大で二六、五二四坪、八・七ヘクタールあり、当市の松葉町一丁目である。前橋藩十七万石の中、比企郡を中心とする武蔵国の飛び地、分領一六三ヶ村、六一、八二二石を管理、運営するために設置されたわけである。陣屋付藩士は二五八名、家族を含めて一〇〇〇名余になろう。当時の松山の人口は一六〇〇余名、四一五戸と推測されている。武士は消費者であるから一大需要が発生したわけである。しかも武士は知識層であるから当地方の教育や文化に多大な貢献をしたであろう。明治以降の当市発展の礎は陣屋が置かれたことに由来する。又、陣屋の建物はその後郡役所として使用された。当市が比企地域の中心になった所以《ゆえん》である。私事になるが曽祖父克己は川越から陣屋付藩士として当地に赴任した。そして、明治三年新政府（前橋藩知事松平直方）から権少属という役職を拝命している。松山陣屋の幕引的存在であったようだ。

御手杵《おてきね》の槍の復元

御手杵の槍とは天下三名槍の一つであり、松平大和守家に家宝として伝わったものである。天下三名槍とは黒田節でおなじみの日本号、徳川四天王の一人本多忠勝の蜻蛉切《とんぼぎり》、下総の名族結城晴朝の御手杵の槍をいう。結城家伝来の名槍がどうして松平大和守家に伝わったのか若干歴史を繙く必要がある。

松平大和守家の祖は徳川家康の二男秀康である。秀康は家康の二男でありながら戦国の世に翻弄されたといえる。家康と秀吉が雌雄を決した小牧・長久手の戦いの後秀吉の養子にされた。その後、天下人秀吉に臣従した結城晴朝に嗣子がなく秀康を後継者として迎えたわけである。結城秀康の誕生である。天下分け目の関ヶ原の合戦の折、秀康は西上を策する会津の上杉軍を阻止すべく宇都宮に陣を構えて上杉軍と対峙した。秀康は関ヶ原の合戦に参戦できなかったが大功ありとされ、越前六七万石の太守に封じられ、松平姓を名乗ることになった。徳川御一門越前松平家の誕生である。

関東八名家の一つである結城家の家名が絶えることを憂えた養父晴朝は大御所家康や将軍秀忠に嘆願した結果秀康の五男直基が結城家を継承することになった。この系譜が松平大和守家であり、結城松平家とも称される所以である。同家は「引っ越し大名」の

内覧会集合写真

天下三名槍「御手杵」復元

空襲で焼失「不戦のシンボル」

埼玉・東松山の郷土史家ら「刀剣女子」魅了 来年5月公開へ

天下三名槍《めいそう》の一つとされ、太平洋戦争の空襲で失われた「御手杵《おてぎね》の槍《やり》」を、埼玉県東松山市の郷土史家高島敏明さん(六九)が復元し、ゆかりのある同市の箭弓稲荷《やきゅういなり》神社に奉納した。御手杵の槍は、オンラインゲームでキャラクターにも擬人化され若い女性ファンが多い。来年五月に一般公開される予定で「刀剣女子の聖地に」と期待されている。（中里宏）

御手杵の槍は戦国武将の結城晴朝《ゆうきはるとも》が一五七四年、多くの名刀を生んだ島田鍛冶集団（現静岡県島田市）の四代・義助《よしすけ》に作らせたとされる。熊皮の拵《こしら》え（装丁《そうてい》）が、片手つきの杵の形をしていたことから御手杵の槍と呼ばれた。

全長三・三㍍もあって重く、実際の戦闘には使えず、戦場で武将の存在を知らせるため掲げる馬標《うまじるし》として使用されたため「不戦のシンボル」の異名もある。

結城家を引き継いだ松平直基《なおもと》の子孫が代々大切に保管していたが、一九四五年五月の東京・山の手空襲で、現在の新宿区にあった松平邸が全焼。多くの文化財とともに槍も失われた。

今回、槍を復元した高島さんは、松平家の家臣の子孫。前橋藩主時代に現在の東松山市に置いた松山陣屋の遺品保存活動を続けている。

この槍は二〇〇二年に元島田市議で郷土史研究家の塚本昭一さん(八〇)がレプリカを作ったが、その後の調査で正確な寸法が判明したことから、高島さんは忠実なレプリカを新たに作り、松平家が川越藩主時代に社殿造営に尽力するなど崇敬していた箭弓稲荷神社に奉納することを思い立った。

高島さんは塚本さんらに協力を依頼。槍の穂は、島田鍛冶の流れをくむ静岡県菊川市の金型会社経営東居《ひがしい》正敏さん(七二)が、今年七月から三カ月かけて制作。熊皮の拵えは島田市の美術職人松浦昭さん(七四)が仕上げた。塚本さんは「職人の高齢化が進み、御手杵の槍が復元できるのは今回が最後」と感慨深げだ。

塚本さんが十三年前に制作した槍は、寄贈先の茨城県結城市の結城蔵《くら》美館で今年五月、一緒に記念撮影できるイベントを開催したところ、二千人以上の「刀剣女子」が詰めかけたという。高島さんは「日本の歴史や文化は、お金では買えない価値があることを知ってほしい」と期待している。

天下三名槍　「日本号」「蜻蛉切（とんぼぎり）」と御手杵の槍をいう。いずれも室町時代の作。日本号は黒田官兵衛の家臣・母里（もり）太兵衛が武将の福島正則と酒の飲み比べで勝ち、授かったという「黒田節」の逸話で知られる。蜻蛉切は徳川四天王の一人、本多忠勝が馬標として使った。御手杵の槍だけが現存しない。

名槍を復元した（右から）高島さん、松浦さん、東居さん、塚本さん＝いずれも埼玉県東松山市で

長さ1.4㍍ある穂㊧の断面は正三角形。熊皮の拵え㊨が片手つきの杵の形のため「御手杵の槍」と呼ばれた

東京新聞に掲載（2015年12月17日）

異名があり、江戸期最多の十三回も領地換え（転封）を命じられている。因みに播州姫路（三回）、出羽山形、越後村上、陸奥白河、上野前橋、武蔵川越等である。川越在城は七代一〇〇年と長く今日の観光都市小江戸川越の礎となった。そして、一八六〇年の横浜開港で生糸で財をなした前橋では城を構築、慶応三年大和守家の前橋還城が実現したわけである。

松平家は維新後、華族令によって伯爵となり、大久保に大邸宅を構えたが昭和二十年五月の東京大空襲によって五つの土蔵は灰燼に帰し、家宝の御手杵の槍も消失してしまったのであった。この槍は結城晴朝が島田宿の名工五条義助《よしすけ》に制作を依頼した独特な形状の傑作である。全長十一尺（三三三センチ）と長大で実戦には使用されず大将の居所を示す馬標《うまじるし》であった。鞘《さや》は熊皮を使用したものでその形が手杵に似ていることからこの名称がつけられたようである。

天下三名槍の中の一口である御手杵の槍は金子裕之松平大和守家顧問（故人）、塚本昭一氏（元島田市議会議長、現御手杵の槍顕彰会代表）等の尽力によって戦後六十年近い歳月を経た平成十四年に復元され、友好の証として島田市より結城市に寄贈された。この間の経緯については「御手杵の槍の復元」と題して望月三則氏が『松平大和守家の研究』（松平大和守家研究会編）の中で述べている。

ところで、この御手杵の槍は平成二十七年一月にスタートしたオンラインゲーム「刀剣乱舞」でフェニックスの如く蘇ったのであった。擬人化されたイケメンの御手杵が活躍する刀剣乱舞は若い女性に圧倒的人気で刀剣女子という流行語が生まれたほどである。金子裕之氏から御手杵の槍を展示した結城市の会場ではファンが殺到、槍を手にして撮影するなど大盛況との連絡を頂いた。私も一念発起し金子氏や塚本氏の協力を得て御手杵の槍を復元し、大和守家が川越城主の頃崇敬した当市に鎮座する箭弓稲荷神社創建一三〇〇年記念にご奉納させて頂いた次第である。この件は平成二十七年十二月十七日東京新聞全国版（夕刊）で大きく報道された。

後日譚であるが、この記事を目にした福井市立郷土歴史博物館の館長から箭弓稲荷神社に連絡があり、この槍を貸してほしいという。この年のＮＨＫ大河ドラマは「真田丸」であった。同館では夏季休暇に特別展「大坂の陣と福井藩」を開催、そのいわば目玉に御手杵の槍を考えたようである。同槍にとっても本家返りをするわけであり、嬉しいのではないかと快諾、同館で一ヶ月余展示されたのであった。御手杵ブームの最中であり、若い女性を中心に同館始まって以来の集客であったという。

この催しに合わせて島津家三十二代当主修久《のぶひさ》氏（照國神社宮司、天皇陛下の再従兄弟《はとこ》、比企総研名誉顧問）の記念講演「大坂方の薩摩落ち伝説について」が開催された。そこで私も福井市を訪ね、久々に島津氏にお会いし、御講演を拝聴、同氏に御手杵の槍をご高覧頂くことができたのである。

松山陣屋御手杵《おてきね》祭の開催

「松山陣屋御手杵祭」と銘打って平成二十八年三月二十、二十一日と二日間にわたり御手杵の槍（比企地方に降臨したので比企御手杵と命名）の撮影会を開催した。会場は松山陣屋藩士が崇敬した武神を祀る八幡神社であった。この神社は姫路在城の頃から祀っていたようだ。前原利雄宮司の祝詞奏上、玉串奉奠と続く中で御手杵ファンの女性が続々と会場に集ってきた。中にはコスプレイヤーも混じり、喚声をあげ、楽しい集いとなった。神社も創建以来の賑わいで神様もさぞかし驚かれたことだろう。二日間天気に恵まれた。日本全国津々浦々から一千名余が会場に集い、陽が暮れるまで賑わいが続いた。台湾から参加された女性がいた。同国でも御手杵は人気があるようだ。

神社の境内に松葉町町内会館があり、そこで私は「御手杵の槍復元秘話」と題して講話をさせて頂いた。皆さん大変熱心に聴講され、中にはメモをとる方もおり、感心させられた次第である。私どもが平成十六年に発行した『松平大和守家の研究』という分厚い本があるがこの本の入手は難しく会場ではじめて手にされた方もいた。その中の母娘の親子からサインを求められたが早朝神戸市から新幹線を乗り継いで当市に到着、帰宅するという。その熱心さには心底感動を覚えた。

翌々年の平成三十年十一月四日、「第二回松山陣屋御手杵祭」を斎行した。この日は当地方最大のイベントである日本スリーデーマーチが開催される。会場は松山陣屋跡の松山第一小学校の校庭で今年は四十四回目を数える。会場近くの市内目抜き通りでは

平成二十八年に開催した「第一回松山陣屋御手杵祭」。御手杵ファンなど一千名余が会場に集った

パレードなど外国人客も多い。そこで、この日に合わせたわけである。

午前中は限定三十人でトポフィリア陣屋亭を開放した。写真撮影後はお抹茶を提供させて頂いた。若い女性に枯山水の庭園を眺めながら日本文化の一端に触れてほしいと思ったからである。午後の会場は前回同様八幡神社である。御手杵は輿に乗り女性ファンに担がれて二〇〇メートル余移動したわけである。この道は旧二五四で陣屋を内と外に別ける道であった。会場には人が集っており、社の前で恒例の写真撮影がスタートする。御手杵のファンということで知り合った方も多いようだ。私は今回は資料として比企学事始第二号「前橋藩 松山陣屋の概要」を配布させて頂き松山陣屋について講話した。第二回松山陣屋御手杵祭は前回同様好評でツイッターで瞬く間に数万拡散したようである。

神社碑の建立

何事も一人の人間の地道な努力から始まるのであろうか。松山陣屋・松平大和守家研究のここに至るまでの礎を築いたのは父建夫であった。私事で恐縮であるが話の展開上亡父のことに触れないわけにはいかない。

父建夫は高校の数学の教員であった。県立盲学校長を最後に退職したわけであるが、それまで手つかずでいた家の整理、片付けに着手した。我が家は初代克己以来二代養子が続いた。川田谷村（現桶川市）出身の祖父良策が東京の府立四中（現戸山高校）を卒業して当家を継いだが、幕末維新の動乱期を生き抜いた曽祖父克己は既に病の床に伏しており、何も聞く機会がなかったようである。父は養父良策の甥の子で三歳の頃養子となったがやはり祖父から何も聞かされなかったようだ。つまり、我が家の系譜などは不明であった。父は持ち前の探究心と粘り強さを発揮して全てを解明したのである。この間の経緯等については拙著『日本文明論と地域主義』の中で「一族再会」として一章を割いた。結論をいえば系譜で遡及できる初代傳左衛門は天和二年（一六八二）姫路城主松平大和守家二代直矩《のり》に仕官した。それまでは大船頭とある。ルーツは近江の高島郡（現高島市）であろう。太平の世が到来し、淀川辺りで舟運業でも営んでいたのであろうか。いずれにせよ、父の家系調べは当然ながら松山陣屋の研究とオーバーラップしていた。そこで、地元の郷土史家十名余が拙宅に集い、二年ほど費やして一冊の本『前橋藩 松山陣屋』（松山陣屋研究会、昭和五十四年十一月三日）を発行することができた。そして、松山陣屋跡である市役所の一隅に『前橋藩 松山陣屋跡』の碑が建立されたのである。いずれも父が中心になり熱心に取り組んだ結果であった。

ところで『前橋藩 松山陣屋』の本を前橋市の図書館で穴のあ

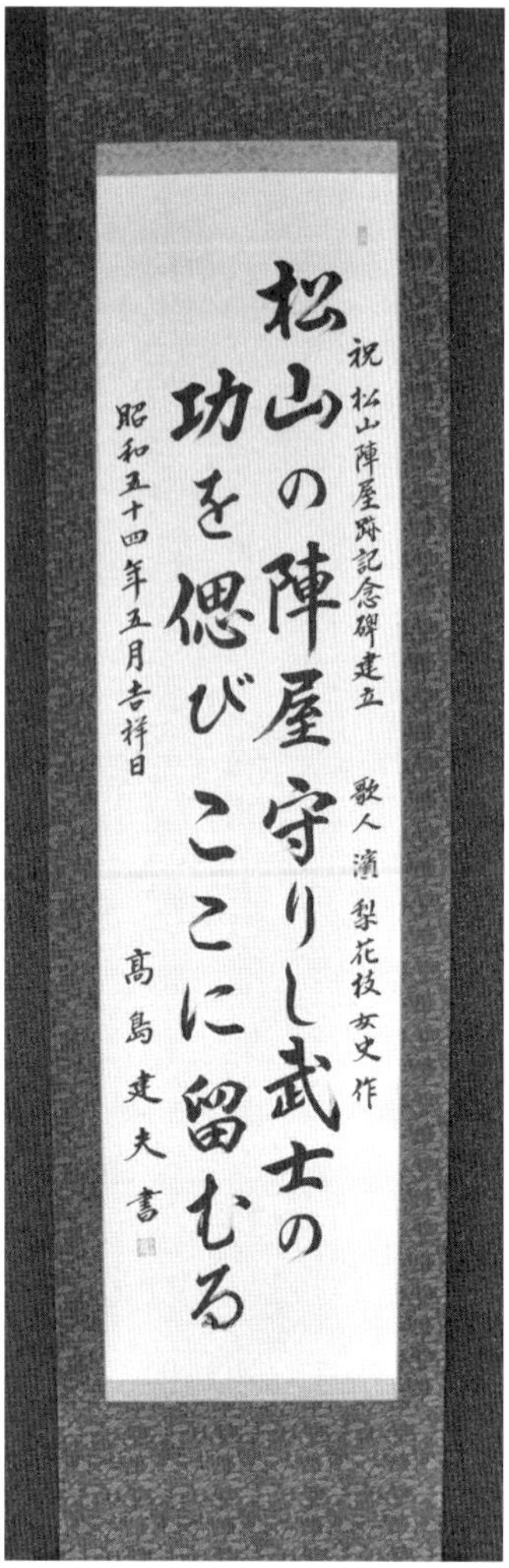

東松山市役所の一隅に建立された「前橋藩 松山陣屋跡」碑裏面の献歌
濵 梨花枝（榎本元久喜市長夫人） 父 建夫 揮毫

くほど眺めていた人物がいた。金子裕之氏である。同氏の松平家研究のルーツは同書であったという。金子氏は松平大和守家に関する冊子を何冊も刊行されている。その金子氏が平成八年六月、十六代当主直正氏（故人）を伴って拙宅を訪れた。この時も「松平伯爵家武州松山陣屋記」という小写真集を作成して下さった。ところで、父が生前神棚に厳重に保管していたものがあった。開けてみるとそれは同書二冊であった。このお二人がお見えになるのを父はあるいは待っていたのではないかと思い、私は謹んで同著をお二人に進呈させて頂いた次第である。

時は経過するが『前橋藩 松山陣屋』が刊行されてから四半世紀後、松平家の全貌を誌した浩瀚の書『松平大和守家の研究―結城家八〇〇年の歴史を引き継いで―』（松平大和守研究会編、平成十六年十二月三十日）が発行された。同書は金子氏（東京）を中心とする川越、福井、静岡、それに地元の同好の士が私の職場である東松山松葉町郵便局に集い、二年間の研究の成果を纏めたものであった。当家としては親子二代にわたって松山陣屋、松平大和守家の発掘、顕影に中心的役割を果たしたわけである。家系調べからスタートした父の投じた一石は大きな波紋を描いたといえる。

その父も昭和六十三年に亡くなり、昨年の十二月二十五日三十三回忌を迎えた。私は父が我が家の系譜を解明してくれたこと、そしてこのことが郷土の歴史や大和守家の研究に資したことに感謝と敬意を表して氏神様の側に小さなモニュメントを建てた。「髙島神社」碑である。そして、裏面は次の通りである。

父建夫三十三回忌建之
令和二年十二月二十五日
陣屋院釈比企文明居士　俗名　髙島敏明

若干敷衍する必要があろう。前日の十二月二十四日私は後期高齢者の仲間入りをした。長らくご縁を頂いた友人、仲間、同志のほとんどが他界された。私もゴール間近と感じている。そこで、

神社碑 新築社の奉納（令和三年十二月十日　林建設・川島町）

自ら法名を付けた。私の拙い人生はこの数文字に集約されると考えたからである。学生時代にオスヴァルト・シュペングラーの『西洋の没落』に魅了され、文明論に開眼した。私はシュペングラーの史観を基底にしてアーノルド・トインビーの文明論を批判し、日本を一個の独立した文明と考えた。詳細については拙著『日本文明論と地域主義』で展開した。二十代の前半から十年間ほど文明論、栄枯盛衰の学に傾倒したわけである。私の発想の基礎、土台には常に文明論がある。これが最後の「文明」の意である。

比企とは我が郷土であるが、この郷土の名族比企氏の発掘、顕彰に四十代の半ばから三十年近く費した。比企氏は北条氏の謀略により滅ぼされ歴史の中に忘れ去られた一族であるが、鎌倉武家政権誕生の陰の立役者ともいうべき存在であった。令和4年の大河ドラマ「鎌倉殿の13人」に比企氏が登場する。私が手がけてから三十年の歳月が経過した。私が地域、地元に何か功績・貢献があるとすれば、八〇〇年の時を経てこの一族を発掘、顕彰したことであろう。宗悟寺境内に建つ比企一族顕彰碑はその証であろうか。

詳細については比企学事始第四号「比企一族の発掘と顕彰――NHK大河ドラマへの挑戦――」で述べた通りである。これが「比企」の意味である。そして、「陣屋」は私の生まれ育った土地、家と関係があり、親子二代にわたる。次章で述べるが私が目下書斎として使用しているトポフィリア陣屋亭を松山陣屋、大和守家の遺品を収納、展示すべく老骨に鞭打っている。近々三途の川を渡る時がくるが、この法名をパスポートにできれば本懐である。

引っ越し大名のゴール

徳川御一門、親藩大名である松平大和守家、結城松平家は転封の数十三回と江戸期最多である。それぞれ要衝の地に封ぜられたわけであるが、その苦労もさることながらやはりユニークな存在であったのだろう。

平成三年十月と大分前の話になるが、杉本苑子の小作品『引越し大名の笑い』が東京宝塚劇場において公演されたことがある。又、近年では土橋章宏が『超高速！参勤交代』のシリーズを発表、『引っ越し大名三千里』は一昨年八月に映画化された。私は現当主直泰氏（十七代）の長男直孝氏等と築地の松竹本社の試写会に招待された。二代直矩の時で五十四年の生涯で前後七回にも及ぶ。我が家の初代は姫路城主直矩公に仕官したわけであるからこの行列につき従った筈である。家臣団は家族を含めて一万人はいるであろう。引っ越しにかかる経費、当時の運輸、文通手段を考えると気の遠くなるような話である。誠に身につまされる思いであった。同映画は人気者の星野源主演、高橋一生が御手杵の槍を振り回して賊を平らげる場面があったが槍は馬標であるからあり得ないことである。しかし、御手杵ファンの若い女性にはたまらないのであろう。内容はともかく御手杵にあやかりたいという興業側の意図が感じられた。人気、ブームとは恐ろしいものである。

松平大和守家は関東の雄藩（石高では関東で御三家の一つ水戸家に次ぐ）でありながらその遺品等は僅少である。昭和二十年五月の東京大空襲によって御手杵の槍をはじめ同家の宝物の類はことごとく消失してしまったことは既に述べたが、引っ越し大名のゴールとなった前橋も終戦間近の八月五日大空襲に遭い、市街地の大半が被災した。前橋市は県都でありながら今なお資料館の類がないという。唯分領、支藩として陣屋の置かれた松山は小さな町であったから幸い被害を免れた。そこで、士族を中心に若干の遺品があり、当市で『前橋藩 松山陣屋』や『松平大和守家の研究』が発行され、同家研究のメッカとなったわけである。

私は生前父から我が家に伝わった陣屋関係のものはいわば郷土の資料であるから市に資料館の類ができたら寄贈して欲しいといわれていた。私もそのつもりでいたのであるが、今なお当市にはその種のものがなく今後もその可能性はないという。そこで、止むを得ず母屋をリフォームして松山陣屋、大和守家の遺品の収納、保管、展示を考えたわけである。整理、片付けに二年間が経過し、一応目鼻がついたのでリポートすることにした。

そこで先ず各部屋の名称から始めたい（巻末二参照）。松平大

「桐の間」

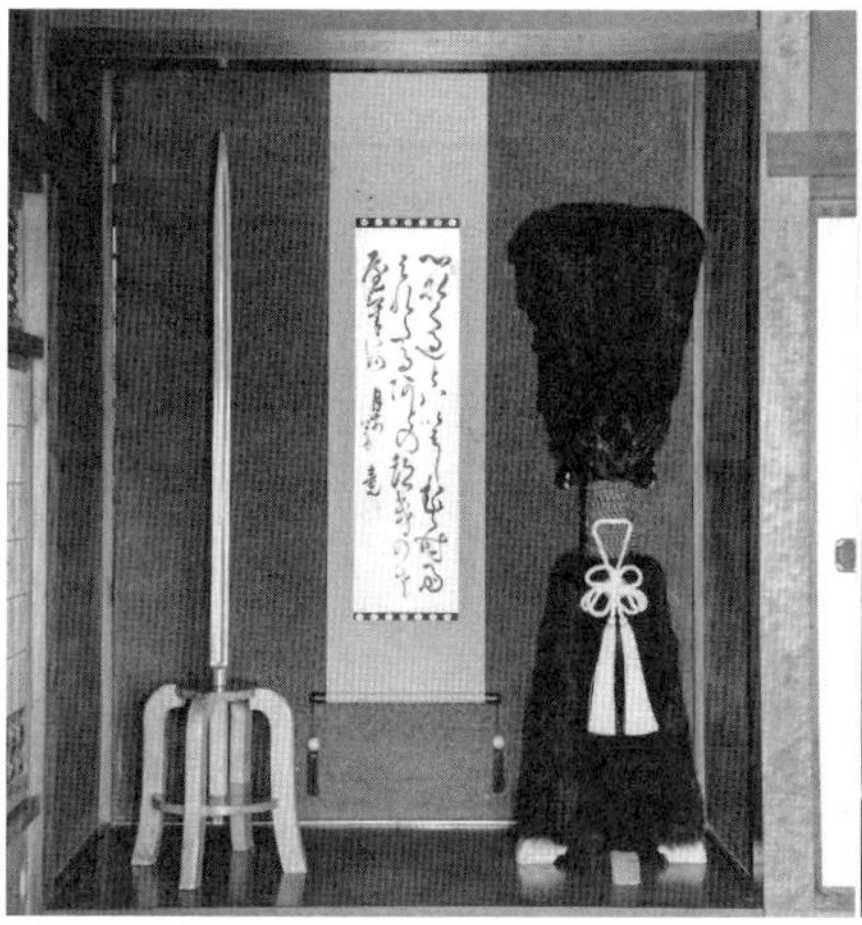

「葵の間」松山陣屋御手杵の槍と松平直克公書
（十一代幕末政事総裁職歴任）

「巴の間」松山陣屋遺品（扁額 遠藤三郎元陸軍中将 揮毫）

和守家は三つの家紋を使用する。秀康は豊臣家の養子になっていたことから同家の五三の桐、結城家を継承したので巴の家紋、そして松平家の葵である。畳の縁《へり》にこの家紋を使用した。床の間のある客間（八畳）は桐の間、神棚のある部屋は巴の間（六畳）、巴は神社の紋として使用されている。二階の八畳、六畳は葵の間である。そして、一階の仏間は我が家の家紋で沢瀉《おもだか》の間（八畳）と命名した。居間（八畳）には掘り炬燵、長火鉢があり、一昔前の日本人の生活を味わうことができる。又、この機会にトイレや浴室・キッチンも改装し、独立した家屋として使用できるようにした。

ところで、我が家には松山陣屋ばかりか殿様の書画等も数点存在する。関係者の中でこうした家があるのか否か寡聞にして知らない。そして、二階の床の間には大和守家のシンボル、証

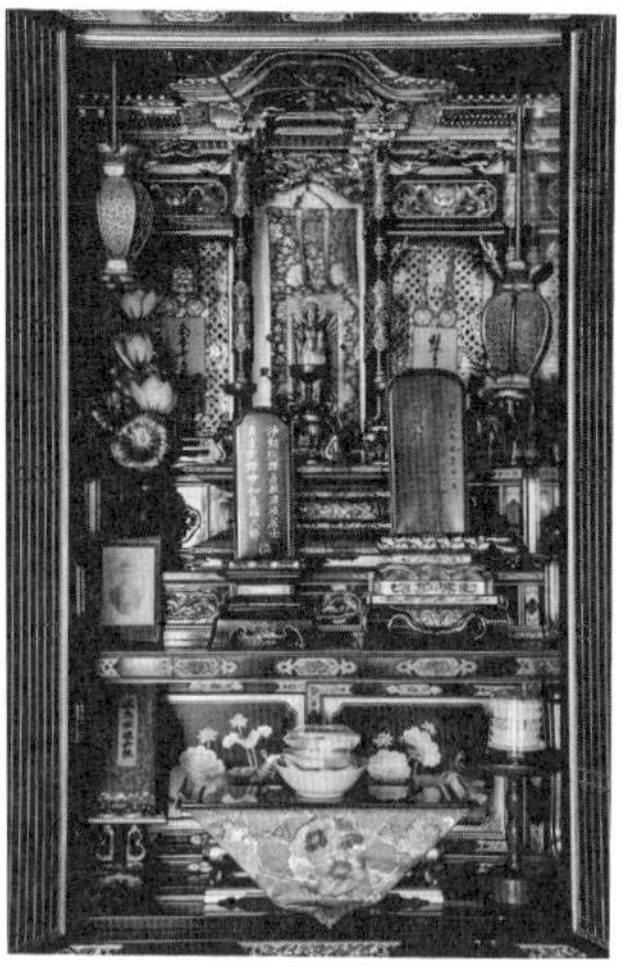

「沢瀉（おもだか）の間」

である御手杵の槍（松山陣屋御手杵と命名、刀身・東居正敏作、拵・松浦昭作）を展示した。曽祖父克己は松山陣屋の幕引的存在であったが、一五〇年を経て私は松平大和守家のそれなのであろうか。もしそうであるとすればトポフィリア陣屋亭は引っ越し大名のゴールということになるだろう。されば、十分の休息をとって頂きたい。そして、そこから又新たな一歩を踏み出してほしいと願っている。

最後に辞世の句といいたいところであるが私にはその種の素養は全くない。そこで、私なりの思い、祈りを込めた言葉を記して擱筆したい。

比企の地の　生命《いのち》の泉　陣屋亭

令和三年　秋彼岸　合掌

図1　松山陣屋の配置図

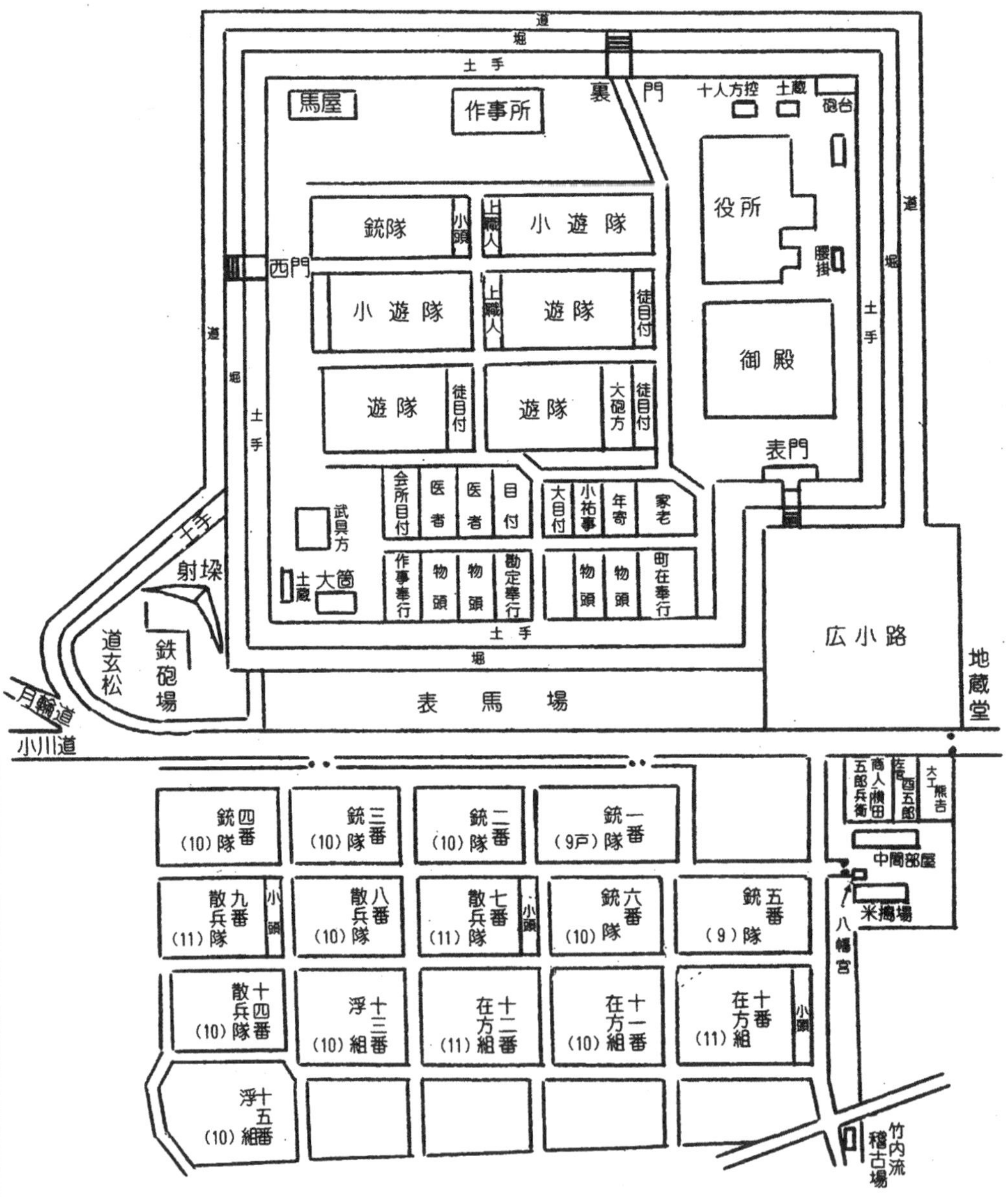
道
堀
土手
裏門
十人方控
土蔵
砲台
馬屋
作事所
役所
腰掛
銃隊
小頭
上職人
小遊隊
西門
遊隊
徒目付
大砲方
御殿
表門
会所目付
医者
目付
大目付
年寄
家老
武具方
射垜
大筒
作事奉行
物頭
勘定奉行
町在奉行
広小路
地蔵堂
表馬場
道玄松
鉄砲場
小川道
四番銃隊（10）
三番銃隊（10）
二番銃隊（10）
一番銃隊（9戸）
九番散兵隊（11）
八番散兵隊（10）
七番散兵隊（11）
六番銃隊（10）
五番銃隊（9）
十四番散兵隊（10）
十三番浮組（10）
十二番在方組（11）
十一番在方組（10）
十番在方組（11）
十五番浮組（10）
商人横田五郎兵衛
左官西五郎
大工熊吉
中間部屋
米搗場
八幡宮
竹内流稽古場

巻末一 『前橋藩 松山陣屋』より転載（P.24～25） ※一部現況に訂正

図2 松山陣屋跡（点線内）

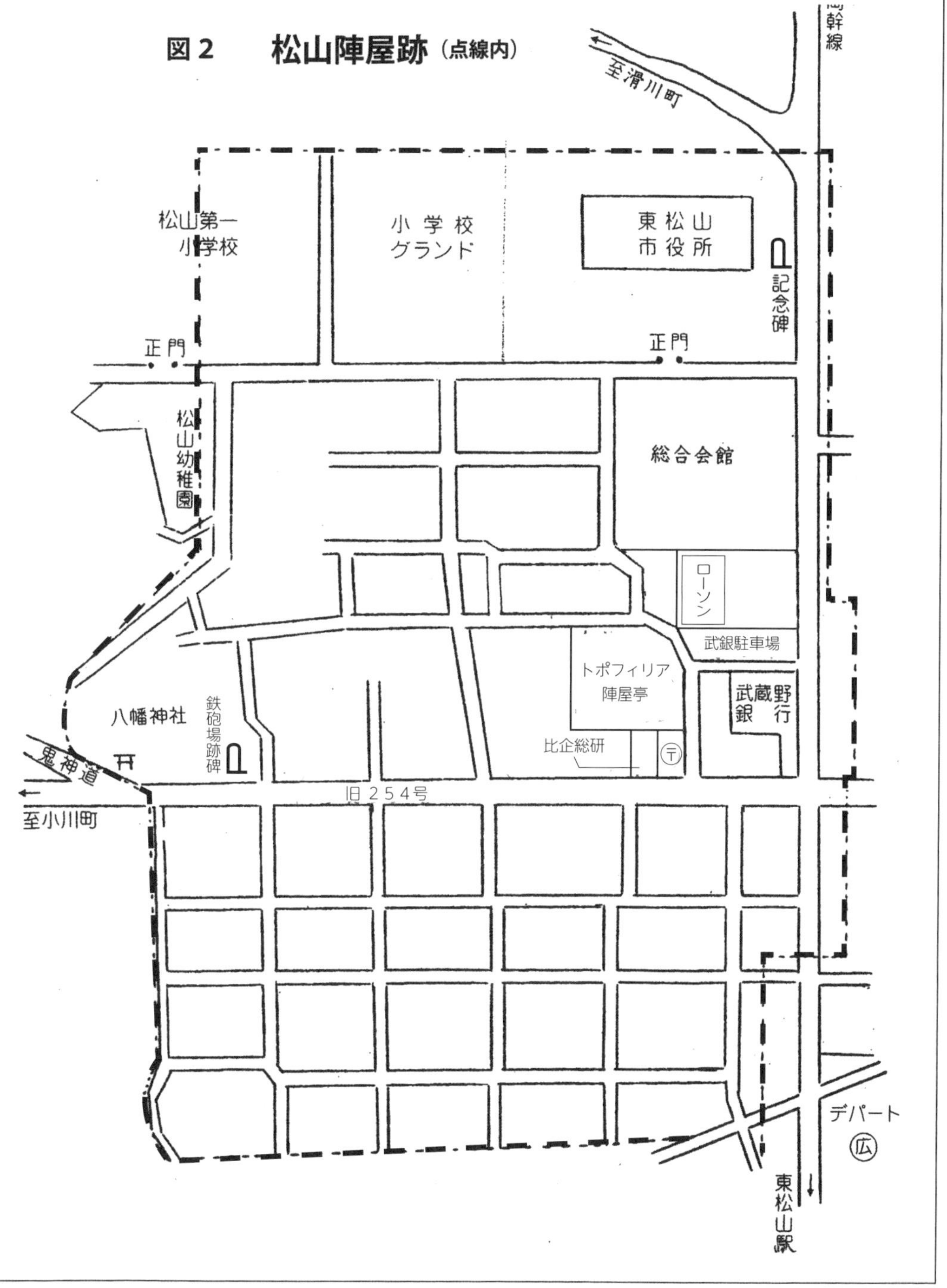

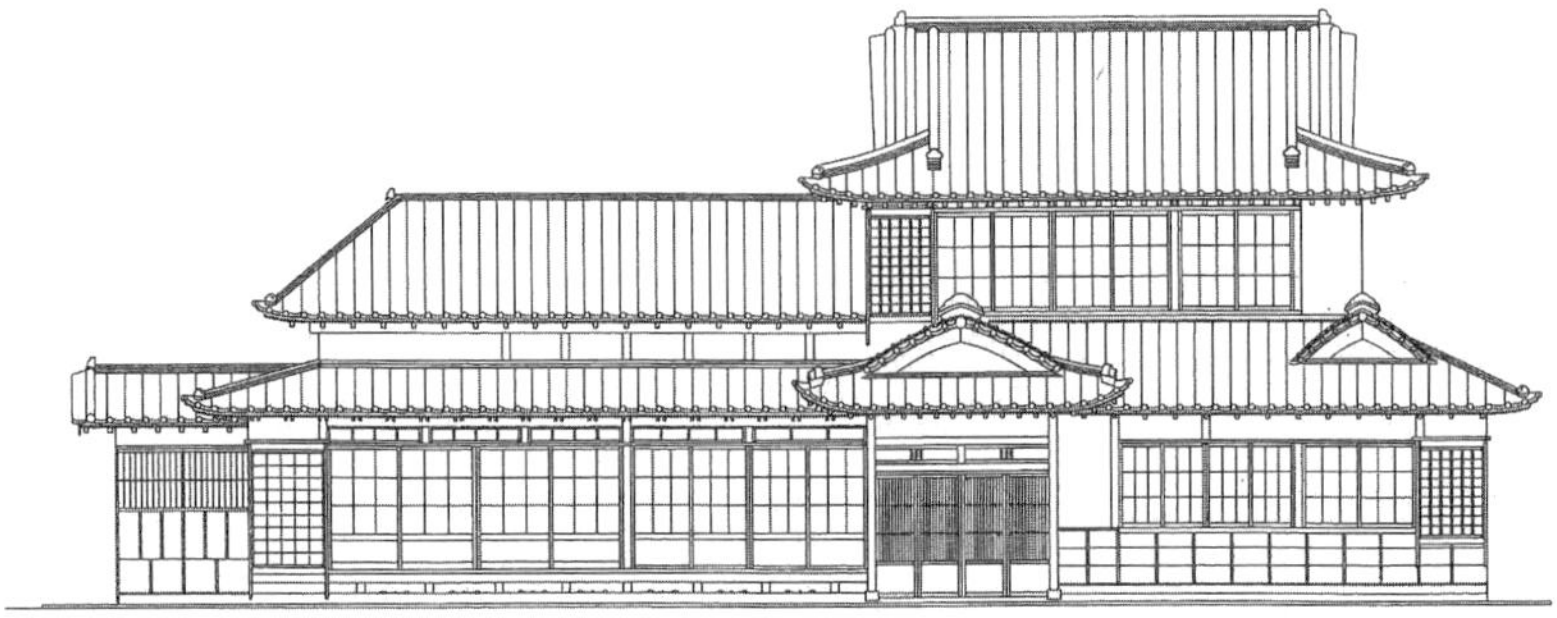

南側立面図

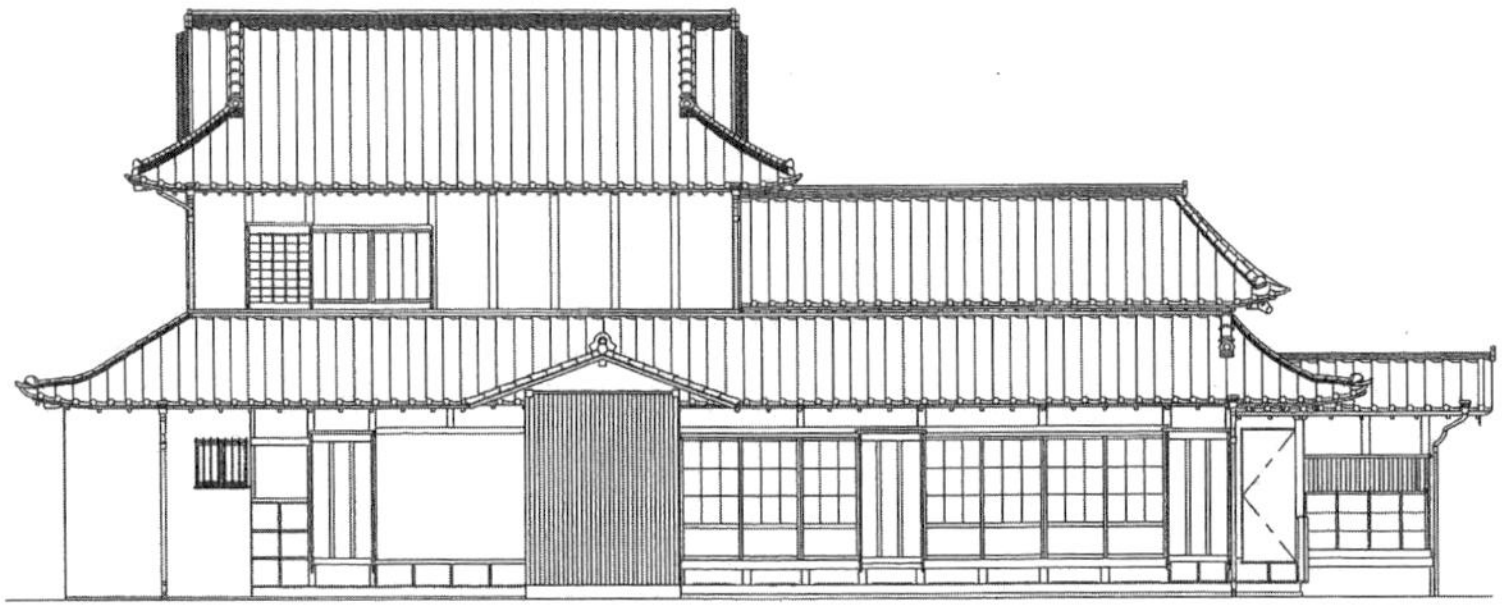

北側立面図

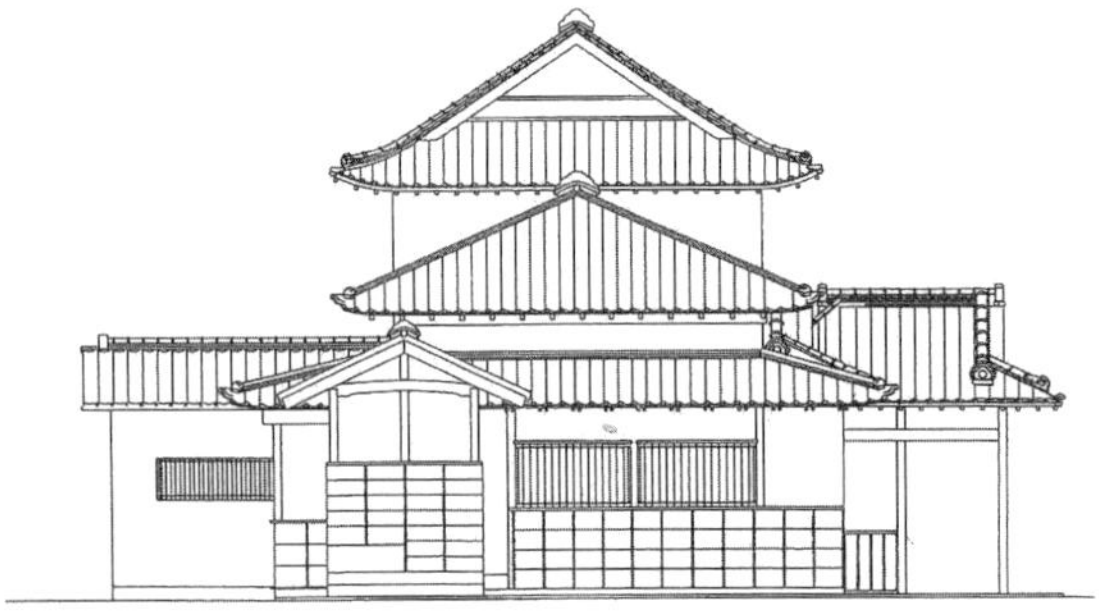

西側立面図

東側立面図

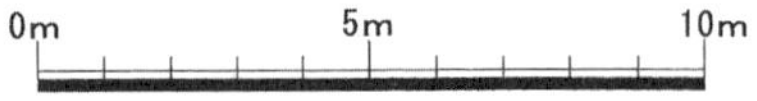

巻末二　「歴史的建造物調査表　髙島家住宅」より抜粋

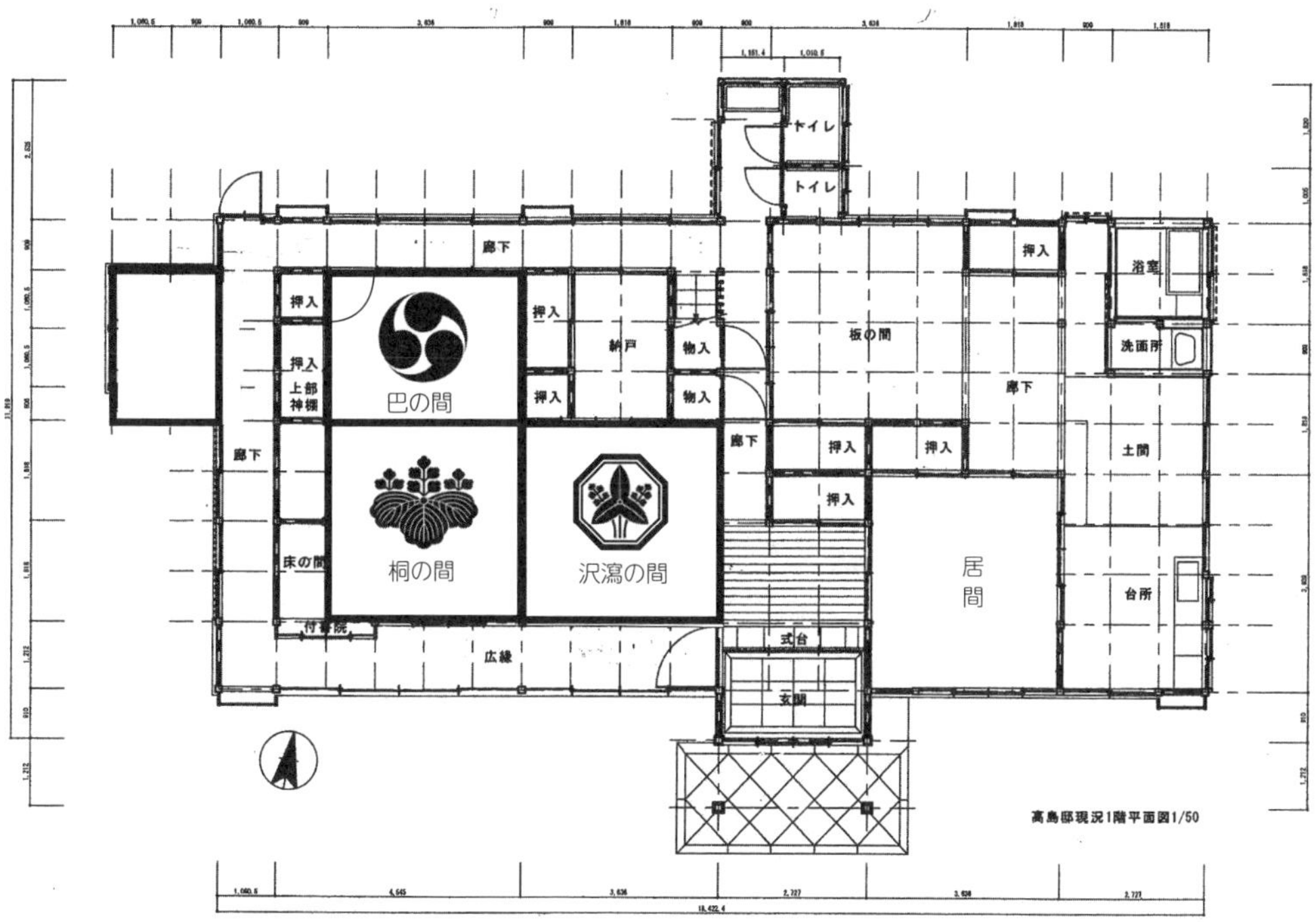

高島邸現況1階平面図1/50

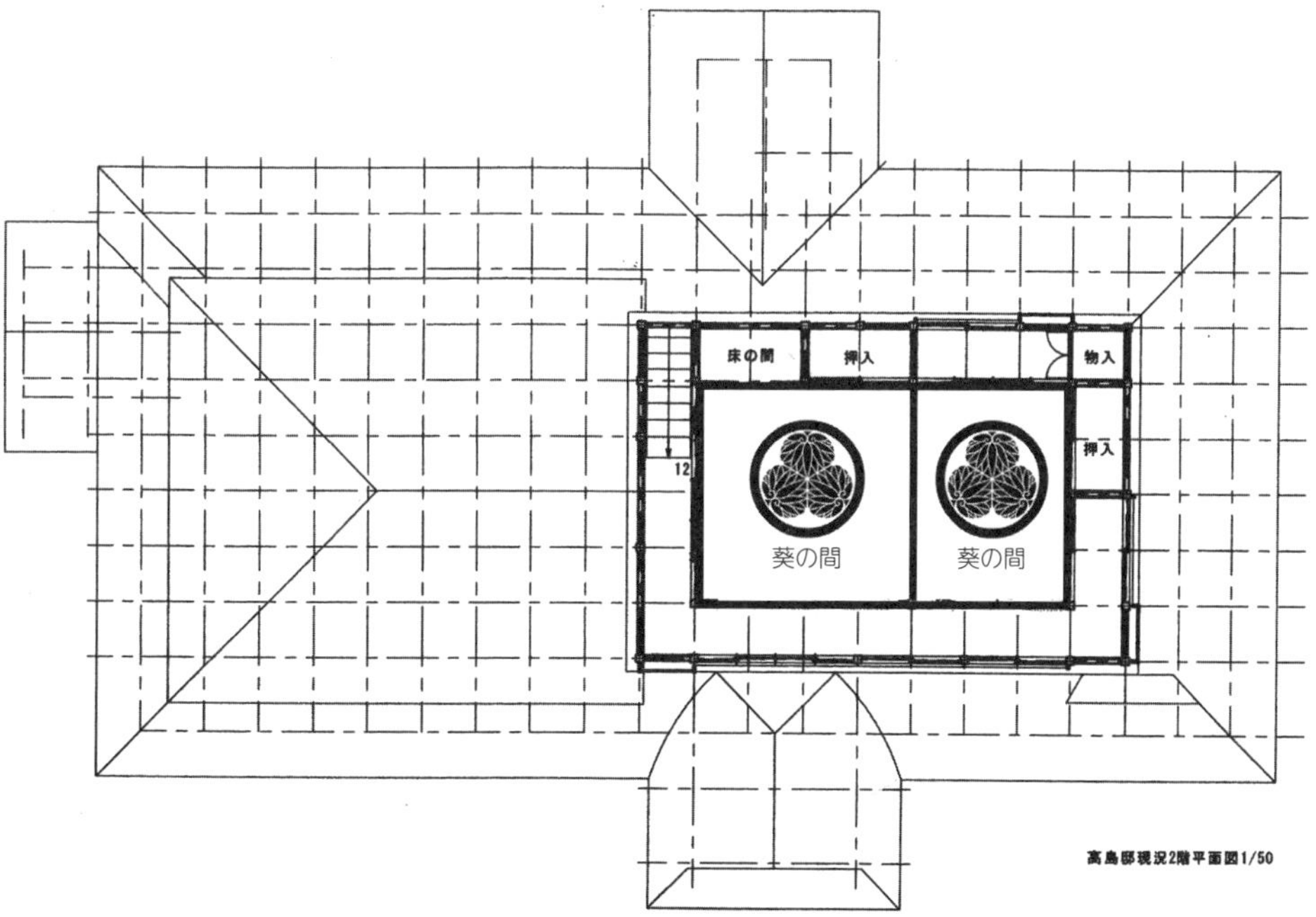

高島邸現況2階平面図1/50

あとがきに代えて

座右の銘

天《てん》意《い》無《む》私《し》

母良子の嫁入り道具の一つ
徳富蘇峰書扁額の言葉（桐の間）

生活信条

まことの人は彼の義務が要請する時と場合においてのみ世間の舞台にあらわれねばならぬが、その他では一個の隠者として、彼の家族の中に僅かな人とともに、又彼の書斎の間に、精神の風土に生活しなければならない。

―比企総研の歩み―

平成24年7月28日　髙島敏明 著
　『日本文明論と地域主義』の刊行（一〇〇〇部）
9月30日　同右書「出版感謝の集い」　於 紫雲閣
平成25年4月7日　比企総研オープニングセレモニー「春宵会」の開催　於 あずま家
6月25日　『比企学事始』第一号
　「地域主義の実践」の発行（三〇〇〇部）
平成26年1月11日　比企総研 第一回総会　懇親会　於 あずま家
2月8日　郷土史講座の開講　五回で閉講
4月5日　論語講座の開講　五回で閉講
4月20日　『比企学事始』第二号
　「前橋藩 松山陣屋の概要」の発行（二〇〇〇部）
6月15日　地域文化交流の集い　於 陣屋亭
9月12日　切り絵葉書、便箋「比企五景」の発行（各三〇〇〇部）
10月4日　吉田昇滑川町町長四期御就任祝賀会　於 坂本屋本店
11月1日　台湾独立建国聯盟
　日本本部委員長「王 明理先生を励ます集い」　於 華湘（池袋東武デパート）
11月11日　篠 綾子 著
　『武蔵野燃ゆ　比企・畠山・河越氏の興亡』の発行（二〇〇〇部）
平成27年3月5日　同右書のNHK大河ドラマ化実現に向けてNHK訪問
3月26日　懇話会「日台関係基本法の成立に向けて」　於 美濃吉（池袋東武デパート）

4月4日　比企総研 第二回総会
記念講話　台湾独立建国聯盟 日本本部委員長　王　明理先生
演題「台湾という不思議な国―知られざる歴史―」
5月12日　鎌倉と比企・文化交流の集い　於 鉢の木
9月12日　加治木島津家十三代当主　精矛《くわしほこ》神社宮司
「島津義秀先生を囲む集い」　於 花むさし旬香（池袋メトロポリタン）
12月5日　「御手杵《おてきね》の槍」内覧会　於 紫雲閣
『比企学事始』第三号
「新都比企市構想試論―時代が比企にやってきた―」の発行（一〇〇〇部）
平成28年3月20・21日　松山陣屋御手杵祭　於 八幡神社（東松山市）
4月9日　比企総研第三回総会、及びタラノ芽祭　於 あずま家
6月24日　NHK安齋尚志理事表敬訪問
9月22日　トポフィリア陣屋亭オープニングセレモニー
平成29年4月8日　比企総研第四回総会、及びタラノ芽祭　於 あずま家
関根則之先生（元消防庁長官、元参議院議員）をゲストにお迎えして
6月29日　趙全日本台湾連合会会長を囲んで　於 山屋（川越市）
8月31日　山本龍前橋市長表敬訪問
9月17日　松平大和守家十一代直克公（幕末政事総裁職歴任）墓碑移設式典　於 孝顕寺（前橋市）
11月3日　『比企学事始』第四号
「比企一族の発掘と顕彰　―NHK大河ドラマへの挑戦―」の発行（一〇〇〇部）
平成30年5月24日　比企郡町村会総会にて比企氏について講話　於 鳩山町役場

11月4日　第二回松山陣屋御手杵祭　於トポフィリア陣屋亭、八幡神社（東松山市）
12月5日　上田清司埼玉県知事表敬訪問
平成31年2月5日　小川町立図書館「文学講座」にて比企氏について講話
令和元年5月25日　御手杵サミット（結城市）
7月9日　映画「引っ越し大名」（松平大和守家）試写会　松竹本社（築地）
12月18日　光が丘パークヴィラ慰問（室礼《しつらい》）東京都練馬区
令和2年2月16日　鈴木俊江参与逝去（享年八十）
3月20日　『比企学事始』第四号　増刷（一〇〇〇部）
令和3年4月10日　タラノ芽祭　於あずま家
8月13日　『甦る比企一族』復刻（一〇〇〇部）
11月3日　『比企学事始』第四号　増刷（一〇〇〇部）
11月24日　記念切手「比企三姫」発行（三〇〇シート）
令和4年2月10日　NHK大河ドラマ「鎌倉殿の13人」を記念して企画・制作された紙芝居「比企氏物語」（滑川町発行六〇〇部）に協力。（原作 高島敏明代表・脚本 長谷部光子参与）
2月16日　『比企学事始』第五号
「トポフィリア陣屋亭　―松山陣屋・松平大和守家 遺品の展示―」の発行（一〇〇〇部）
9月2日　『甦る比企一族』復刻第二刷（一〇〇〇部）
9月5日　記念切手「比企三姫」増刷（三〇〇シート、累計六〇〇シート）
9月23日　『比企学事始』第四号　増刷（一〇〇〇部、累計四〇〇〇部）

比企総合研究センター設立趣意書

郵便の父前島 密は明治初年西洋の新式郵便制度を導入して我国の文明開化の一翼を担った。そして、全国津々浦々に設置された特定郵便局は地域における文明開化の拠点、証であったといえよう。

文明開化、「脱亜入欧」は明治開国以来の国是であったといえる。この延長線上に今日の現代社会、グローバリズムは展開している。

しかし、このグローバリズムは限られた地球環境、資源を考えると危ういといえる。私はそれに対してローカリズム、地域主義を提唱したい。これは、「脱亜入欧」から「脱亜超欧」への道であり、ここにこそ未来があると考える。

比企総合研究センターは、特定郵便局長であった自局の隣に設立したものである。この比企の地から新たな文化、文明を興すことを願って止まない。

平成二十五年五月吉日

比企総合研究センター代表　髙島敏明

比企総研の概要

【設立の目的】

・地域を基本にした政治、経済、歴史、文化の研究を行う。
・研究成果を講演会、パンフレット、ホームページ等で発信する。
・地域の発展に役立つ人材を発掘して、育成する。

総じて、比企広域合併を目指して諸活動を推進する。

比企総合研究センター
〒三五五―〇〇一七
埼玉県東松山市松葉町一―一三―一七
電　話 〇四九三（二三）八六二一
ＦＡＸ 〇四九三（二五）〇一六八
E-mail :takashima@hikisouken.jp
URL:http//www.hikisouken.jp/

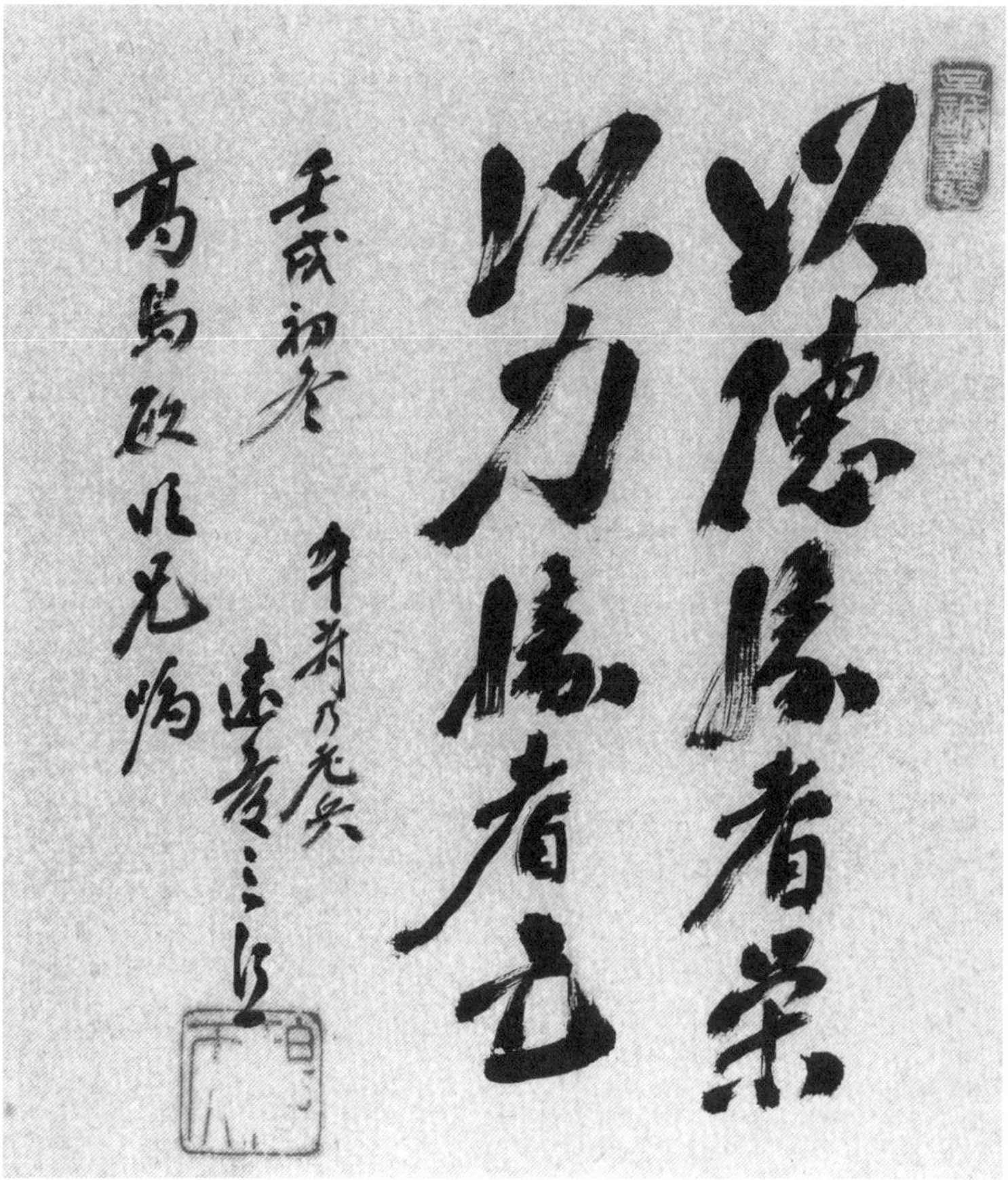

人生の師と敬慕する遠藤三郎元陸軍中将より結婚の記念に頂戴した色紙
（昭和五十七年十二月十九日）

あとがき

本書がアジア・ユーラシア総合研究所から発行されるに至った経緯について一言触れたい。

同研究所を創設された故川西重忠氏とのご縁のおかげである。川西氏との交遊は三十代の前半の若い頃からであったから四十年余になろう。川西氏と不肖とで立ち上げたのが社会人大学文明論講座である。第一回の講師を誰にお願いするか、当時現代文明の諸問題について労作を発表されていた坂口三郎元公安文化協会理事長に期せずして一致した。同講座は平成二十五年会員の高齢化により閉講するまで三十年間継続したのであるが、二十名前後の民間有志の会としてユニークな活動を展開したと思う。講師、テーマ等については拙著『日本文明論と地域主義』の中に記録されている。

川西氏は当時NCRの社員であったが、同社を退職されてからは海外勤務等で会から遠ざかっていたが、会の終了する数年前から時々顔を出されるようになった。そして、現在桜美林大学の教授をしているといわれた。てっきり会社勤めと思っていた同氏が大学教授になったことを知り、驚いたわけであるが河合栄治郎の理想主義に私淑し、本を片時も手放さなかった同氏のこと故合点することができた。人生遍歴を重ねる中で彼なりのゴールに辿りついたのであろう。

同研究所の前身は桜美林大学北東アジア総合研究所であったが、川西氏が私財を投じて設立されたようである。同氏の現代社会に対する危惧の念、憂国の至情と一人の人間としての志のなせる技であったろう。誠に得難い事業をスタートされたわけである。北東アジア総合研究所の出版物の中に張鴻鵬著『いま甦る遠藤三郎の人と思想』がある。出版後記で川西教授は私のことに触れている。不肖が川西君に出会ったのは三十代前半のことであったが、私は同君に師と敬慕する遠藤三郎元陸軍中将について再三話した記憶がある。彼の脳裏にインプットされていたのであろう。同著刊行の起縁になったようである。そして、今度著者張氏の恩師に当たる吉田曠二氏より秘録といわれる遠藤日記（全九十三冊）の一部がアジア・ユーラシア総合研究所より発行される。（著書名『遠藤三郎日誌』）私は最晩年の将軍に親しくご指導頂いた経緯があり、「遠藤中将の思い出」を寄稿させて頂いた次第である。遠藤先生は陸軍の超エリート（戦争末期に救国の最終兵器である神風特別攻撃隊が出現するが、鉢巻の「神風」は当時航空兵器総局長官をされていた同中将揮毫）であるが平和の使徒として戦中、戦後を駆け抜けた。

戦後は憲法擁護、日中国交正常化、世界連邦運動に挺身、獅子

奮迅の活躍をされている。（享年九十一歳）「絶対価値」の創造をモットーとされるアジア・ユーラシア総合研究所の出版事業として遠藤将軍は正にふさわしい人物であったといえよう。

ところで、川西氏のお名前は重忠であるが、父君が坂東武者の亀鑑と謳われた重山重忠公のファンであったことに由来する。埼玉県比企郡嵐山町には重忠の菅谷館跡と称される国の指定史跡があるが、この地に昭和六年天下の木鐸と謳われた安岡正篤が日本農士学校を創設された。その経緯についてはやはり重忠と縁があるようだ。それはともかく、戦後日本農士学校は解散され、現在はその衣鉢を継ぐ郷学研修所となっている。同研修所からは季刊「郷学」が発行されている。私も同冊子の編集委員を仰せつかっていたが、川西氏が若いころ安岡正篤先生の謦咳に接っせられたと伺っていたので生前の先生を知る数少ない人物の一人として川西氏に同町まで御足労頂き、いわばインタビューさせて頂いたのである。この内容は「郷学」の一〇五号、平成三十年十月発行の秋季号に収録されている。内容的には安岡先生をはじめとして若い頃私淑し、御指導を頂いた先生方の想い出であり、同氏の半生を語るものであった。同研修所に隣接した小高い場所に大きな重忠公の像がある。この像を背景に不肖が写真を撮った次第である。この写真とインタビューの記事は冊子「郷学」の「人を訪ねて」のコーナーに掲載されたが彼としても由緒ある場所で己を語る数少ないチャンスであったのだろう。抜き刷りを三〇〇部作成し、関係縁者に配布されたようである。

インタビューに見えた時、大病を患ったと話された。そういえばかってのようなパワーは感じられなかった。その後、同氏の主宰する勉強会で旧知の北尾吉孝ＳＢＩホールディングス社長の御講話に出席したが、今考えると川西氏との今生の別れとなってしまった。

川西重忠氏は高い理想を掲げて己れの信ずるところを生きた快男児であったが、令和元年一二月三日惜しまれつつ逝去された。（享年七十二歳）同氏の功積、足跡を偲んで三回忌に追想集『現代日本社会に問う』が同研究所から刊行された。追想者は多士済済であり、彼の抜郡の行動力と人脈の広さを語って余りあるものである。不肖と川西氏とはほぼ同期（学年は私が一つ上）であり、四十年余の交遊、交流があった。私は追想集に寄稿できなかったが、このあとがきを以ってそれに代えさせて頂きたい。大人の風格があり憎めない人柄の貴兄を私は生涯忘れないであろう。

泉下の川西重忠君莞爾として笑えまれんことを、そして本書の刊行は貴兄の不肖に対する何よりの贈り物であり、心より感謝申し上げる次第です。　合掌

初出一覧表

1新日本外史緒論
―日本史の形態学試論―（付）比較文明表
自費出版　昭和五十一年十二月二十三日

2文明論の観点から眺めた日中の関係
―疑似文明、仮晶、日本文明―
トインビー市民の会会報「トインビー研究」№11
昭和五十二年五月三十日

3日本文明論　トインビー批判　第一章
トインビー市民の会会報「トインビー研究」№12
昭和五十三年二月二十五日

4日本文明論　トインビー批判　第二章以下
トインビー市民の会会報「トインビー研究」№13
昭和五十四年二月二十日

5私の文明論　―その理論と実践―
雄志会会報「おおむらさき舞う」№2
平成十一年八月九日

6比企広域社会の実現に向けて
東松山市民の会会報「カルチャーリポート」№32
平成十四年十一月十五日

7比企桃源郷構想試論
雄志会会報「おおむらさき舞う」№10
平成十九年八月九日

8比企学事始
第一号　地域主義の実践　平成二十五年六月二十日
第二号　前橋藩松山陣屋の概要　平成二十六年四月二十日
第三号　新都比企市構想試論
―時代が比企にやってきた―
平成二十七年十二月五日
第四号　比企一族の発掘と顕彰
―NHK大河ドラマへの挑戦―
平成二十九年十一月三日
第五号　トポフィリア陣屋亭
―松山陣屋・松平大和守家遺品の展示―
令和四年二月十六日

史跡 前橋藩 松山陣屋　切り絵 後藤伸行（日本切り絵同好会 会長）

プロフィール

髙島敏明
（たかしま・としあき）

昭和20年12月　埼玉県東松山市に生まる
　東京医科歯科大学中退
昭和45年　慶応義塾大学経済学部卒業
昭和51年　自著『新日本外史ー日本史の形態学試論ー』を刊行
昭和52年　地元青年有志と東松山市民の会結成
昭和58年　東松山松葉町郵便局を開局し局長となる
　同局を拠点として春秋会の結成、東松山芸術学院の設立、比企一族顕彰会を発足させるなど地域の文化振興に取り組む
昭和59年　東京の国立教育会館にて社会人大学文明論講座を開講、同会代表世話人。
　30年間継続して平成25年閉講
平成24年　比企総合研究センター設立、代表就任
　同年、自著『日本文明論と地域主義』を刊行
令和2年12月　NHK大河ドラマ「鎌倉殿の13人」
　比企市町村推進協議会発足。相談役就任

日本文明論と地域主義の実践

2023年3月5日　初版第1刷発行

著　者　髙島　敏明
発行者　谷口　誠
発行所　一般財団法人　アジア・ユーラシア総合研究所
〒151-0051　東京都渋谷区千駄ヶ谷1-1-12
Tel：03-5413-8912　　Fax：03-5413-8912
http://www.obirin.ac.jp
E-mail: n-e-a@obirin.ac.jp
印刷所　株式会社厚徳社

ISBN978-4-909663-42-9

好評発売中！

賀川豊彦 著作選集

全五巻

賀川豊彦著作選集刊行編集委員会［編者］

四六判・縦書・上製
各巻三、六〇〇円、第四・五巻は三、〇〇〇円
セット価格 一五、〇〇〇円（税・送料込み）

◉セット・単品のどちらからでもご注文ください。

『死線を越えて（上・中）』
『死線を越えて（下）／空中征服』
『一粒の麦／乳と蜜の流るゝ郷』
『キリスト兄弟愛と経済改造／少年平和読本／他』
『賀川豊彦随筆集』

賀川《かがわ》豊彦《とよひこ》

1888年（明治21年）7月10日-1960年（昭和35年）4月23日。大正・昭和期のキリスト教社会運動家、社会改良家。戦前日本の労働運動、農民運動、無産政党運動、生活協同組合運動の創立と普及において重要な役割を果たした。日本農民組合創設者で「イエス団」創始者。キリスト教における博愛の精神を実践し、教育界においても幼児教育から大学教育に至るまで大きな足跡を残した。『死線を越えて』をはじめとする主要著作は戦前期を通じ、空前のベストセラーとなり社会現象となる。英訳本も多く、その社会活動は3度もノーベル賞にノミネートされた。

◆一般新刊図書も好評発売中

一般財団法人 アジア・ユーラシア総合研究所 | 〒151-0051 東京都渋谷区千駄ヶ谷1-1-12 四谷キャンパス／TEL&FAX：03-5413-8912
http://www.asia-eu.net／E-mail：ayusoken2021@gmail.com